教育部人文社会科学研究规划基金项目资助（19YJA820043）
浙江省哲学社会科学规划课题研究成果（16NDJC127YB）

股东大会电子化的理论探索与制度构建

王宗正——著

法律出版社
LAW PRESS · CHINA

目录

引　言

一、问题的缘起

股东大会在股份有限公司的公司治理结构中的地位经历了一个曲折变化的过程。17 世纪初成立的荷兰东印度公司被称为世界上第一个股份有限公司，在这个公司里并没有出现类似股东大会这样的公司机构，这个公司是由董事会而不是由股东大会来决定公司的全部事务。一直到 19 世纪中期，股东大会才开始被确立为股份有限公司的最高议决机构，而 1884 年，德国修改了被人们认为是近代股份公司立法的典范和大陆法系国家公司法的基础的《股份法》，该法全面继承和完善了以往各国公司法中的股东大会制度。股份有限公司作为一个法人组织，其行为应由公司的机关来实施，而不同的公司机关具有不同的地位和作用。股东大会在不同时期不同国家有着不同的定位，公司机关职权划分也有“股东大会中心主义”和“董事会中心主义”的不同立法。依据我国《公司法》的规定，股东大会被定位为我国股份有限公司的权力机构，可以行使比较广泛的职权。当然，相比而言，其他国家现行公司法很少使用“权力机关”的表述方法来描述股东大会，股东大会也只能行使公司法和公司章程规定范围之内的职权，这种职权多是列举式的规定，此外的经营管理职权多概括性地被授予了公司董事会。但是，不管是实行股东大会中心主义还是实行董事会中心主义，股东大会仍有选举和罢免公司董事会成员（如日本等国的公司法）和监事会成员（如德国公司法等）的权力，因而仍不失为公司的权力机关。所谓公司权力机关,其职权的核心就是决定公司的最高意思。而决定最高意思,至少包括三个方面内容:第一,凡是属于股东大会法定职权范围内的事项只能由股东大会作出决定,这些事项是股东大会专属管辖的意思决定事项,此职权不能属于其他公司机关,也不能与它们分享。第二,股东大会依照法律和公司章程作出的决定是公司的最高意思,可以约束公司的董事会、监事会、董事长和经理。董事会虽然可以就业务执行决定公司日常的经营意思,但是它不得同股东大会的决定相抵触。第三,股东大会的机能仅限于作出决定,而不负责执行决定,对外也不代表公司,[1]这些权力通常是由公司的董事会来行使的。显而易见,将股东大会确立为股份有限公司的最高议决机构,其目的在于要通过股东大会的直接干预来实现公司的自我约束与监督。另外,就股东与公司的关系而言,股东是公司的投资者,是公司的最终所有者,因此,股东大会是投资者大会或投资者集团。如就所有权秩序考察,人们又可视股东大会为所有者的体现。因此,股东大会既是公司机关,还是所有者大会,其组成和实现方式是一样的。换言之,它们都是由股东组成,并都以会议形式实现其机能。[2] 股东大会这一地位决定了其结构的“全员性”。所谓股东大会结构的“全员性”,即指股份有限公司的股东大会由持有公司已发行全部股份的全体股东组成。或言之,在股东大会结构上,公司的每个股东的加入为其必要条件,任何一个股东都不应该被拒之股东大会之外。[3]

基于现代股份公司所有与经营的分离,为解决因此可能会出现的代理成本问题,现代公司法的制度设计基础之一是将股东大会假设为股东控制经营者的一种最有效工具,并围绕着这一假设展开了相关规则与制度的设计。但是,随着证券市场的日益繁荣和证券让渡制度的日趋发达,投资者不问其年龄、职业、地位、种族等都可以买卖、继承股票,数量多而范围广的人都在对股

[1] 参见王保树:《股东大会的地位及其运营的法理》,载《中国社会科学院研究生院学报》1995年第1期。

[2] 同上。

[3] 同上。

份公司进行投资,从而出现了“投资关系的民主化”“公司所有的民主化”“股票所有的民主化”以及“所得分配的民主化”的风潮,这确实使人以为“股东民主已成现实”。但是事实恰恰相反,正是“投资和所有的民主化”招致了原本预料之外的效果:资本由于独立于投资者而被他人(经营者)在支配与使用着,众多的投资者们只是关心着股票行情的显示板和自己赢利额的多少,投资者可以视股市行情的变化,随时解除与公司之间的关系而退出公司,这就是所谓的“用脚投票”,而他们对公司的经营管理活动极少关心。因而,从形式上看,股份公司的股东大会好像是在非常民主的基础上召开的。但实际上,股东大会的决议往往受到公司大股东的左右,董事会人选的决定、公司的重大事项的决定往往受大股东的支配。而这些事项正是把股东大会视为公司最重要的大会的决定因素——决定董事会、监事会人选以及公司重大事项,这些事项方能显示出股东在民主行使权力。显然,在股票分散程度很高的现代股份公司中,中小股东无兴趣出席股东大会的结果是可想而知的。股东尤其是中小股东,即使他们愿意出席股东大会,但是他们通常会认为哪怕参加了股东大会的表决,也是没有任何实际意义的:因为其以所持少许的表决权,面对已经“基本定型”的股东大会决议,必定会处于无可奈何的境地;其社会职业千差万别,大多数人毫无公司的经营管理知识,对公司具体业务亦可能知之甚少,因而更多的可能是对股东大会的决议事项感到茫然;由于职业投资者相对较少,大多数股东都有其本职工作且分散各地、空余时间各有不同。因而,如果公司中小股东众多或者投机性的股东占了股东总数的绝大部分的话,就很难说股东大会还具备着原本法律所设想的那种非常民主的性质,使得“领导和管理”公司的权力对于绝大多数只拥有少量股份的股东而言,是没有任何实际意义的。难怪日本著名经济学家国弦员人在分析美国股东大会的权力时认为,股东大会除在争夺董事会的地位、更换企业管理者的时候才显得是个重要的大会外,在绝大多数情况下都是流于形式的大会:各项议程早已事先确定好了,甚至在大多数情况下,企业的领导人的更迭也早已安排好了。召开股东大会只不过是确认一下罢了。[1] 事实确实如其所言,根据美国“联邦交易委员会”对1922年到1926年各股东大会参加情况的调查,在石油类公司中,出席公司股东大会的股东人数平均连10个人都不到。其中“康泰尼特石油公司”召开的若干次股东大会都只有11个人参加,“标准”石油公司的历次股东大会平均只有4人参加。[2] 那么,在德国的情况又是怎么样呢?从法律结构上讲,德国的股东大会似乎要比美国的股东大会权力大得多,然而,正如德国学者魏德伏尔德认为,就是这样一个权力很大的机关,也不外乎是一个“一点实际意义也没有的机关”,一个“惟命是从的机关”。[3] 在德国这样一个推崇“股东本位”立法的国家里,大多数股东尤其是中小股东对股东大会也是没有多大兴趣的。对大多数股份公司而言,参加股东大会的表决权股份的总额只占资本金总额的10% ~20%。[4] 据日本学者增地庸治郎博士在1934年对日本159家股份公司的股东大会出席股东的状况作出的调查研究表明,出席股东大会参加表决的股东所持有的股份仅占到公司股份总数的7.18%。[5] 哪怕在1986年的日本,一项调查就发现,在1379家接受问卷调查的上市公司中,实际出席会议的股东人数、股东大会所需的时间和发言的股东人数均表现得不太理想。就实际出席股东大会的股东人数而言,出席股东人数在36人以上49人以下的公司占到15.2%,出席股东人数在50人以上的仅占总数的10.9%;就每次股东大会所需的时间而言,在另一项被调查的1859家公司中,会议的时间在25分钟以下20分钟以上的占24.7%,在30分钟以下的占66.2%,在60分钟以下的占88.4%,超过2小时的只占到总数的4.8%;就发言的股东人数而言,股东均不发言的占75.7%,股东1人发言的占9.3%,股东2人发言的占5.1%,股东3人发言的

---

〔1〕 参见牧人等编译:《股份有限公司》,西南财经大学出版社1994年版,第92~93页。

〔2〕 参见梅慎实:《现代公司机关权利构造论——公司治理结构的法律分析》,中国政法大学出版社1996年版,第256页。

〔3〕 参见牧人等编译:《股份有限公司》,西南财经大学出版社1994年版,第93页。

〔4〕 参见梅慎实:《现代公司机关权利构造论——公司治理结构的法律分析》,中国政法大学出版社1996年版,第257页。

〔5〕 同上书,第258页。

占3.6%,发言股东为3人以下的场合占93.7%。[1] 在股份公司的现实生活中,股东大会不仅参会人数少得可怜,而且全会包括开幕、闭幕等过程一般只需要20~30分钟,这就不得不承认德国学者G.休莫拉尔对股东大会的中肯评语:"它是一个由指挥者演出的、然而观众又是非常少的短剧。"[2]

这种状况体现出绝大多数中小股东对法律赋予的诸多权利行使表现出的"理性的冷漠"。正如亚当·斯密所指出的:"股份公司的经营,例由董事会处理。董事会在执行任务上固不免受股东大会的支配,但股东对公司业务多无所知,如他们没有派别,他们大多心满意足地接受董事会每年或每半年分配给他们的红利,不找董事的麻烦。"[3] 而上市公司的股东对出席股东大会会议的冷漠态度其实似乎是一种更为理性的选择,由于信息的不对称、出席股东大会的高额成本、"搭便车"的问题、有限责任等因素,中小股东缺乏出席股东大会行使权力的激励机制。"所有权愈分散,表决权成本愈高,'搭便车'问题就愈严重,股东大会出席率愈低。"[4] "用脚投票"通常才是绝大多数中小股东更合乎理性的选择。美国在很早以前就把股东大会称为一场"没有观众的演出"。在日本,股东大会也呈现出形骸化的现象,"出席股东大会的所谓社员股东或者股东专业户全加在一起最多也不超过数十个,通常不到100人的样子,而且股东大会所用的时间绝大多数只有30分钟左右。就算是偶尔有股东会专业户发言,几乎也不是什么质问而是说'没有异议'。所以,日本股份公司的股东大会就是这样以全部的议案获得通过而宣告结束"。[5] 另外,随着全球经济的一体化和资本流动的国际化趋势,上市公司股东的地域分布日趋分散,股东参加股东大会在时间和空间上的障碍越来越大,股东大会的形骸化现象越发显得严重。"在实践中,股东大会要么被公司经营者

---

〔1〕 参见刘俊海:《股份有限公司股东权的保护》,法律出版社2004年版,第399页。

〔2〕 牧人等编译:《股份有限公司》,西南财经大学出版社1994年版,第94页。

〔3〕 [英]亚当·斯密:《国民财富的性质和原因的研究》,郭大力、王亚南译,商务印书馆1974年版,第303页。

〔4〕 朱羿锟:《公司控制权配置论——制度与效率分析》,经济管理出版社2001年版,第59页。

〔5〕 [日]奥村宏:《股份制向何处去——法人资本主义的命运》,张承耀译,中国计划出版社1996年版,第112、131页。

架空,要么被大股东把持,股东大会本身完全形式化、空洞化。"[1]无论是股份十分分散化的英美国家,还是股权高度集中的欧洲大陆和东亚国家莫不如此。所以,"现代公司制度的民主化并不意味着公司运营控制的民主化"。[2]

然而,现代科学技术的发展带来了转机,尤其是信息技术的突飞猛进恰恰为这一切的改变提供了条件、创造了可能。随着人类社会进入了网络信息化时代,网络技术与计算机通讯等技术的快速发展为公司治理提供了新的工具和手段。20 世纪 90 年代信息技术的迅猛发展,引发了一场全球范围内的信息革命,特别是 90 年代末期,随着国际互联网的成熟及广泛应用,把计算机技术革命、通讯技术革命和数字化革命的成果联系并汇集起来,信息的全球性传送和即时共享真正成为可能,从而在全世界范围内出现了从工业社会到信息社会转型的大趋势。

由于信息技术的广泛应用,智能化设备的广泛普及,政府、企业组织结构都进行了重组,行为模式也发生了新的变化,在世界范围内的企业越来越多地在生产经营中使用电子信息手段,以至于有学者将此称为"企业 E 化",在方式上"从最初的联机上网进步到各种的网络应用"。[3] 甚至有人说,若企业没有信息化,将不能称为企业。随着越来越多的企业实现信息化,引起企业生产经营运作方式的变化,企业不再受地域、空间、时间等因素限制,从而引起了全新的企业经营革命。企业信息化发展不仅体现在实现信息化企业的数量的增加,更在于信息化领域的不断深入。"互联网技术的全球接触面和互动性质,使它成为传播金融信息、提供金融服务,甚至股票认购和股东投票的理想媒介。"[4]正如 Elizabeth Boros 所言,"互联网对公司法最大的实际

---

〔1〕 [日]奥村宏:《股份制向何处去——法人资本主义的命运》,张承耀译,中国计划出版社 1996 年版,第 287 页。

〔2〕 梅慎实:《现代公司法人治理结构规范运作论》,中国法制出版社 2001 年版,第 348 页。

〔3〕 冯震宇:《企业 E 化的新挑战——企业权益与员工隐私权保护的两难与调和》,载《月旦法学杂志》2002 年 6 月总第 85 期,第 86 页。

〔4〕 胡汝银等:《网上证券活动及其监管研究》,载郭峰、王坚主编:《公司法修改纵横谈》,法律出版社 2000 年版,第 443 页。

影响是公众公司的股东会议”,[1]互联网技术的广泛应用,引起了公司尤其是上市公司股东大会层出不穷的实践创新,也为因应这些实践创新的公司法的变革带来契机。

因而,伴随着信息化的发展,美国、日本、英国等发达国家纷纷从法律上提出应对措施。从“企业 E 化”而言,首当其冲的是各国公司法的修法。美国是公司信息化立法最早的国家之一,1998 年 3 月,美国特拉华州议会修改了公司法,以调整所有使用电子化方式表决及电子方式的委任活动,此后,纽约州、新泽西州也于 1998 年 10 月修改了公司法。英国则于 2000 年 5 月颁布了《电子情报传达法》(Electronic communications act),规定了可披露的文件、通知及权利行使可使用电子情报传达的方式。而德国联邦议会于 2000 年 11 月 16 日通过了《记名股份及表决权行使的方便化法律草案》,认可了电子表决、电子公告等内容。[2] 日本是亚洲进行公司信息化立法最早的国家,2000 年 3 月,日本法务省公布了《商法等一部分改正的法律案要纲中间试案》,2001 年 11 月 21 日,日本第 153 届临时国会通过《商法等部分法律的修正案》,其中涉及公司运营信息化的内容达 100 多条,包括公司法定文件制作、股东大会召集和通知、股东表决权的行使、信息披露、会计监察人的权利行使等公司运营的全过程。

综观发达国家公司法,都对高度发展的信息化社会作出了应对之策。电子革命,以及以此为主要背景所引发的大企业之间以超越国界的规模所进行的竞争的激化、各国资本市场规模的扩大,是引发这些修改的社会、经济方面的原因。[3] 而所有因应信息化的立法修改的核心内容即为股份有限公司的股东大会制度,或者说股东大会的电子化是这些国家在信息化背景下公司法修改的中心。

---

〔1〕 Elizabeth Boros, “Virtual Shareholder Meetings: Who Decides How Companies Make Decisions?”,28 *Melbourne University Law Review* Augest 2004, pp. 265 – 266.

〔2〕 参见房绍坤、姜一春:《公司 IT 化的若干法律问题》,载《中国法学》2002 年第 2 期。

〔3〕 参见[日]田泽元章:《IT 化进程中的日本股份公司法修改》,徐浩译,载渠涛主编:《中日民商法研究》(第 3 卷),法律出版社 2005 年版,第 271 页。

二、研究的现实依据与意义

在我国,由于一直以来一股独大这一特殊的股权结构,对股东权益尤其是广大中小股东权益的保护非常薄弱,各种侵犯中小股东权益的事件屡有发生,股东大会也大多成为一种流于形式的机构。在传统的表决制度下,参会的成本过高、意义不大,无疑极大地压抑了股东的热情。统计显示,2000 年度出席每次股东大会的股东或代理人平均为 25 人,代表股份占公司总股本比例平均值为 59.86%,2001 年度分别为 17 人、代表 57.72%,2002 年度分别是 12 人、代表 55.96%,呈现逐年下降的趋势。申华实业(600653,华晨集团,现变更为申华控股)自上市之后,1998 年 12 月 19 日召开的股东大会,出席人数为 708 人,代表股权 32.34%,这是至 2002 年年底历次股东大会所代表股权的最高比例。2003 年 5 月 27 日,参加秦岭水泥(600217)临时股东大会的股东及股东代表共 5 人,代表股份占公司股份总数的 62.59%;参加湘计算机(000748)股东大会的股东及股东代表共 14 人,代表股份占公司股份总数的 49.40%;参加巢东股份(600318)股东大会的股东及股东代表共 2 人,代表股份占公司股份总数的 59.68%。而我国实践中更有"一人股东大会"情形的出现,2000 年 9 月 11 日,上市公司"伊煤 B"的股东大会上,仅有大股东伊煤集团派出代表出席,此代表即为主持公司股东大会的公司董事长,所有的议案在会议上都无异议地得到"全票"通过,从而创造了我国最早的"一人股东大会"记录。[1] 无独有偶,在 2003 年 9 月 22 日召开的深大通(000038)第二次临时股东大会上,参加会议的仅有公司第一大股东方正延中传媒有限公司的一名代表,代表股份 2700 万股,占公司总股本的 29.84%。在所有参加会议的股东中,绝大多数是公司的大股东,甚至是全部为公司的大股东。而扣除大股东所持股份,中小股东尤其是流通股股东参加股东大会的比例仅占上市公司股份总数的 8.77% ~10.79%,大部分流通股股东放弃了参加股东大会和行使表决权的权利,转而寻求低耗费、消极的"用脚投票"来解决危机、

[1] 参见李维安、武立东编著:《公司治理教程》,上海人民出版社 2002 年版,第 84 ~85 页。

逃避风险。我国《公司法》虽然规定股东有参与股东大会的权利,但在实际操作中并没有给予足够的便利、支持与保障,事实上也就剥夺了他们的权利。而中小股东不参加股东大会及表决权的代理,则大股东更容易地操纵股东大会通过有利于自己的决议、选举自己提名的董事和监事,再由董事会任命公司管理人员,从而控制了公司的最高权力机关、执行机关和监督机关。这在法律上似乎是合法的,但造成了个别股东掌握公司大权的局面。而中小股东则以在公司治理中受到的损害为其代价:一方面,要承担代理成本,即公司管理层的机会主义行为给股东造成的损失;另一方面,控股股东可能会"掠夺"公司的资源或财产,进而损害小股东的利益。[1] 股东大会是股东行使权利的最重要场所,股东大会通常被认为是公司的最高权力机关,但是随着董事会和经理层权力的不断膨胀,股东大会是否仍是公司的最高权力机关受到质疑。如何使股东大会从"默默无闻"的机构转而成为万众瞩目的场所,从而使其与公司最高权力机关的地位相符,是一个值得深入研究的重大课题。

电子信息技术的发展给整个社会带来了变革的契机,也给我国股东大会的革新带来契机。电子信息技术可以使股东获取信息容易得多,也可以使股东行使表决权方便得多。但是,电子信息技术究竟对公司法的发展有何影响?法律上又应该如何推进呢?本书试图就股东大会电子化的法律问题进行研究,并力求实现以下两个方面的理论价值:(1)对互联网环境下我国股东大会制度运行的实践创新进行理论诠释。互联网技术的发展使我国的公司尤其是上市公司股东大会的实践创新层出不穷,如电子公告、网络投票、会议直播、网络互动……对于这些实践创新需要从理论上进行诠释。然而,信息公告的电子化是否需要公司法的确认与保障?股东网络投票是否仅凭证监会的"视为出席会议"就足以强制推行?会议直播与网络互动的实践发展能否实现制度推进?这些机制创新能否推广到非上市公司的股东大会?对于这些问题的研究显然是不足的,尤其是股东大会的会议直播与网络互动实

---

〔1〕 参见孙永祥:《公司治理结构:理论与实证研究》,上海三联书店、上海人民出版社 2002 年版,第 51 页。

践,国内少有学者关注。(2)为我国因应股东大会电子化的公司法变革提供理论依据。公司法如何应对信息技术的挑战实现变革,这个在发达国家多已解决的问题,在我国却并未引起真正的关注。分析互联网技术背景下对股东大会制度运行带来的变化与公司法面临的挑战,论证实现我国公司法变革的必然性与必要性,探讨股东大会制度的运行规则与变革需求,为我国因应互联网技术发展的法律变革提供理论依据。在实践意义上,本书试图实现以下两个方面的目的:(1)为互联网环境下股东大会制度的实践创新提供规则支持。找寻互联网环境下股东大会制度的内在运行规则,分析现有规则的得失成败,提出相应的实施意见与改革建议,为相关部门推动股东大会电子化运行提供法律技术指导。(2)为股东大会电子化的我国公司法变革提供制度参考。研究互联网环境下我国股份有限公司尤其是上市公司股东大会的制度规范与实践运行,分析股东大会制度的规范表达,总结股东大会电子化运行的成功经验,为我国公司立法提供有针对性的制度设计,做到有的放矢。

三、理论研究综述

互联网技术的应用与发展带来了公司治理结构与模式及公司法理念的革新,而首当其冲的是股东大会制度的创新与变革。学者们,尤其是美、日、德等主要发达国家和我国台湾地区的学者们敏锐地捕捉到这样的信息,并提出了法律应对的相应主张。据笔者掌握的资料看,总体来说,他们的研究基本上是沿着立法推动—法律检视—制度前瞻的轨迹进行的。学界研究的主要内容包括以下三个方面:(1)互联网技术对于完善公司尤其是公众公司股东大会制度的意义。对此问题,学者们充分认识到互联网技术对于克服股东大会形骸化、落实股东行动主义与完善公司治理之深刻意义,并进而提出推动公司治理变革与公司法改革的主张。如日本的神田秀树教授认为,IT 革命极大地改变了我们的生活及经济活动的方式,而且仍在不断地改变,当然也给公司的活动带来巨大的影响。由于公司法也需要在事前规制公司的活动,因此如果不对应 IT 革命进行公司法修改的话,不仅会给公司的活动带来障碍,而且会给国家的经济发展带来负面的影响。[1] George Ponds Kobler 则关注了股东通过因特网进行投票的可能性,以及股东参与公司管理的效果。首先,他研究了现有制度的历史和成效,以此来决定是否需要增加股东投入到公司控制权中。其次,他分析了因特网已经如何在证券业背景下被利用,也提出了使用互联网使更多的股东参与决策过程的两项建议,评价了它们的长处和短处,并分析了对现有体系的潜在影响。最后,他得出的结论是,理想地使用互联网的技术,是两项建议的混合,结合两者的最佳面。[2] (2)股东大会电子化立法变革后的实施情况与立法检讨。学界对于股东会召集通知、股东表决权行使的电子化等问题的总体认识是一致的。但是,学界对于股东会电子化法律实施的具体问题存在一些不同的认识,并重点围绕以下问题进行较为深入的探讨:①电子方式的界定问题。这在日本法中被称为"电磁方法",是受信者可以通过输出文件夹中的记录,将其显示于书面的方法,学者认为,传真由于不是使用电子计算机的发信方法,因而不属于"电磁方法"。[3] 我国台湾地区学者林国全认为,由于召集"通知"是指资讯直接到达相对人之传递方式,因而此之电子方式亦应以能达相同效果者为限。例如,具体而言,得以 e-mail 方式为此通知,但不得以于公司网站揭露之方法为之,因为后者属于"公告"性质之资讯间接传递。[4] 就股东投票之电子方式,从狭义而言,是否包括电话或其他数位传输方式如传真、电子邮件或须由公司或第三方架设之投票平台等即有疑义。[5] 我国台湾地区学者洪秀芬则认为,网际网络、电子邮件、语音电话或按键式电话等,股东均得借此行使表决权。[6] ②表决权重复行使的处理问题。根据日本公司法的规定,股东会召

---

[1] 参见[日]神田秀树:《公司法的理念》,朱大明译,法律出版社 2013 年版,第 212 页。

[2] George Ponds Kobler, "ShareholderVoting Over the Internet: A Proposal for Increasing Shareholder Participation in Corporate Governance",49 *Ala. L. Rev*,1998,p. 700.

[3] 参见张凝:《日本股东大会制度的立法、理论与实践》,法律出版社 2009 年版,第 250 页。

[4] 参见林国全:《2005 年公司法修正条文解析》(上),载《月旦法学杂志》2005 年 9 月总第 124 期,第 272 页。

[5] 参见林国全:《2005 年公司法修正条文解析》(下),载《月旦法学杂志》2005 年 10 月总第 125 期,第 256 页。

[6] 参见洪秀芬:《公司表决权制度之变革——公司法修正草案关于电子投票及董监事制度之评析》,载《月旦法学杂志》2010 年 6 月总第 181 期,第 66 页。

集权人有权决定应以何者为准,并记载于狭义召集通知或表决权行使书面上。如果未预先决定,应如何处理?一般认为,当重复以同一种方式,即同为书面方式或电子方式进行投票时,应以后到达公司者为准;先后为书面投票及电子投票时,神田秀树认为也应作同一解释。[1] 但是多数学者认为,因为书面与电子传播速度不同,无法以到达公司的时间先后判断何者为股东之最新意向,应以股东发信时间在后者为准,如无法判别发信时间之先后,则均应认为无效。[2] 股东书面或电子投票后再出具委托书或亲自出席股东会,应以后者为优先,而先前所为之书面投票或电子投票因之失其效力。[3] 我国台湾地区学者林国全认为,"真正亲自出席"应当优于"拟制亲自出席"。[4] ③电子投票因应修正案、临时动议的问题。对于修正案,日本学说主要有三种观点:一是就修正案视为缺席;二是如果就原议案表示赞成的,就修正案视为反对,就原议案表示反对的,视为弃权;三是无论就原修正案表示赞成或反对,就修正案一律视为弃权。我国台湾地区学者洪秀芬针对我国台湾地区"公司法"相关规定,认为按照现行规定使得公司经营者得以利用会议主导权,通过原议案之修正来操纵电子投票之同意票,造成修正议案通过的难度增加;临时动议对事先已投票之电子投票股东而言,会影响电子投票股东的表决权,得出应当限缩修正案与临时动议的提出权限的观点。[5] (3)股东大会进一步改革的前瞻问题,主要是网络虚拟股东大会问题。Daniel Adam Birnhak 分析了特拉华州修改之前以及修改之后的股东会议立法规定,探讨了虚拟股东会议所涉及的技术问题,也介绍了马萨诸塞州网络虚拟股东会议的尝试;Elizabeth Boros 研究了电子通讯技术对股东大会的影响,探讨了虚拟会议是否能够完全代替物理会议的问题;Dirk Zetzsche 分析了研究虚拟股东

---

〔1〕 参见[日]神田秀树:《会社法》,弘文堂 2011 年版,第 178 页。

〔2〕 参见[日]江头宪治郎:《株式会社法》,有斐阁 2010 年版,第 326 ~ 327 页。

〔3〕 参见[日]近藤光男:《最新株式会社法》,中央经济社 2011 年版,第 197 ~ 198 页。

〔4〕 参见林国全:《以电子方式行使表决权后亲自出席股东会股东之表决权》,载《台湾法学》2012 年 5 月总第 200 期,第 156 页。

〔5〕 参见洪秀芬:《电子投票制度对股东会运作之影响——比较法下的视野》,载《华冈法粹》2013 年 6 月总第 56 期,第 48 页。

大会的理由,提出了虚拟股东大会的构想蓝图。伴随立法的还有质疑的声音,特别是近几年。Anatoli van der Krans 在介绍了虚拟股东大会在美国特拉华州的适用情况后,认为虚拟股东大会还没有取得巨大的成功;Lisa M. Fairfax 介绍了美国各州虚拟股东会议的立法模式,分析了虚拟股东大会的利与弊,提出了虚拟股东大会可能只会继续被阴霾所笼罩的观点。日本学者也普遍认为股东大会会议本身的电子化将是今后的重要课题(如末永敏和、岸田雅雄、森本兹等)。

总体而言,主要发达国家和地区的立法与研究明显走在前列,其立法经验与研究成果可为我们借鉴。但是由于国家信息化水平和发展的不平衡,各自立法模式、研究重点又有很大区别,尤其是在如何处理上位法与下位法的分工上态度迥异,因而在何种层面借鉴、如何进行借鉴,必须建立在我国实践的基础之上。

在我国大陆,学者房绍坤、姜一春较早论述了电子信息技术对公司法与公司治理的深远意义:一是对时间与地域障碍的克服和对公司法律事务管理的便利;二是对股东大会形骸化的抑制;三是在内部管理系统和对外关系上的效率。[1] 此后关于互联网环境下股东大会法律问题的研究主要体现在以下方面:一是股东大会电子化尤其是网络投票的必要性。王彦明、张彤认为,股东大会的电子化改革将逐步克服传统的现场会议方式不能调动股东参会积极性的弊病,为股东大会的召开带来新的制度价值。[2] 叶林、刘辅华则提出了实施上市公司股东大会网络通讯表决制度保障社会公众股股东的合法权益、降低股东参加股东大会的成本、克服委托代理投票制度的内在缺陷、改善投资者关系与吸引海外投资者五方面的优点。[3] 二是对我国上市公司实行网络投票的评价与反思。黄韬肯定了网络投票制度在改善公司治理、保护中小投资者利益方面的可圈可点之处,同时指出包括网络投票在内的通讯投

〔1〕 参见房绍坤、姜一春:《公司 IT 化的若干法律问题》,载《中国法学》2002 年第 2 期。

〔2〕 参见王彦明、张彤:《论股东大会制度的改革:以现代信息技术为视角》,载《社会科学战线》2011 年第 6 期。

〔3〕 参见叶林、刘辅华:《构建上市公司股东大会网络通讯表决制度的法律思考》,载《当代法学》2005 年第 5 期。

票尚未得到《公司法》明确认可的问题。[1] 赵金龙、武戎认为,由中国证监会和上海、深圳两大证券交易所对网络投票制度作规定,其权威性和保障力偏低,不能真正有效规制股东网络投票行为,从而提出应当通过修改《公司法》以明确规定股东网络投票的法律地位。[2] 他们认为,应当允许监事会和股东召集的股东大会对网络投票的适用,完善现行通知方式和信息披露内容,允许股东重复投票或修改投票,而对于临时议案和修正案的处理采纳"股东意思拟制说"。三是对我国股东大会电子化改革的基本内容的探讨。学者们认为,我国的股东大会电子化改革应逐步实现股东大会信息发布的电子化,会议召集的电子化,股东发言权、提案权、质询权程序上的电子化,股东表决权行使及表决权代理程序上的电子化,股东大会议事记录的电子化。[3] 赵金龙、楼晓对虚拟股东会议进行了初步的探讨,他们认为,虚拟股东会议已经在美国、丹麦、加拿大等多个国家付诸实践,随着信息技术发展和广泛使用,我国《公司法》应当构建相应的制度,对虚拟股东会议制度从程序规则、参会主体瑕疵及责任认定、股东中途退会的影响、技术瑕疵法律责任认定等方面作出明确的规定。

综合国内外研究,笔者以为有如下特点:(1)研究主题逐渐由股东大会运营电子化向股东大会会议本身的电子化转变。虽然对于各自立法规定进行实践检视仍然是各国家和地区学者研究的一个重点,但是股东大会会议本身的电子化即网络虚拟股东大会是信息技术发展的一个趋向,从而成为近几年美国学者关注的热点;尽管自身对该问题研究不够,日本和我国台湾地区学者也普遍认为这将是今后的重要课题。(2)研究范式逐渐从"立法论研究"向"解释论研究"转变。当前理论研究呈现明显的"立法中心主义"特点,但是商法要能够及时因应社会变迁,需要将更多的注意力集中于既有商事法律规范的解释适用研究,而近几年在股东大会电子化法律问题研究上虽然仍

---

〔1〕 参见黄韬:《股东网络投票:制度安排与现实效果》,载《清华法学》2008年第6期。

〔2〕 参见赵金龙、武戎:《股东网络投票制度的重构》,载《科技与法律》2012年第4期。

〔3〕 参见张凝:《日本股东大会制度的立法、理论与实践》,法律出版社2009年版,第37页;王彦明、张彤:《论股东大会制度的改革:以现代信息技术为视角》,载《社会科学战线》2011年第6期。

然很重视对立法的推动作用,但是也明显体现对法的实施问题的研究、“解释论研究”的偏爱。(3)研究方法逐渐由重比较研究向重实证研究转变。虽然比较分析方法是被广泛运用的研究方法,但是学术研究对于本国经济社会发展过程中出现的重大现实问题需要积极回应,需要研究本身体现对于本国问题的学术关怀,各国家和地区学者在研究股东大会法律问题上无不将自己的研究首先建立在本国家和本地区股东大会尤其是上市上柜公司股东大会运行实践的统计与分析之上。

四、研究进路与创新之处

基于前述的问题意识与现实依据,本书试图运用规范分析方法、比较分析方法、实证研究方法等手段,围绕股东大会电子化“是什么、为什么、怎么运行、什么形式、现在怎样、有何问题、怎么改正、今后怎样”的一系列问题,遵循“实践创新—运行规则—法律应对”的路径,从互联网技术对股份有限公司股东大会运行的影响入手,分析股东大会电子化运行的实践形态,剖析从实践创新到法律应对的客观需求与现实可能。同时,在探讨保障股东大会电子化运行规则的基础上,充分挖掘我国股东大会电子化运行的社会土壤与制度环境,恰当借鉴发达国家和地区公司法因应信息化的立法变革与实践经验,完善我国公司立法与相关规则的制度体系,从而实现我国股东大会电子化运行在实践基础上的制度创新。具体研究进路如下:

第一章股东大会电子化的法理基础与价值证成。此部分主要目的在于研究什么是股东大会电子化、股东大会电子化的法理基础与股东大会为什么需要实现电子化这三方面的问题。对于股东大会电子化的定义,学界并没有明确的答案,本书在概括与分析相关学术观点的基础上,提出对于股东大会电子化的概念界定。同时就股东大会的全员性、股东平等原则、保护中小股东权益的需要三个方面论证股东大会电子化的公司法依据。在此基础上,从股东大会功能活化是完善公司治理结构的必然要求、股东大会电子化是实现股东大会功能活化的有效路径、现代信息技术的飞速发展为股东大会功能活化提供有力支撑等方面论证股东大会电子化的制度价值。

第二章股东大会的运行机理与电子化的现实样态。股东大会电子化作为信息技术在股东大会中的嵌入,其基础植根于股东大会的运行机理,其本质是原有规则在电子化条件下的应用、发展或者创新。在分析各国及地区立法与实践中股东大会电子化应用的基础上,本书从四个方面剖析股东大会电子化的具体表现:一是股东大会信息与文件的电子交付,这是股东大会电子化首先面对的课题;二是电子股东论坛,这是股东大会电子化的有益组成部分;三是表决权行使方式的电子化,表决权电子化是股东大会电子化的关键要素;四是网络股东大会,它是股东大会电子化未来的发展方向。

第三章股东大会电子化的中国图景与制度现状。虽然在某些领域、某些程度上信息技术的应用是公司自发的行为,但是在我国股东大会电子化总体而言,走的是自上而下的从制度到实践的路径。本书在总结我国股东大会电子化的制度规范的基础上,分析其具体的实践展开:电子公告的普遍应用、网络投票的有序推进、网络互动的脱颖而出和视频会议的积极尝试。同时,在进行我国公司法与相关规则在因应股东大会电子化适应性判断的基础上,分析从规则到法律的电子化路径的必要性与可行性。

第四章股东大会电子化的法律实现与制度前瞻。股东大会电子化的法律改革需要建立一套规则完备、程序合法的制度来推行,从电子化的过程性来看,它更面临着进一步发展的制度问题。此部分从股东大会相关文件资料电子化、股东大会会议通知与公告电子化、电子股东论坛、股东大会电子表决等四个方面探讨我国公司法需要解决的制度问题,并提出相应的法律改革设想。网络股东大会是股东大会未来发展方向,本书在分析各国及地区的立法模式与运行实践的基础上,提出我国法律与规则的具体应对措施。

通过研究,本书力求在以下几方面实现推进:(1)研究视角的创新性。股东大会是公司法中最为重大的基本问题之一,我国学界对于股东大会制度的研究成果颇丰。但是从互联网技术的视角对股东大会制度运行与制度变革进行较为系统的研究在学界尚不多见,本书以互联网技术带来的公司股东大会实践创新为切入点,探索其对股东大会法律制度的深刻影响。(2)研究方法的创新性。目前国内学者在研究该问题的方法上多是运用比较分析的方法，从中国实践入手研究中国问题的不多，本书遵循“实践创新—运行规则—法律回应”的路径，采用田野调查、深度访谈、个案分析等方法，对股东大会电子化运行的各种实践创新进行分析，特别是对我国实行网络投票、尝试网络互动、探索网络直播的实证分析，为制度发展提供实证基础和支持。(3)学术观点的创新性。本书提出股东大会电子化应该表现为股东大会信息与文件的电子交付、电子股东论坛、表决权行使方式的电子化与网络股东大会的观点，提出部分的网络股东大会在我国《公司法》有法律依据、实践基础与技术条件的观点，提出我国关于股东大会运行规则与互联网技术发展要求既不适应又有相容性的观点，提出因应互联网技术的发展需要将《公司法》的修正、解释与完善相关自治规则、软法规范相结合的观点，等等。

第一章　股东大会电子化的法理基础与价值证成

随着人类社会进入网络信息化时代,网络技术与计算机通信等技术的发展,为公司治理提供了新的工具和手段,也为股东大会制度创新奠定了坚实基础。然而,现代信息技术只是为股东大会的创新提供技术支撑而已,真正从制度上将这种创新加以确立,需要相应国家机关的积极推进,而这种推动与确立,无不建立在制度本身的合理性与坚实的法理基础之上。

第一节　股东大会电子化的概念界定

股东大会"电子化"并非是一个约定俗成的概念,实际上不同的学者有不同的称谓。在我国,学者对此还有一种常见的称谓是股东大会的 IT 化,如刘小勇在其文章《日本公司法制的 IT 化改革及对我国的启示》中、房绍坤与姜一春在其文章《公司 IT 化的若干法律问题》中都称为 IT 化,但是在他们的文章中也都在相同的意义上同时使用"电子化"这一概念。考虑到我国《国家通用语言文字法》对于使用汉字的有关要求,而我国《电子签名法》等法律都使用了"电子",国外的立法与学界的使用习惯也是"电子",如英国《电子情报传达法》使用的是"电子",日本学者也比较习惯于使用"股东大会电子化”的提法，[1]因而本书也以“股东大会电子化”来进行称谓。

一、股东大会之理论阐释

（一）股东大会的定义

对于股东大会的定义，学者们有不同的表述。归纳起来，大致有如下几种具有代表性的观点。有学者认为股东大会是由股东组成的、依照法定的方式和程序议决公司法或者公司章程规定的重大事项的公司权力机关；[2]有学者提出股东大会是由全体股东组成的、公司的权力机构；[3]也有人认为股东大会系由股份有限公司全体股东所组成必要的、而非常设的最高意思机关；[4]还有学者提出股东大会决定公司的基本事项，是公司的必设机关。由公司的股东组成的股东大会……依然是股份公司的最高机关。[5]从以上四种代表性的观点看，有两点是相同的：一是股东大会由股份有限公司的股东组成；二是股东大会性质上属于股份有限公司的权力机关。末永敏和与孔祥俊都把“决定公司重大事项”作为股东大会的一个特征，后者甚至把事项范围明确提出，江平与武忆舟两位却没有把这一点列入，这是一个区别；还有一个区别是，股东大会是不是股份有限公司的常设机构？武忆舟认为股东大会是股份有限公司的非常设机关，但是其他三位的定义里并没有提及。

（二）股东大会的基本内涵

虽然学者界定并不一致，但是，一般认为股东大会的定义包含了如下内涵。

(1)股东大会由股份有限公司全体股东组成。股东大会由股份有限公司全体股东组成是由于股东出资设立了公司，是公司的所有者的地位所决定的。股东大会由公司全体股东组成意味着公司的所有股东，不论其所持有的

[1] 例如，[日]山田尚武：《股东大会的电子化课题》，载《日本商事法务》第 1559 号。

[2] 参见孔祥俊：《公司法要论》，人民法院出版社 1997 年版，第 303 页。

[3] 参见江平主编：《新编公司法教程》（第 2 版），法律出版社 2003 年版，第 204 页。

[4] 参见武忆舟：《公司法论》，台北，三民书局 1993 年版，第 316 页。

[5] 参见[日]末永敏和：《现代日本公司法》，金洪玉译，人民法院出版社 2000 年版，第 107 页。

股份是否享有表决权,都有权出席股东大会的会议。换言之,只要具有公司股东身份(股东资格),也只有具有公司股东身份的股东才享有出席股东大会会议的权利。股东大会由公司全体股东组成的意义主要表现在两个方面:第一,股东大会不是股东代表大会,其职权不能由股东代表大会所替代,任何以股东代表大会名义作出的决议都是违法的,都是没有法律效力的。第二,任何股东均有权出席股东大会会议。只要具有股东身份,任何人均不得以任何理由阻止公司股东出席股东大会会议、依法行使作为股东所享有的权利。对于无表决权的股东来说,其出席股东大会会议,仅仅是不能行使表决权而已,并不是不能行使任何股东权利。因此,不能将股东大会会议狭隘地理解为仅仅是股东行使表决权的场所,相反,股东大会会议不仅是股东行使表决权的场所,还是股东行使质询权、提案权等重要股东权利的场所。

(2)股东大会是股份有限公司的意思机关。对于股东大会作为公司的意思机关,可以从两方面理解:第一,从民法的角度来看,公司是一个独立的民事主体,而公司作为民事主体必须为意思表示。由于公司并非自然人,没有生理器官,因此,其意思表示必须由一定的自然人或者自然人集体代为作出。股东大会就是为公司作出意思表示的自然人集合体。股东大会作为公司的意思机关为公司作出意思表示的形式就是形成股东大会决议。第二,从股东的角度来看,股东大会决议系由每一个单个股东的意思转化而来,是公司全体股东之"公意"。股东出席股东大会会议对公司有关事项作出决议的目的在于约束公司的经营管理者,即公司的经营管理者必须按照股东大会决议经营管理公司事务。作为一个独立的民商事主体,公司的意思可以区分为内部意思与外部意思两个层次。在通常情形下,股东大会仅仅是公司的内部意思机关,即其所作出的意思表示即股东大会决议仅能约束公司的内部成员,而不能约束公司以外的第三人。公司与第三人进行交易活动时所为的意思表示必须由公司的对外代表机关依法作出。

(3)股东大会为公司的权力机关。股东大会为公司的权力机关是由股东作为公司出资者的地位所决定的。现代公司的组织机构是仿照三权分立、权力制衡之政治模式而建立的。在民主政治国家中,国家机构有权力机构、行政机构和司法机构之分，股东大会作为公司组织机构的重要组成部分类似于民主政治国家中的权力机构，是公司的权力机关。股东大会作为公司的权力机关主要体现在如下几个方面：第一，在公司的组织机构中，没有任何机关能够位居股东大会之上、在地位上高于股东大会。第二，董事会和监事会作为公司组织机构的组成部分，都源于股东大会，其大部分成员由股东大会直接选举或者间接选举产生。[1] 第三，公司经营管理者受股东大会监督，他们虽然不是由股东大会直接产生，但是股东大会决议对公司经营管理者同样具有约束力。第四，股东大会对公司重大事项，包括公司形态的变更具有决策权。应当指出的是，股东大会作为公司的权力机关是针对公司董事会、监事会及公司经营管理者而言的，并不是针对公司债权人及公司的其他机关（如公司职工代表大会）来说的。股东大会决议对公司债权人及公司的其他机关并不能产生约束力。股东大会作为公司的权力机关也并不意味着股东可以对公司的所有事项作出决策，基于种种原因，法律必须对股东大会的职权范围进行限制。法律对股东大会的职权进行限制的目的在于保护股东或者其他与公司有利害关系的人的利益。

（4）股东大会是公司的必备机关。如前所述，虽然由于种种原因而导致股东大会的权力日益萎缩，董事会的权力不断扩大，但由于股东大会作为公司组织机构的重要组成部分，在公司治理中发挥着不可替代的作用。因此，股东大会仍为公司之必备机关。对此，世界各国公司法均予以明确规定。股东大会作为公司的必备机关同样是由股东作为公司出资者的地位所决定的。股东大会的地位与股东的地位具有相互促进的关系，股东的地位决定股东大会的地位，反之，股东大会在公司中的地位也反衬了股东在公司利益相关者中的地位。正如有学者指出，对所有权的肯定即为对股东权的尊重，而对股东权的尊重，关乎对股东大会制度的尊重。[2] 股东大会为公司之必备机关，这一点在理论上没有任何争议；在理论上存在争议的是，股东大会作为公司

---

〔1〕 在实行日本“三角制”治理模式的公司法中，通常是股东大会直接产生董事会与监事会，但是按照德国法的规定，股东大会产生监事会，而董事会是由监事会产生。

〔2〕 参见吴松林：《股份有限公司股东表决权之研究》，中兴大学 1981 年硕士学位论文，第 117 页。

机关是常设机构还是非常设机构。一种观点认为，股东大会虽为公司之必备机关，但没有必要经常开会形成会议决议，而只需每年召开一次年会及在特殊情况下召开临时股东大会即可，因此股东大会为公司的非常设机构。另一种观点认为，股东大会诸多权限之行使，必须以召集会议方式进行。既然股东大会属于公司法定的意思机关，就其地位而言，属于经常性会议机关（即使会议次数有限，但其机制仍是健全的），那么股东大会应属常设机构。[1] 应当说，无论是将股东大会视为公司的常设机构还是将其视为非常设机构都有一定的理由。实际上，股东大会有两种存在方式，即作为抽象的、观念性的权限保有者的地位（机关）和作为具体的、现实的权限行使方法的会议本身。[2]

二、电子化之内涵分析

（一）电子化的含义

电子化是对数字化信息资源的一种全新使用和传播方式。具体来说，它是以计算机和通讯技术为基础，以数字化信息为对象和内容，通过计算机和网络进行信息使用和传播，可谓一种高技术的信息传播过程和高效率的信息利用结果的体现。[3]

实际上，“电子化”这个概念的内涵并不是一成不变的，而是随着计算机与通讯技术的发展而不断演变扩展的。在网络还没出现的时候，所谓的电子化仅是指用户通过计算机使用数字化信息资源，不再绝对地依赖具有物理型形态的信息载体，并没有涉及广泛传播问题。随着网络的迅速发展和普及，目前所谓的电子化不再仅仅指信息资源的电子化使用，还包括了传播交流和管理的电子化，是一个强调网络共享的综合性的信息技术集合概念，也是信息时代的一次有着深刻意义的大革命。

（二）电子化与相关概念的区别

与电子化相类似的概念主要有信息化、网络化。本书之所以用“电子

---

〔1〕 参见唐金龙：《上市公司股东大会研究》，中国人民大学2001年博士学位论文，第31页。

〔2〕 参见［韩］李哲松：《韩国公司法》，吴日焕译，中国政法大学出版社2000年版，第348页。

〔3〕 参见姚媛：《数字化、电子化、网络化和虚拟化名词的本质概念及应用》，载《大学图书馆学报》2009年第5期。

化”而不是“信息化”或者“网络化”：一是基于电子是我国其他法律法规的用语和日常用语的习惯，如《电子签名法》对“电子”用语的使用，以及日常生活中“电子”邮件的使用习惯；二是在于这三个概念除了有共同之处外，也存在一些区别。

1.电子化与信息化的区别

何为信息化？我国著名经济学家、世界银行前首席经济学家林毅夫指出：“所谓信息化，是指建立在IT产业发展与IT在社会经济各部门扩散的基础之上，运用IT改造传统的经济、社会结构的过程。”[1]学者赵苹给信息化所下的定义则是：“信息化是指人们对现代信息技术的应用达到较高的程度，在全社会范围内实现信息资源的高度共享，推动人的智能潜力和社会物质资源潜力充分发挥，使社会经济向高效、优质方向发展的历史进程。”[2]笔者认为，与电子化相比较，信息化是一个更为宏大的概念，并且它是从社会进化的角度提出的，适合于国家信息化、社会信息化等比较宏观范围的场合，而电子化相对而言范围比较窄，适用于类似于股东大会这样的具体范围的层面上。

2.电子化与网络化的区别

“网络”本义是指纵横交错而形成的组织或系统，或者说是像网一样的“关联系统”。[3] 但是，由于计算机和通讯网络给社会带来的巨大影响，只要提到网络，人们马上就会把它同计算机和现代通讯网络联想在一起。目前，网络化已不是单纯指计算机网络，而是现代通信、电子计算机、信息资源三者各自网络化及其相互渗透、联结、联合而形成的全方位的信息服务网络。其主要特征表现为数字通信替代模拟通信，微机替代主机，电子信息替代人工信息。

网络化的实质就是信息在互联网上进行保存和传输，其真实的物理载体实际上是因特网上的全部物理设备和传输线。人们并不需要也不可能去了解它们的真实空间位置、具体的物理属性和连接方法等详情，人们关心的只

〔1〕 林毅夫：《信息化——经济增长新源泉》，载《科技与企业》2003年第8期。
〔2〕 赵苹：《步入21世纪的农业信息化》，经济科学出版社2000年版，第17页。
〔3〕 参见钱刚：《从数字化、网络化看图书馆虚拟化过程》，载《图书情报工作》1998年第7期。

是网上时刻变化的、迅速流动的、极大容量的、多元化的信息。网络化可谓集合了众多计算机技术、通讯技术和信息资源的一种全新的信息沟通和联络方式。

应当说,无论是电子化还是网络化,都是随计算机、通讯技术发展的时代产物,彼此之间肯定存在关联和异同。电子化本质是将信息资源数字化和传播网络化技术集合起来所表现出来的全新的一种信息使用的形式,其概念更加综合性;网络化是一种全新的信息传播方式,一种不依赖存储载体并且跨时间、跨地区进行信息传输的网络技术。电子化强调的不仅是信息内容载体的数字化、计算机化,更重要的是使用计算机和通讯技术来对信息进行有序管理和共享使用,而网络化则强调了信息资源的网络化、网络传播的多样化。相比较而言,网络化偏重基础技术,电子化偏重上层应用。

基于上述分析,就股东大会层面,与“信息化”“网络化”相比较,“电子化”的称谓更为恰当,因此本书以为使用“股东大会电子化”更为妥帖。

三、股东大会电子化之概念界定

(一)股东大会电子化概念的两种观点

对于股东大会电子化的定义,学界并没有明确的答案,当然这并不意味着学界存在完全相同的看法,更不是没有看法。分析相关学术观点,还是可以大致分出两种不同的看法,即主要分为“狭义说”和“广义说”两种。

“狭义说”的观点认为股东大会电子化制度就是股东电子表决制度,是指不出席股东大会的股东通过书面投递、网络、电传等通讯方式就股东大会决议中的有关事项表明其赞成、否定、弃权的意思,并将意思通过一定的方式在股东大会召开之前向公司表明,以产生表决权行使效果的法律制度。[1] 这种观点的主要问题有二:一是将股东大会电子化等同于股东的电子表决。这就没有深入了解股东大会的内涵和外延,在范围上显然过于狭隘。虽然说股东大会电子化的一个核心问题是股东表决权电子化问题,但是前者显然比

〔1〕 参见张宏:《股东通讯表决制度研究》,湖南大学2007年硕士学位论文。

后者范围要宽广,除表决权电子化以外,股东大会电子化至少还包含会议其他程序如召集程序的电子化。二是将电子表决方式等同于通讯方式。何为电子方式？何为通讯方式？从国内外立法例的规定与学者的界定看,对此是有不同看法的。我国上市公司股东大会实践中出现过"通讯表决"这一概念(即股东大会通讯表决),但是从其具体规则与实践运作而言,此所谓"通讯表决"实际上仅仅指"书面表决"。而无论从"通讯"的概念观之,还是从国外立法与学理的基本观点来看,"通讯方式"都应不局限于书面传送方式,而应涵盖电子传送方式在内。因此,书面投递、网络、电传等方式属于通讯方式应无异议,而书面投递不属于电子方式也是明确的。

"广义说"的观点认为,股东大会电子化是指公司运用电子方法向股东发出召集通知,股东大会的缺席股东运用电子化手段参加股东大会并行使表决权,将大会通过的决议运用电子手段予以公示。[1] 这一观点并没有将股东大会电子化限定在电子表决,而是包含了召集通知的电子化、表决权行使的电子化与会议决议公示的电子化等方面的内容。广义的观点更加符合信息技术在股份有限公司尤其是上市公司股东大会实践中运用的现状,应当坚持从广义上理解股东大会电子化。当然,从技术层面上来看,股东大会电子化是一个过程概念,随着信息技术的发展,股东大会电子化也是不断演化、不断深化的过程,电子化手段可能不仅仅限于召集通知、表决权行使与决议公示等内容,而将会被运用到股东大会的全过程。

(二)本书的界定

基于以上的分析,本书认为,所谓股东大会电子化,是以电子计算机及网络技术为手段,将电子信息技术运用于股份有限公司股东大会事务管理的一系列过程。这一界定主要包含以下三个层面的意思:第一,股东大会电子化的手段是电子计算机与网络技术,或者说股东大会电子化本来就是电子计算机与网络技术运用的结果。当然电子计算机这一工具也不是一个静止的概念,从当初的台式计算机,到后来的笔记本电脑,再到现在各种平板电脑与移

---

[1] 参见[日]岩村充、神田秀树编:《电子株主总会之研究》,弘文堂2003年版,第111页。

动终端,其本质上都应归入电子计算机行列。第二,股东大会电子化是以电子技术取代传统的书面方式为其本质。传统的书面方式,实际上就是纸面方式,以各种有形的纸面载体为其基本存在形式。但是电子化的一个基本特点在于这种有形的纸面载体被无形的电子数据所替代,从而使其无论是保存方式还是传送方式都发生革命性的变革。第三,股东大会电子化是电子技术运用于股东大会的一系列过程。这就表明股东大会电子化是一个随着电子信息技术不断进步而逐步深化的过程,或者说随着新技术的不断开发运用,股东大会电子化的深度与领域都可能是在不断拓展的,因而股东大会电子化是一个开放的过程。从法律层面来看,这也意味着电子化的法律问题可能是一个永恒的新课题。

股东大会电子化涉及一系列的技术问题,如电子化所用的技术标准、信息披露所用的技术规程等,也事关一系列的法律问题。但是本书将不探讨单纯的技术问题,至于所涉及的法律问题,也主要限在商法层面尤其是公司法层面进行探讨。

第二节　股东大会电子化的法理基础

如前所述,现代信息技术只是为股东大会的实践创新提供了技术条件,而真正实现股东大会电子化的制度变革仅仅有其技术基础是不够的,任何制度变革都需要建立在其本身的合理性与坚实的法理基础之上,股东大会电子化也是如此。

一、股东民主是股东大会电子化的理论基石

现代公司的组织机构是仿照民主政治国家三权分立的模式建立的,股东大会作为公司组织机构的重要组成部分,类似于民主政治国家中的立法机关。在民主政治国家中,立法机关是以民主为制度理念而建立的国家机构,可以说如果没有民主理念作为制度基础,民主政治国家就不可能建立立法机关这样的国家机构。同样地,公司中的股东大会也是以民主为制度理念而建

立的，没有民主理念作为制度基础，股东大会就不可能存在。

关于股东民主的界定，学界存在不同的主张。有学者认为，股东民主是股东积极主义的下位概念，更具体地聚焦于选举权、表决权的行使，以求实现公司治理的目标。[1] 也有学者认为，股东表决权的行使，绝对是落实股东民主之关键因素。[2] 这些观点都看到了表决权对于股东民主的重要意义，因为从整体上观察，表决权能够决定事务、选任代表、监督的特性等，均是相当有价值的。[3] 表决权对于实现股东民主的重要价值不言而喻，但是这并不代表表决权就是股东民主本身。股东民主表明了股东在公司中的地位，既是一个静态概念，也是一个动态概念。[4] 就静态而言，股东民主指出了股东在公司中的主权地位，而在动态的股东民主意义上，股东民主就是指股东确实行使其股东参与权，股东民主的实质就在于行使公司权力。[5]

股东大会制度是股东民主的制度形式。股东民主的实质在于行使公司的权力，它的实现主要采取股东大会的形式，而不是单一的自我实现。换言之，立法者旨在使股东民主在公司法框架内实现。[6] 股东大会是股东民主与股东权利得以发挥作用的主要平台。股东民主的核心是充分挖掘股东大会制度的资源，坚持股东集体参与决策，反对个别股东在股东会之外向股东会、董事会和公司经理层发号施令；坚持将多数股权蕴含的意思表示拟制为公司的意思表示，反对将少数股东的意思表示拟制为公司的意思表示；坚持股东集体决策的程序严谨、内容合法，反对股东集体决策的程序瑕疵与内容违法。[7]

股东民主本质上决定了公司组织机构设置应当坚持股东权力原则。所

---

〔1〕 参见张怡婷：《从公司治理观点论董事提名与选任法制》，台湾地区台北大学法律学院 2009 年硕士学位论文，第 31 页。

〔2〕 参见王文宇：《公司法论》，台北，元照出版公司 2006 年版，第 272 页。

〔3〕 同上。

〔4〕 参见赵金龙：《股东民主论》，人民出版社 2013 年版，第 17 页。

〔5〕 参见郭富青：《从股东绝对主权主义到相对主权主义公司治理的困境及出路》，载《法律科学》2003 年第 4 期。

〔6〕 参见梅慎实：《现代公司治理结构规范运作论》，中国法制出版社 2002 年版，第 319 页。

〔7〕 参见刘俊海：《弘扬股东民主理念　激活股东大会制度》，载《董事会》2008 年第 10 期。

谓公司组织机构设置的原则,是指在公司法和公司章程的框架下构造公司的组织机构,明确其各自的职权范围,协调相互运作关系,以期实现良好的公司治理所应贯彻的基本精神和规则性要求。[1] 虽然不同国家因为公司发展的历史不同而形成了不尽相同的治理模式,但是由于公司治理问题产生的基础相同,故公司组织机构的设置也具有大体相同的原则。这些原则主要包括股东权力原则、激励与约束并举的权力制衡原则、信息披露与透明度原则,以及利益相关者参与公司治理原则。所谓股东权力原则,是指公司组织机构的设置应重视股东作为公司所有者的地位,使之能够确保股东充分行使权利。该原则又可以具体分解为:股东会为最高权力机构原则、股东的平等对待原则、股东权利救济原则。[2] 既然股东大会制度是股东民主的制度形式,同样地,无论是股东大会的技术创新,还是电子化的制度实现,其法理基础归根结底还是股东民主。

二、股东大会电子化是股东大会全员性的价值体现

所谓股东大会的"全员性",即指股份有限公司的股东大会由持有公司已发行全部股份的全体股东组成。换言之,在股东大会结构上,每个股东的加入为必要条件,任何一股东都不应被拒之股东大会之外。[3] 这是由股东在公司中的主权者地位决定的,也是从组织这一角度考察股东大会所得出的结论。无疑,任何一个组织都有两个"层次"的问题。一是它的"组成"层次,即由什么人组成,在多大范围内组成,是由成员的全体组成,还是由成员的代表组成;二是它的"实现"和"存在"层次,即以什么形式实现和存在,是以会议形式实现和存在,还是由成员选出的少数股东所组成的领导机构实现,或者兼采这两种形式。显然,股东大会结构的"全员性"是"组成"层次的问题,或者说是股东民主的静态内涵的体现。

---

〔1〕 参见甘培忠:《企业与公司法学》,北京大学出版社2007年版,第338页。

〔2〕 同上书,第339页。

〔3〕 参见王保树:《股东大会的地位及其运营的法理》,载《中国社会科学院研究生院学报》1995年第1期。

(一)股东大会"全员性"之必要

股东大会受其所追逐的股东民主的制约。股东大会作为权力机关,是股东行使民主权利的场所。而民主有两种最基本的形式:一是直接民主,"即没有代表和代表传送带的民主";[1]二是间接民主,即通过代表实现的民主。这两种民主,都可以实现权利人的某种利益要求。但是,股东作为投资者,需要亲自实现自己的利益要求,而不是通过代表间接实现其利益要求。因为无论是表达其投资受益的愿望,还是选择经营者,或在决定公司意思中行使权利,都需要每个股东直接为之,或亲自选其代理人为之。正是基于这一点,股东大会选择了直接民主形式,由要求享有该种民主权利的每个股东组成股东大会。

著名商法学家王保树教授认为,股东大会具有公司权力机关和所有者大会的双重性质。[2] 所谓股东大会地位指股东大会在一定社会关系中的位置,而"一定的社会关系",相对于公司而言,又分为公司机关的组织关系和股东与公司的关系。因此,股东大会的地位应具有不同的意义,而不是仅具有一种意义。就股东大会在公司机关组织关系中的地位而言,实质上是它在公司机关链条中的位置,依据我国《公司法》的规定,股东大会是公司的权力机构,可行使较广泛的职权。而就股东与公司的关系而言,股东是公司的投资者,因此股东大会是投资者大会或投资者集团。但所有者的利益要求只能也必须变为公司权力机关的决定。否则,这种利益要求不可能真正实现。而从所有者的意思表示到公司权力机关所体现的公司的意思决定,股东大会结构发挥着极重要的作用。作为公司法人的意思,无疑必须由它的权力机关决定。而公司法人为自律的法人,要实现其自治,非由全体成员组成权力机关,无从决定法人之意思。[3] 作为所有者大会,当然应体现全体所有者的意思。而全体所有者的意思,虽不为各个股东意思的集合,但应是在全体股东充分

---

〔1〕 [美]乔·萨托利:《民主新论》,冯克力、阎克文译,东方出版社 1993 年版,第 119 页。

〔2〕 参见王保树:《股东大会的地位及其运营的法理》,载《中国社会科学院研究生院学报》1995 年第 1 期。

〔3〕 参见李宜琛:《民法总则》,台北,正中书局 1977 年版,第 150 页。

表达其意思的基础上,依一定程序集中。再者,只有由全体股东组成股东大会,所有者的利益要求才能充分表达,它在转变为权力机关的意思时才越具有广泛而深厚的基础,从而也使权力机关的意思决定更充分而自然地容纳所有者的意思。所以,股东大会的结构“全员性”联结着公司和股东的利益,也在一定程度上协调着两者的利益,因而它是股东大会地位“两重性”所必需的。

实践中,也曾有人探索股份有限公司权力机关结构的非全员性。其基本思路是改“全员制”为“代表制”,包括实质意义的“代表制”和形式意义的“代表制”。前者仍名为“股东大会”,但实际上仅有所谓“股东代表”组成;后者则直接以股东代表大会取代股东大会。而无论是前者还是后者,都需要解决如何产生股东代表的问题。现行的做法有两种:一种是由董事会提出担当股东代表的持股量,持有该数量以上股份的股东为组成股东代表大会的当然成员;另一种是由董事会提出一个组成股东大会(股东代表大会)二元结构方案,即确定一个参加股东大会的股东持股量,持有该数量以上的股东为股东大会组成人员,同时,持有该数量股份以下的股东可以自由结合,选举产生合于上述标准的股东。显然,这两种做法有着共同的弊病:一是董事会确定由什么样的股东组成股东大会,未免有点本末倒置;二是确定组成股东大会的成员标准,十分明显地剥夺了部分股东的权利;三是股东代表无法选出。其之所以如此,是因为:首先,股东并非是按一定原则组织起来的,他们没有基层组织,不可能按组织系统选举自己的代表。其次,股东不是也不必要按行政区域进行管理,因而不可能像选举人民代表大会代表那样选举股东代表。最后,由股东自愿结合选举股东代表很难操作,是同方便股东行使股东权的公司法精神相违背的。并且,依据我国《公司法》规定,“股东出席股东大会会议,所持每一股份有一表决权”,没有必要由股东结合行使表决权。这表明所谓股份有限公司权力机关的“代表制”结构,既非理论上可能也非实践中行得通。

(二)股东大会“全员性”的根本要求

股东大会“全员性”的根本要求有两方面内容:一是尊重股东依法享有

的议事和对决议事项审议的权利。股份有限公司向人们表明企业所有者不再直接从事经营,而是把经营权委于具有经营机能的董事会。但是,这绝不意味着股东已完全放弃了对公司经营的民主参与权。相反,他们仍要通过股东大会,实现其审议决议事项的权利。所以,尊重全体股东的民主权利是股东大会"全员性"的本意所在。二是为股东大会成为全体股东参加的权力机关提供最充分的可能性。股东的权利具有民事性质,他既可以行使,也可以放弃。股东大会"全员性"的要求则在于为一切不放弃民主参与权的股东提供出席股东大会会议的必要条件。当然,这两个要求是一致的。尊重每一个股东的民主参与权,是使股东大会成为由全体股东组成的公司权力机关的基础;而为公司权力机关工作提供最充分的可能性,则又必然要求保证每一个股东的民主参与权。[1]

如何实现上述要求呢?

首先,要使这种要求体现于股东大会召集的程序要件上。所谓股东大会召集的程序要件,应包括遵守法定时间、面向股东、通知(或公告)须载明拟审议事项等。而"面向股东",无疑是指面向全体股东,即将召集股东大会的书面通知发至股东名册中所载明的全体股东,并以在新闻媒体上发表公告的方式通告无记名股东。应当指出,将面向全体股东作为股东大会程序要件,并不仅具有技术性意义,而是更具有不可忽视的实际意义。如果实体法意义的权利没有程序上的必要保证,则再多的权利也等于零。"面向全体股东"的机能有两个:一是为全体股东提供出席股东大会的机会;二是为全体股东提供议事和参加议决的准备机会。在市场经济条件下,机会的平等无疑是优于结果平等的,而全体股东的民主参与的机会平等恰恰是股东平等原则中最核心的东西。只有董事会将召集股东大会的信息无例外地送达每个股东,股东才能获得出席股东大会的机会。同时,每个股东只有在获取召集股东大会的信息后,才能为股东大会拟决议的事项准备意见。否则,没有认真思考和

---

〔1〕 参见王保树:《股东大会的地位及其运营的法理》,载《中国社会科学院研究生院学报》1995年第1期。

事先准备的表决是没有意义的。机会平等有着十分丰富的内涵,有人将其高度概括为“平等的利用和平等的起点”。[1] 当然,对于这两点各自的内涵,人们还可以赋予不同的内容。但从公司法上说,前者包括对股东平等资格的平等承认,在股东大会召集程序上不歧视任何一个股东,后者为股东行使权利创造同样的条件。而这两者正是“面向全体股东”这一程序要件之本意所在。

其次,要使股东大会“全员性”的要求体现于股东大会召开和决议方法的要件上。所谓股东大会召开要件,应包括有合法的会议主席和出席会议股东的法定人数。其中,后者因各国情况不同而公司法规定各异。有的国家以已发行股份总数过半数的股东出席,为其股东大会召开的要件;[2] 有的国家则以已发行股份总数的不及半数的一定比例的股东出席,为其股东大会召开的要件。[3] 而不论是哪一种股份比例要件,它们都必须以全体股东持有的股份总数,即公司已发行股份总数为计算标准。没有公司已发行股份总数(全员性),就无从计算应出席股东股份的比例。所谓股东大会决议方法要件,指股东大会决议的通过,应是同意议案者达到法定多数。而同意议案者的法定多数,是指出席会议的股东所代表的表决权的多数。因决议种类不同,该多数又区分为“简单多数”和“特别多数”。前者适用于通过普通决议,后者适用于通过特别决议。然而,不论是“简单多数”还是“特别多数”,都必须以达到召开股东大会所应出席的股东人数为前提。因为非如此不能召开股东大会。而不能召开股东大会,则谈不上通过决议。因此,股东大会召开要件和股东大会决议方法要件是紧密联系的。而正是在这一点上,人们又将两者统称为决议方法要件。

为了使股东大会的召集、召开和决议方法都体现股东大会“全员性”的要求,各国公司法无不采取一些必要措施。其主要者有:(1)为股东出席股东大会和行使每一股份所拥有的表决权提供保障;(2)设置股东委托代理行

---

〔1〕 [美]乔·萨托利:《民主新论》,冯克力、阎克文译,东方出版社 1993 年版,第 347 页。

〔2〕 参见原《日本商法》第 239 条之一、《意大利民法》第 2368 条。

〔3〕 参见《法国公司法》第 155 条。

使表决权的制度,即股东可以委托代理人出席股东大会,并在授权范围内行使表决权;(3)允许书面表决等表决方式。而在信息化背景下为使股东大会的召集、召开和决议方法都体现股东大会"全员性"的要求,电子化就是其必要的选择。

三、股东大会电子化是股东平等原则的必然要求

(一)股东平等原则的含义

所谓股东平等原则,是指在基于股东资格而发生的公司与股东之间,以及股东与股东之间的法律关系中,所有股东均按其所持股份的性质、内容和数额享受平等待遇,并且免受不合理的不平等待遇。有学者将股东平等原则看作是股份平等原则在股份归属主体层面的表现。[1] 有的学者则对此不以为然,认为股东平等原则不等同于股份平等原则。因为股东平等原则的内容既包括形式意义上的股东平等,也包括实质意义上的股东平等。[2]

对于股东平等原则,主流市场经济国家和地区的公司法均予以承认。旧《德国商法典》未曾规定股东平等原则。20 世纪 20 年代,德国法院曾在判决中运用公序良俗原则代替股东平等原则。其后的学说与判例均承认,股东平等原则是一项具有独立意义的基本原则。1978 年德国修改的《股份法》增列第 53a 条,明文规定股东平等原则。《欧盟第 2 号公司法指令》第 42 条规定,"为贯彻该指令,诸成员国的法律应当确保处于相同地位的全体股东获得相同的对待",实际上是明文规定了股东平等原则。《日本商法典》虽未明文规定股东平等原则,但日本学说和判例均承认,股东平等原则是一项统率股份公司法的法律原则。[3] 我国台湾地区亦承认该原则。[4]

我国《公司法》没有明确规定股东平等原则,但也有不少体现股东平等原则的法律条款,如同股同权和同股同利、一股一表决权、按股东持有的股份

〔1〕 参见张国健:《商事法论》,台北,三民书局 1980 年版,第 239 页。
〔2〕 参见刘俊海:《股份有限公司股东权的保护》,法律出版社 1997 年版,第 30 页。
〔3〕 同上书,第 31 页。
〔4〕 参见张国健:《商事法论》,台北,三民书局 1980 年版,第 239 页。

比例分配剩余财产等。鉴于股东平等原则之功能,参酌世界先进国家和地区的立法例、判例和学说,有学者建议我国《公司法》应在总则或第三章明文规定股东平等原则,以期该原则之贯彻臻于周全、彻底。[1] 但是无论如何,股东平等原则被学者公认为我国公司法的基本原则。

(二)股东平等原则的功能作用

股东平等原则在股份有限公司股东权保护中的重要作用突出地表现为以下几个方面:

其一,股东平等原则有利于充分有效地保护股东的财产利益和参与公司治理的利益。股份有限公司为典型的资合公司,只有根据股份的种类、内容与数量对持股相同的股东实行平等对待,才能确保股东公平地享受自益权与共益权的果实,从而调动广大民商事主体的投资热情。

其二,股东平等原则有利于预防和救济资本多数决之滥用,提升弱势股东所处的不平等地位。股东平等原则蕴含着一股一表决权的原则,而资本多数决原则又是一股一表决权原则的必然逻辑引申,但股东平等原则不允许资本多数决之滥用。相反,为保持股东间的实质平等,保护中小股东的合法权益,股东平等原则有预防、限制和救济资本多数决滥用的功能。股东大会电子化正是基于此而建立的,因为如果弱势股东(中小股东)无法亲临股东大会现场行使表决权,如不允许其以电子化等方式行使表决权,则实质上剥夺了弱势股东的表决权。股东大会电子化制度的建立恰好帮助弱势股东弥补了这一缺陷,充分体现了股东实质意义上的平等。

其三,股东平等原则有利于制约和规范公司经营者处理股东之间关系及公司与股东之间关系的行为。经营者在股份有限公司股东权与经营权互相分离的历史形势下,经营权限日益膨胀,但其法律角色是公司的代理人。经营者从法理上而言,仅对公司(而非个别股东)负有诚信义务和善管义务。若无股东平等原则的约束,经营者对股东的厚此薄彼行为将会更加肆无

---

[1] 参见刘俊海:《股份有限公司股东权的保护》,法律出版社1997年版,第31~32页。

忌惮。[1]

（三）股东平等原则的内容

股东平等原则包括形式意义上的股东平等原则（股份平等原则）与实质意义上的股东平等原则。这两项内容既紧密相连，又严格区别。因此，股东平等原则的内容包括但不限于股份平等原则。

1. 形式意义上的股东平等原则（股份平等原则）

作为股东平等第一层含义的形式意义上平等，是指股份有限公司发行的每一股份所代表的股东享有的权利、利益和股东对公司承担的责任、风险程度应该是相同的，即一股一权。[2] 股份平等原则要求如果股东们所持股份的内容和数量相同，那么公司就应站在公允的立场上，对所有股东平等对待、一视同仁，不得厚此薄彼、有所偏爱，肆意决定某些股东权利或利益的大小。至于股东的职业、性别、年龄、家庭背景、教育程度、经济实力、社会地位、行政级别、所有制性质、名望、民族等与股东地位无关的各种因素均在所不问。从一定意义上说，股份平等原则意味着公司只认股不认人。具体而言，它包括两个方面的意思：第一，股份有限公司发行的每一类股份的内容应当相同，即股东享有权利、利益和承担风险程度上的相同，如我国《公司法》第126条的规定就是这方面的意思，体现为类别股的平等。第二，持有相同内容和相同数量的股份的股东在基于股东地位而产生的法律关系中享受相同的待遇。我国《公司法》第103条第1款关于一股一表决权的规定、第166条第4款关于按持股比例分配股利的规定、第186条关于按持股比例分配剩余财产的规定，就是第二方面的意思，体现股份量上的平等。

2. 实质意义上的股东平等原则

这是股东平等的第二层含义，即按照股东所持有的股份的性质和数量实行平等对待，不得在股东间制造人为的不平等待遇。平等对待是人类理性永恒的追求，而平等对待的精髓就是“相同之事同样对待，不同之事不同对

---

〔1〕 刘俊海：《股份有限公司股东权的保护》，法律出版社1997年版，第31～32页。

〔2〕 黄小喜：《股东表决权代理制度研究》，湖南大学2006年硕士学位论文，第10页。

待”,但这种差别待遇只能建立在基于股份种类和数量的差别之上,而不是其他任何因素之上。[1] 之所以这样认为,并在法律上加以认可,完全是基于股东地位而产生的股东权利义务关系具有动态性和开放性的缘故。而在学术领域,围绕这一层含义上的平等标准,存在“积极说”和“消极说”。前者可称为“章定说”,即除非章程另有规定,股东享有平等的权利和义务。此说可以德国学者魏波特为代表,但德国现在已经无人坚持该说。[2] 后者可称为“合理差别说”,即应禁止客观上缺乏合理性的差别,为德国目前之通说,可以胡克、佐尔纳、鲁特和魏德曼为代表。[3] 日本学者出口正义亦采“消极说”,[4] 我国学者刘俊海对此说也持赞同态度。[5]

(四)保护中小股东利益的特殊需要

根据实质意义上的股东平等原则,就股东表决权而言,在任何股份类别内部,所有股东都享有同样的表决权。所有股东在购买股份之前都有权获取涉及所有股份类别的表决权信息。任何对表决权的变更必须由股东投票决定。[6] 为了充分体现实质意义上的股东平等原则,当持有不同数量股份的股东之间如大股东与小股东之间在行使股东表决权时,小股东由于种种原因无法现场出席股东大会行使股东表决权,就应当设立一种制度,允许小股东非现场、远距离进行投票表决,确保小股东与大股东参与股东大会进行表决时地位上的平等,股东电子表决制度就应运而生。因此,笔者认为,股东电子表决制度的权利基础源于股东平等原则。保护中小股东利益是股东平等原则的体现与必然要求,但是股东大会电子化对于广大中小股东而言具有特殊的重要意义。

就公司内部而言,股东大会一般都是由董事会召集而召开的,股东的主

---

〔1〕 参见朱慈蕴:《资本多数决原则与控制股东的诚信义务》,载《法学研究》2004 年第 4 期。

〔2〕 See Weipert, Komm. Zum HAB, Aulf, 1950, § 109 Anm. 3a. 转引自刘俊海:《股份有限公司股东权的保护》,法律出版社 1997 年版,第 37 页。

〔3〕 参见刘俊海:《股份有限公司股东权的保护》,法律出版社 1997 年版,第 37 页。

〔4〕 参见[日]山口正义:《株主权法理的展开》,文真堂 1991 年版,第 149 页。转引自刘俊海:《股份有限公司股东权的保护》,法律出版社 1997 年版,第 37 页。

〔5〕 参见刘俊海:《股份有限公司股东权的保护》,法律出版社 1997 年版,第 37 页。

〔6〕 See OECD Principles of Corporate Governance, 11(A)(1)(2)(3).

要保护措施就是在召开股东大会会议前可以获得的相关信息与召集通知的期限,股东能够借由相关信息和时间决定哪些事项事关重大,需要参与或在会议中进行投票,甚至联合其他股东来反对通常由董事会提出的议案。虽然少数股东(通常要求持股占一定的比例)可以行使其召集权从而召集股东大会,由于其未必代表多数股东之意见,为避免股东被强迫作出不明智之决定,该等保护措施亦应适用。[1] 换言之,股东大会信息披露是股东大会有效运作及股东作出投票决定的前提条件,唯有使股东获悉议案内容,消弭其与董事会信息的严重不平等的地位,在掌握充分的信息的基础上,才有可能对公司的重要议题以决议的方式作出正确的决策,发挥股东大会之监督功能,实现股东大会的功能活化。然而股东大会的信息披露或者说广大股东尤其是中小股东的信息获取是存在缺陷的。一方面,由于证券市场主体间的信息分布不对称,上市公司、证券公司、中介机构等有关机构中时有发生虚假陈述、欺诈客户现象,还有屡见不鲜的内幕交易、恶意操纵市场行为,这一切彰显了广大中小投资者信息获取的内在缺陷;另一方面,投资者在获取信息时更需要付出成本。一般情况下,与机构投资者相比,中小投资者的信息渠道是比较有限的,他们不可能做到开发信息,甚至不可能花很多的时间和资源去收集所有的信息。因为对他们而言,这样做是不经济的,相对于获取的收益,付出的成本可能太高。电子化恰恰可以低成本实现股东与公司之间的双赢,也有助于股东之间的意见交流,使中小股东尽可能以更便捷的途径获取更为全面的信息,从而为参加股东大会行使表决权提供较为良好的基础和条件。

加强对中小股东保护的众多措施中,保障其表决权的充分行使最为重要,因为“股东表决权之主要功能及意义,即是通过民主程序,使得身为公司所有者之股东,能适当监督公司之人事布局与经营策略,始能确保自己对公司之投资不致落空”。[2] 而我国原存的股东现场表决和代理表决的先天缺陷,使得中小股东的表决权难以对大股东和经营者形成有效制约,导致公司

---

〔1〕 See Paul L. Davies and Sarah Worthington, *Principles of Modern Company Law* 9th ed., Sweet and Maxwell, 2012, p. 476.

〔2〕 王文宇:《公司法论》,中国政法大学出版社 2004 年版,第 251 页。

利益掌握于后者之手中。因此,为中小股东提供包括电子表决在内的多种表决权行使方式,不仅可以为类别股东表决等建立基础,更重要的是可以成为股东重新夺回公司实际控制权的重要工具。

在究竟何者应该拥有公司控制权这一问题上,理论界一直存在争论。从法学理论的一般原则出发,股东作为公司资本的投入者和利益风险的最终承担者,应当成为公司的实际拥有者和控制者。[1] 股东所拥有的这种最高控制权与供应者或顾客所拥有的间接控制权具有根本区别,这根源于二者所具有的所有人和受影响人的不同身份,而公司的经营者之所以享有公司的控制权,无疑是基于他们通过委托或信托所产生的代理人或受托人身份。因此,在公司内部,只有股东(无论是否是缺席者)对公司的经营有最高直接控制权。而股东的这种最高控制权只能通过在股东会议中行使法律所赋予的表决权来实现,因此"从相对的功能意义上看,表决权是一种控制权,具有工具性质"。[2] 在积极方面,表决权的行使可以直接影响公司的重大决策方针的形成;在消极方面,表决权的行使可以从侧面约束和影响经营者的行为。因此,虽然也存在"决策参与者的范围越大,决策形成的困难性越大"[3]的观点,扩大股东在股东会议的参与权仍为广大学者所积极倡导。

然而在现有的股东会议表决机制下,股东(尤其是中小股东)拥有公司的控制权却只是人们的理想化图景。现有表决权行使方式的低效性使得股东"搭便车"和"理性冷漠"的出现概率大大增加(这在表决权委托和表决权信托中尤为明显),并导致公司的实际控制权更有可能脱离绝大部分中小股东而掌控于少数大股东及其委派的公司经营阶层手中。而在实际的公司运营中,"大部分情形下都有持有多数股份而支配决议的大股东,出现支配力的

---

[1] 随着经理层、员工、国家在公司事务中的特权身份被否弃,人们开始普遍接受一种权威性的共识:唯有股东才是公司管理者所应对其负责的一方(并不是说公司应当仅仅为了股东的利益);这一标准模式的中心信条认为小股东或非控股股东应受到强有力的保护,以免于遭到控股股东的压榨。参见[美]亨利·汉斯、瑞尼尔·克拉克曼:《公司法的历史归宿》,王玉华等译,载蒋大兴主编:《公司法律报告》(第3卷),中信出版社2006年版,第146、147页。

[2] 梁上上:《论股东表决权》,法律出版社2005年版,第15页。

[3] Stephen M. Bainbridge, "Participatory Management Within a Theory of the Firm", 21 *J. Corp. L.* 657, 1996, pp. 665 – 667.

恒久性偏倒现象,从而根据决议取得的利益偏向归属。而且由于股东大会的形骸化以及监视功能下降,董事及董事会的经营专断现象日趋严重”。[1] 长此以往的结果只能是股东越来越漠视自己的所有者和实际控制者身份而视自己为单纯的投资者,在公司经营者侵害其利益之时,他们可能宁愿选择转移股份而不倾向于高成本的表决权行使。这无疑会使公司法越来越偏离其本质轨道,使公司成为经营者和大股东行使不当控制权而获取非利的工具。同时,随着股东表决权代理的增长,在现代公司中“公司法已经从一个独特的民主机制变形为公司董事和股东利益的极端冲突的状态”。[2] 因此,股东如何夺回本应属于他们的公司控制权在现代股份有限公司中显得更为重要,这也使表决权以电子化方式行使机制的产生成为必要。

需要指出的是,应当坚持以下两个观点:第一,保障股东表决权的有效行使是股东表决权平等的题中之义。不得附加任何条件阻止或限制股东行使表决权,如通过有偿表决、禁止委托投票、在法律规定以外附加股东参加表决的条件等方式来限制或剥夺股东的表决权或提高股东行使表决权的成本上升,变相地剥夺或限制股东行使表决权。第二,在对股东表决权行使方式的立法规制上,唯有坚持股东表决权行使方式的多样化趋势方可保障立法不会偏离股东平等的轨道。[3]

第三节 股东大会电子化的价值证成

如前所述,一方面,股东大会电子化是有其法理基础的;而另一方面电子化也是有其价值功能的,其表现在股东大会功能活化是完善公司治理结构的必然要求,而电子化是实现股东大会功能活化的有效路径。

---

〔1〕[韩]李哲松:《韩国公司法》,吴日焕译,中国政法大学出版社 2000 年版,第 339、435 页。

〔2〕George Ponds Kobler, “Shareholder Voting Over the Internet: A Proposal for Increasing Shareholder Participation in Corporate Governance”, 49 *Ala. L. Rev.*, 1998, p. 678.

〔3〕参见欧阳晨:《股东平等与股东表决权行使方式的发展》,载《中国市场》2007 年第 5 期。

一、股东大会功能活化是完善公司治理结构的必然要求

(一)股东大会在公司治理中的角色定位

1. 公司治理结构的理论阐释

(1)公司治理之基本内涵

现代公司的产生极大促进了资本主义经济的发展。正如一位著名学者所评价的,公司制的发明对于资本主义经济的贡献,并不亚于当年瓦特发明蒸汽机对工业革命的贡献。如今,公司已经成为现代经济中最重要的商业组织形式。然而,是什么因素促使公司而不是他种商业组织得以蓬勃发展?美国著名法学家罗伯特·克拉克(Robert Clark)在其著作《公司法则》中解释了其背后的缘由:公司这种组织形式之所以受到持久的青睐并可能成为现代经济的永恒现象,在于它的特征和使得这些特征发挥作用的社会环境,并进一步将其归纳为四种特征:投资人的有限责任、投资权益的自由转让、法人人格和集中管理。[1]

在探究公司制度保持持久生命力的原因的同时,经济学家可能更为关注的是如何提高公司的实际运作效率。事实上,只有不断提高公司本身的运作效率,才能使得公司制度的特点与优点更好地发挥出来。于是公司治理问题便首先进入经济学家的视野,因为良好的公司治理机制是保障公司高效率运作的重要基石。而公司治理中所涉及的众多利益相关者之间的利益制衡机制的架构,则是法学家一直所考虑的课题。因此,公司治理问题自始就是一个令经济学家和法学家共同关注的问题。

何为公司治理?英国著名的公司治理报告——Cadburg 报告将其直接定义为经营和控制公司的制度。[2] 经济合作与发展组织(Organisation for Economic Co-operation and Development, OECD)2004 年《公司治理准则》指出,公司治理涉及包括公司经营者、董事会、股东及其他利害关系人在内的种

---

〔1〕 参见[美]罗伯特·C.克拉克:《公司法则》,胡平等译,工商出版社 1999 年版,第 1 ~ 2 页。

〔2〕 参见 Cadburg 报告第 2.5 项。转引自倪建林:《公司治理结构:法律与实践》,法律出版社 2001 年版,第 2 页。

种关系。而国内学者则更多是从股东、董事会和高级管理人员三者之间的关系来阐述的。如著名经济学家吴敬琏认为公司治理结构就是指所有者、董事会和高级经理人员组成的一种组织关系，在这种结构中，三者之间形成一定的制衡关系，通过这一结构，所有者将自己的资产交给公司董事会托管；公司董事会是公司的最高决策机构，拥有对高级经理人员的聘用、奖惩及解雇权；高级经理人员受雇于董事会，在董事会的授权范围内经营企业。[1] 大致而言，公司治理是指一种指导及管理企业的机制，用以落实企业经营者之责任，并同时保障股东合法权益、兼顾其他利害关系人之利益。[2] 换句话说，公司治理就是在探讨企业所有权与经营权分离之现代公司组织体系下，如何通过法律的制衡管控设计，有效监督企业组织活动之机制。

(2)公司治理之目的检视

公司治理应追求的目的为何，学者众说纷纭，典型者如美国，学界对此问题基本上有两派意见。

一是股东利益优先原则。这一原则主张公司经营者应追求股东之最大利益，不得擅自使用公司资源实现社会目的；股东以外的利害关系人，包括债权人、员工、消费者、社会整体利益等，应以立法或签订契约之方式加以保障。董事应由股东选任，无须有利害关系团体代表之参与。此派论者认为，股东为公司之所有人，经营者既然受雇于股东，拟定经营策略时便应力求股东利益的最大化，以向股东负责。如为实现社会责任而作出增加公司支出的决策，等于是将股东投资之资金用于公司经营者所欲之用途上，形同对股东课税。且由经营者决定税收用途，不但欠缺正当性、易产生滥权情形，而且使企业经营决策掺入政治考量，对公司经营效率将有负面影响。因此，经营者在拟定经营决策时应当考虑股东利益之谋求，对债权人、员工、消费者、社会整体利益等利害关系人之权益则以契约或法律规定加以保障，如此才最能兼顾公司经营效率与社会整体福祉。

---

〔1〕 参见何自力：《法人资本所有制与公司治理》，南开大学出版社 1997 年版，第 102 页。

〔2〕 参见柯芳枝：《公司法论》(上)，台北，三民书局 2012 年版，第 208 页。

二是企业社会责任论。持此主张者认为,公司经营者不能只为股东之利益经营企业,无论董事是由股东选任还是由员工等利害关系团体代表担任,在公司内部决策过程中,都需要充分考量利害关系人与整体社会利益,以实现社会目的。即使因顾及利害关系人之利益而减损股东之利益,公司经营者亦应为之,以谋求股东与利害关系人利益之平衡。此派论者认为,基于团队生产理论,公司之产出并非仅靠股东的力量即可完成,而是由经营者、员工、股东及相关人员共同组成的团体共同努力的结果。因而股东并非公司唯一的所有人,由于各群组对产出的贡献比例不易明确划分,因此由经营者负责平衡各群组间的利益,如此一来亦可使各群组各尽所能,进而提升经营效益。另外,依法人实在说的见解,公司与其他自然人一样,皆为社会成员之一,有义务做一个对社会负责任的公民。因此,公司的各种商业行为如果对利害关系人及整体社会造成不利影响,当然一样要负起责任,平时亦应积极促进整体福祉。此外,基于经营判断法则,经营者之决策若处于善意,并未涉及自身利害关系,而且依据充分资讯可相信所作出的决定为最佳选择时,经营者便有自主决策空间,股东与法院皆无从介入。因而经营决策中即使考量利害关系人之利益,只要符合经营判断法则,便无滥用权力之疑虑。而且经营决策中掺入利害关系人利益之考量也多少对公司长期发展有利,并不必然减损公司的经营效率。

现在看来,这两种理念其实并不完全冲突,而是在不断协调。大体而言,当今公司治理原则的制定方向是折中兼采二者之见解,如现今各国公司治理原则所参考的 OECD 2004 年《公司治理准则》,便采取股东利益优先原则,同时亦兼顾利害关系人之权益及社会公益。[1] Cadburg 报告在寻求"股东本位"和"利害关系人"本位的平衡,Hampel 报告在坚持"股东本位"理念的同时,指出公司经营层必须关注公司职工、客户、供货商、贷款人、有关的政府机

---

〔1〕 参见赖英照:《股市游戏规则——最新证券交易法解析》,台北,元照出版公司 2009 年版,第 171 页。

构等利益相关者的利益才能更好地实现公司的目标。[1] 我国《公司法》在坚持股东利益与公司营利性的同时，更是于 2005 年修正时在立法上正式确立了公司的社会责任制度。我国《公司法》第 5 条第 1 款规定："公司从事经营活动，必须遵守法律、行政法规，遵守社会公德、商业道德，诚实守信，接受政府和社会公众的监督，承担社会责任。"

(3)公司治理原则之具体内容

关于公司治理原则的具体内容，目前尚无统一的标准。学界较为认同的是 OECD 2004 年《公司治理准则》的相关规定，本书也以此为依据作概要的说明。根据 OECD 2004 年《公司治理准则》的规定，公司治理原则的具体内容主要包括以下几项。

第一，确保有效公司治理架构的基础。建立公司治理架构时应考虑整体经济表现、市场信誉度、对市场参与者之诱因，以及促进市场的透明化与效率化的程度；须符合法治原则且法规必须透明可供执行；在公司治理架构中各权限主体间责任须明确划分，并兼顾公共利益之维护。

第二，股东权益与重要的所有权功能。公司治理架构必须保护且促进股东权利之行使。准则中列举了股东应有之基本权利，包括股份登记之安全机制、转让持股、获取即时与准确的资讯、选举董监事、参与股东大会、分享公司盈余。并且股东也有权就公司基本事项的变动获得充分资讯、参与决定，如章程修订、增资或并购。

在参与股东大会方面，开会时间、地点、议程（包括投票程序）应充分披露给股东，鼓励股东向董事会提问，给股东机会使其在合理范围内提案并纳入议程，股东能对董事会成员、经理人员薪酬表达意见，或者赋予董事提名权，以使股东能参与公司重要的决策。

第三，平等对待股东。公司治理架构应确保股东，无论是少数股东还是外国股东，都受到平等的对待，包括权利受到损害时应有相同有效的救济渠

---

〔1〕 See Richard Smerdon, *A Practical Guide to Corporate Governance*, Sweet & Maxwell, 1998, pp. 10 – 12.

道。如投资人投资前,能获得其所欲购买种类股票相关权利之资讯,且就权利事后有所变更时,应获得那些受不利影响股东之同意,少数股东不因控股股东滥用权力行为直接或间接受到损害。而关于股东大会的程序及进行,也不应有使股东难以行使或需花费昂贵成本行使权利之情形。

董事和主要经理人员无论是以自己名义还是代表第三方与公司进行交易,而与该交易有重大利益或该交易将对公司有直接影响,都应披露相关事项予董事会。一旦涉及内线交易及滥权之关系人交易,则应禁止。

第四,公司治理中利害关系人之角色。公司治理架构之建立应承认法律赋予或契约约定之利害关系人之权利,并鼓励公司与利害关系人积极合作,创造财富及工作机会,以及保障公司财务的稳健性。而利害关系人的权利包括:法律所赋予利害关系人的权利受到侵害,应给予有效的救济渠道;利害关系人参与公司治理程序时,应固定、即时给予相关、足够且可信赖的资讯等。

另外,就特定的利害关系人如个别员工或其代表组织,可自由就其关心的不法或不道德之情形,与董事会沟通,也鼓励员工绩效奖励机制之设置与发展。就债权人部分,除构建良好的破产机制外,亦应促使债权人债权能有效实现。

第五,信息披露与透明化。公司治理架构应确保所有有关公司的重要事项,包括公司财务状况、经营表现、公司目标、股权分布和公司治理。公司应披露之事项如下:公司财务及营运结果、大股东和投票权利、董事及主要经理人员之薪酬政策、关系人交易、可预见之风险因素、员工或其他利害关系人之议题及公司治理状况等,即时且准确地披露。信息应与会计、财务等一样的高标准程度予以披露,且披露渠道必须是每个人便于利用,不必花费过多成本。

年度审计工作应交由独立、适格的审计人员执行,并向董事会及股东提供外部的客观担保,使公司财务资料能公正呈现公司当前的财务状况。外部审计人员应对股东负责并有责任就其审计工作尽应有的专业义务。

第六,董事会及监察人(或监事会)之责任。公司治理架构应确保董事会对公司经营策略之方向,对经营阶层监督的有效性,以及董事会对公司及股东的责任。董事会应于接触即时且正确之资讯下,开展其工作。董事会应尽其善良管理人的注意义务,也受高标准道德检视,为公司及全体股东最大利益执行任务,但也须兼顾其他利害关系人。

2. 股东大会在公司治理中的应有功能

如前所述,一般而言,目前各国皆将股东参与列入公司治理原则的重要内涵,认为股东在公司治理之促进上扮演着重要角色。实证研究结果指出,若由外部股东对股东会决议案之投票结果观之,股东之参与对公司治理实践确实有正面的影响。[1] 作为由全体股东组成的公司最高意思机构,股东大会以其独特的功能在公司治理中发挥重要作用。

(1)意思决定功能的不可替代性

意思决定功能也即股东大会的决议功能,这是股东大会的首要功能。正如浜田道代教授指出的,"股东大会由风险资本的出资人构成,通过资本多数决来形成公司的最高意思,至今还没有办法找到可以替代股东大会这一功能的有效制度"。[2] 会议决议由"议"和"决"两部分构成。"议"是指股东对提交股东大会的有关事项进行讨论、商议,"议"的目的在于集思广益。"决"是指股东对提交股东大会的有关事项在讨论、商议后进行表决。"决"必须以"议"为前提和基础,没有"议"的"决",只能是一种专断的"决",而不是一种民主的"决"。同样,"议"必须以"决"为目的,如果只"议"不"决",会议就成为"纯粹清谈和空谈的场所",产生不了应有的效果。股东大会会议召开的主要目的是作出决议,以确保公司的生产经营活动顺利开展。应当特别指出的是,由于股东大会决议是根据多数决规则作出的,因此股东大会决议对于多数派股东和少数派股东来说具有不同的意义。对于多数派股东来说,由于股东大会决议是按照自己的意志作出的,因此当然承载了保护自己利益的功能。而对于少数派股东来说,由于股东大会决议可能与自己的意志相悖,因

[1] See Peter Iliev et al., "Shareholder Voting and Corporate Governance Around the World", *AFA 2012 Chicago Meetings*, 2013, pp. 23 – 24.

[2] 张凝:《日本股东大会制度的立法、法理与实践》,法律出版社 2009 年版,第 14 页。

此不仅没有承载保护利益的功能,反而有害于自己的利益。换言之,股东大会的决议功能对于多数派股东的利益保护来说是一种正功能,而对于少数派股东的利益保护来说是一种负功能。[1] 对于公司经营管理者来说,股东大会决议既是对其行为的一种约束,也是其享有经营管理者资格的保障。换言之,公司经营管理者不仅要以股东大会决议来证明自己地位的合法性,而且能够以股东大会决议来证明自己所实施的行为具有正当性而免于承担责任。

(2)监督制约功能

股东作为公司的投资者之所以愿意将公司交由他人管理,从股东方面考虑,主要是基于两方面的原因:第一,股东自身无心管理公司。对于大多数股东尤其是广大中小股东来说,由于有自己的本职工作,因此也就无心管理公司,自己仅仅是为了获得投资收益。第二,股东无力管理公司。现代社会是一个分工高度发达的社会,经营管理企业需要专门的知识和技能,因此即使有些股东有心管理公司,但鉴于自己本身的知识限制,根本就没有能力经营管理公司。股东虽然基于自身原因考虑而将公司交由他人管理,但这并不意味着股东完全相信公司经营管理者有能力也愿意为自己服务。公司经营管理者之所以愿意为他人即股东经营管理公司,是因为这可以为自己带来利益。股东和公司经营管理者的利益既具有一致性也存在冲突的可能性。公司经营管理者和股东之间存在利益冲突的事实决定了股东必须要对公司经营管理者并行监督。股东对公司经营管理层的监控有两种形式:一是单个股东的监控;二是股东集体的监控。为保护公司经营管理者不受过多的干预,法律对单个股东的监控设有比较多的限制。换言之,单个股东的监控即非通过股东大会而由单个股东对公司经营管理者进行的监控在很多情形下是不允许的。因为如果允许任何股东通过任何途径在任何时候对公司经营管理者进行干预,公司经营管理者恐怕根本就不能正常开展工作了。为确保公司全体股东的利益,就必须对单个股东的监控行为进行限制,即要求股东通过

[1] 参见付子堂:《法律功能论》,中国政法大学出版社1999年版,第57页。

股东大会来行使对公司经营管理者的监控权。也就是说，对公司经营管理者的监控行为在大多数情形下必须以全体股东的名义作出，而不能单独以某个股东的名义作出。前田重行教授指出，“为了保障对经营者有效监督，有必要通过股东大会对其实施控制”，[1]股东对公司经营管理者的监控因此主要表现为股东大会对公司经营管理者的监控。应当承认，监控公司经营管理者，使其不得为有损公司股东利益的行为是股东大会最为核心的功能。当然，“股东大会的监督、监视功能不只是出于维护公司和股东的利益，在确保企业公共性以及企业社会责任的问题上也发挥着重要的功能”。[2]

(3)信息披露功能

股东大会表决权的存在是构成要求信息披露理论上的前提，股东大会会议目的事项中包含(董事、监事等的)报告事项以及董事、监事承担说明义务也说明股东大会具有信息披露的功能，该信息披露的功能中进而还内含有抑制经营者违法不当行为的功能。[3] 此外，从一般股东与股东大会的关系出发，今井宏教授很早就指出：“一般股东参与股东大会的利益如果在资本多数决中无法实现，那么就应该从接受公司信息的提供以及对公司进行质询、发言等方面加以保障”。[4]

(4)交流的功能

股东大会的交流功能主要表现在股东通过参与股东大会，相互之间可以传递有关信息。现代社会是一个信息社会，信息是一种非常重要的资源。对于股东来说，由于平时没有参与公司日常的生产经营管理活动，因此也就难以对公司有关信息有比较全面、准确的了解。一般而言，股东了解公司信息的主要途径有二：一是通过公司信息披露或者主动查询的方法获得公司信息；二是通过参与股东大会获得公司信息。股东通过参与股东大会，面对面

---

〔1〕 张凝：《日本股东大会制度的立法、法理与实践》，法律出版社 2009 年版，第 14 页。
〔2〕 同上。
〔3〕 同上。
〔4〕 同上。

地与其他股东交流,从而相互之间可以实现信息共享。股东大会可以作为“股东与经营者进行交流的渠道、股东之间信息交换的场所以及公司对社会敞开的窗口”加以活用。[1]

(5)保护少数派股东的功能

末永敏和教授曾经提出过,有必要将股东大会定位在“小所有”(即一般股东)控制经营者的场所,[2]股东大会本来的功能的确是通过资本多数决将多数派的支配予以正当化的场所。但是,多数派是通过股东大会决议这样的程序而形成的,也只有通过这样的程序,多数派的意思才能够成为公司的意思。而“小所有”集结在一起,也具有形成多数派的可能性,如在欧美,公司股份的过半数就是掌控在个人股东手中的。因此,股东大会不应该仅仅是决定公司意思的场所,作为决定公司意思的前提,股东大会还必须是股东进行讨论的场所,这即是股东大会作为会议体的意义所在。因此,股东大会不应该仅是确认多数派支配正统性的场所,还应该将其视为保护少数派的程序之一,公司法有关股东大会程序的规定也正是为了保护少数派股东而存在的。不仅如此,为了促进少数派股东的参加,在立法上应该进一步强化股东提案权、股东大会上的信息公开,以及落实股东质询权。[3]

(二)股东大会功能弱化的现实考问与功能活化的迫切需求

1. 功能弱化的背景下股东大会该何去何从

如前所述,虽然从应有地位上看,股东大会在公司治理中的作用应该是无可替代的,但是现实生活中出现了股东大会的“形骸化”,导致了制度设计与制度运行的巨大反差。这种现象不仅仅是一个影响广大股东权益保护的问题,更是一个深刻地影响了资本市场发展的信心,以及外部投资者的投资热情的问题。对此,也有学者认为扩大参与的机会不利于公司的运营,他们

---

〔1〕 参见张凝:《日本股东大会制度的立法、法理与实践》,法律出版社 2009 年版,第 15 页。

〔2〕 同上。

〔3〕 同上书,第 15 ~ 16 页。

认为“作出决定的主体规模越大越难作出决定”[1]。在公司早期阶段，股东人数相对于现代公司动辄数十万人而言显然要少得多，如此规模的股东来自众多利益冲突的集团，假想他们能够齐心协力地一致行动是不可能的。另外，一些反对扩大股东投票机会的学者认为，股市行情是对公司管理最好的检测手段，因为不满意公司管理的股东可以通过“用脚投票”的方法来卖出他们手中的股票，从而导致股票价格下跌，所以没有必要采取扩大股东投票机会的方式来解决目前的问题。[2] 应当说，现代公司的运营需要广大股东的真正参与，扩大股东参与的机会可以提高公司的价值。首先，从社会观点来看，增加进入董事会的机会及获取信息的机会有助于增加公司的民主。其次，在公司控制权争夺中，董事面临被取代的威胁加大，因此他们在作出决定时将会更多地考虑股东及公司的利益，而不仅仅是考虑私利，这样有利于实现公司价值的最大化。另外，对于整个证券市场而言，由于股东积极参与而不是盲目地随股价“用脚投票”，因此有利于证券市场的稳定。

鉴于股东大会功能弱化的现状，理想与现实存在的巨大反差，制度设计没有产生应有的效果。那么，在理论上应当如何看待这个问题？股东大会是否还有存在的必要？尽管这是少数人的声音，但在此情形下，学界出现了股东大会废止论。股东大会废止说的基本立论，在于公司所有权与经营权相分离背景下，股东采取“退出”而不是“发言”机制来对抗经营者，从而使股东大会最终形式化。换言之，不是股东控制经营者，而是经营者控制股东大会；股东大会无异于董事会，不过是经营者的工具而已。尤其是当公司的经营状况一切良好时，机构投资者倾向于不出席股东大会，而将股东大会留给受压制的股东或满腹牢骚的个人股东去参加，所以经营者把股东大会视为“时间和金钱的巨大浪费”。[3] 废止论者的基调之一：立法和社会伦理都将股份公司视为典型的资合公司，人的信用不是股份资本的联结因素，因此股份公司为

---

〔1〕 See Stephen M. Bainbridge, “Participatory Management Within a Theory of the Firm”, 21 *J. Corp. L*(1989), pp. 65 – 67.

〔2〕 See Alan R. Palmiter, “The Shareholder Proposal Rule: A Fayed Experiment in Men’s Rugulation”, 45, *Ala. L. Rew.* (1994), pp. 886 – 889.

〔3〕 钱玉林：《股东大会决议瑕疵研究》，法律出版社2005年版，第44页。

股权的高度分散提供了制度上的支持。一旦股权分散以后,股份公司的大众股东在社会一般观念上只是“原子化”的机构成员而已,如果他们缺乏组织化的手段或工具,必将形成一盘散沙。废止论者的基调之二:公司法采取一股一表决权的资本多数决意味着股东享有与其持股数相同的表决权。然而表决权的行使,其前提以股东或其代理人出席股东大会为必要。股份有限公司立法的旨意在于全体股东定期聚集一堂,就议决事项经讨论后以决议形式形成公司意思。但从伦理上讲,如果要使全体股东出席股东大会,则其空间须足以容纳全体出席会议股东,否则不得以容纳困难、空间狭隘等为理由,拒绝股东出席。所以,当股份有限公司股东达万人以上时,欲求万人会场,伦理上实感困难。假如召集程序或决议方法不当,即构成股东大会撤销的原因,现实上未必符合商界经营上利益。[1] 在日本,长谷部茂吉法官基于以下三点理由认为应该废除中小股份有限公司的股东大会制度:第一,作为反映股东总意的方法,未必总要设置股东大会这样的会议体;第二,在股东大会上的讨论不具有现实意义;第三,股东大会的召开要耗费大量的经费。[2] 在英国,由英国公司法改革起草小组(Steering Group)向议会递交的《竞争经济下的现代公司法(草案)》中,认为应当重新检讨股东大会制度,有必要审视现行法的运作,并提出了改革股东大会制度的两条途径。其中第一条途径就是抛弃公众公司召开股东年会的要求,在公司法中规定达到这些目标的其他方式。

从历史和逻辑的视角看,股东大会权限的缩小及董事会职权的扩大乃是历史的必然。但是,股东大会权限的缩小和董事会职权的扩大并不能证明股东大会作为公司机关已经不能发挥任何作用而应当予以废除。股东大会作为贯彻股东民主理念的具体制度设计,无论在实践中是否能发挥其应用的作用,对于公司股东来说,都是不可缺少之机关。从经验层面分析,股东大会享有的重要职权之一是选举和罢免公司董事会组成人员。没有股东大会,董事

---

〔1〕 参见吴松林:《股份有限公司股东表决权研究》,中兴大学 1981 年硕士学位论文,第 114 页。

〔2〕 [日]长谷部茂吉:《判例会社法》,一粒社 1964 年版,第 159 ~ 164 页。

会组成人员的合法性就失去了制度保障。股东大会作为公司的权力机关,居于董事会和监事会之上的地位并不是体现在对公司一切事务的决策上,而是体现在对公司重大事项尤其是公司董事会、监事会组成人员的任免上。只要股东是自愿不参与股东大会而不是被他人限制不能参与股东大会,只要公司董事会、监事会的成员即董事、监事的选举任免真正为股东所控制,股东大会能够真正发挥对董事会、监事会的控制作用,股东大会作为公司权力机关的法律地位就没有被否定。[1] 对于股东大会作为公司机关在公司机关体系中的地位,有学者指出,"股东大会的最高性意味着出资者的意思决定机构以及成为主要事项的终究性效力的根据,并非意味着将其他机构的权限作为类概念而包括进去的最高性"。[2] 日本西原宽一教授指出,既然股份有限公司是由民间资本构成的,那么股东大会就必须是股东发挥资本力量维护自身利益的最终据点,当作为受托人的经营者不符合股东的期待时,股东可以在股东大会上运用资本的力量将其撤换。尽管伴随着股份有限公司的规模扩大与持股的分散,小股东开始远离股东大会,但这也可以理解为是一种资本对经营信任放心的表现。如果有朝一日公司经营出现了问题,使小股东及其他一些平时对公司经营漠不关心的股东对公司经营乃至自身的利益产生了担心,他们会一改往日的态度,或出售股份断绝与公司的关系,或集结在一起出席股东大会,并加入到主张公司经营改革的一方,股东大会在这个时候就会具有重要的意义。总而言之,股东大会作为保障资本发挥力量的最终堡垒,其存在不容否定。[3]

事实上,近十几年来,公司治理与投资者保护,尤其是中小外部投资者保护成了一个全球性话题。一个基本的共识是,从制度上改革和加强股东大会的作用,恢复股东大会在公司治理结构中的应有地位,是解决该问题的关键所在。国际间也逐渐产生一种共识,那就是股东大会的召开与股东行使股东

---

〔1〕 参见石纪虎:《股东大会制度法理研究》,知识产权出版社 2011 年版,第 89 页。

〔2〕 [韩]李哲松:《韩国公司法》,吴日焕译,中国政法大学出版社 2000 年版,第 351 页。

〔3〕 参见张凝:《日本股东大会制度的立法、法理与实践》,法律出版社 2009 年版,第 20 页。

的投票权与公司治理直接攸关，[1]各国证券主管机关都相当重视公司治理，重视让股东积极参与股东大会，发挥监督公司经营阶层的力量。

2. 股东积极主义的兴起

股东为公司的实质所有人，在企业所有权与经营权分离的情况下，具有监督公司的权利。但由于一般股东在大型企业中持股数相对较少，因此于股东表决权行使上，其影响力极其有限。在此情形下，一般股东视自己为单纯的"投资者"，而非公司"所有者"，股东如不满意公司经营者的营运表现，他们宁愿出脱持股，也较不愿意积极另觅改变公司的方法，[2]买进或抛售持股成为表达意见的唯一方式。

传统的华尔街规则是"用脚投票"，即如果公司运营不善导致股价低迷，机构投资者或者抛出股票撤回投资。首先，这种被动策略的弊端是，如果公司管理层对股价没有很强的诉求，那么这种消极策略实际上没有办法在本质上改变和介入公司治理。其次，如果管理层有诉求但是没有能力改进，那么即使有巨大潜力的公司也无法使得其价值真正实现。

在保障和提振股东利益的诉求下，股东积极主义应运而生：投资者买入一家上市公司相当份额的股份成为战略股东，通过行使股东权利迫使公司管理层作出各种调整，进而促进公司治理改善和股价提升等行使股东积极主义的股东就被称为积极股东。

股东积极主义是指当上市公司董事会经营决策不符合广大股东利益时，部分股东积极采取行动来促进上市公司改变决策，改进公司治理，甚至重构董事会和管理层。积极主义是相对于大多数消极股东而言的，在现代公司治理中，由于股权的分散性，股东往往委托具有专业性优势的董事会和管理层代为行使股东权利，而大部分股东实际上并不参与公司的任何治理，因此成为消极股东。采取积极主义的股东可以是个人投资者，也可以是机构投资者，在现实中绝大部分是机构投资者。

---

[1] 参见冯震宇：《公司证券重要争议问题研究》，台北，元照出版公司2005年版，第67页。

[2] 参见刘连煜：《公司法制的新开展》，中国政法大学出版社2008年版，第93页。

(1)美国股东积极主义的历史回溯

资本市场发达的美国和英国,股东积极主义较为盛行。以美国为例,其股东积极主义大致经历了三个演进历程。

第一阶段是股东积极主义的初步发展期,时间为20世纪七八十年代。实际上,股东积极主义的渊源可以追溯至1932年,那一年伯利(Adolph Berle)和米恩斯(Gardiner Means)出版了著名的《现代公司与私有产权》。伯利和米恩斯在书中明确指出了委托—代理的利益悖论,他们认为股东在将经营权转移至代理人(董事或者经理)之后,其所有权应该享有的利益可能会遭受损失,尤其是在公司股权过于分散时,公司甚至会失去对公司的控制权。但是,股东积极主义初步发展是20世纪的七八十年代,由于美国资本市场和机构投资者蓬勃发展,以养老基金和公共基金为代表的机构投资者开始认为,对公司治理的适度干预是必要且有效的,股东积极主义开始流行起来。

第二阶段是美国股东积极主义蓬勃发展阶段,具体时间为1992年至2008年国际金融危机之前。1992年美国证券交易委员会(Securities and Exchange Commission,SEC)允许股东及股东代理人之间可以进行直接联系,这就为股东积极主义在美国的发展奠定了法律基础,股东及其代理人之间对公司治理的干预变得极为便利。而此前股东如果要获得公司控制权,就必须通过代理投票权争夺来进行。代理投票权这一行径因为"搭便车"问题和沟通问题而成本高昂、效率低下,在美国被认为是"最后的选择",甚至是比集体诉讼更逊的无奈之举。

第三阶段是2008年国际金融危机发生之后,美国股东积极主义更为规范的发展阶段。国际金融危机之后,美国进行了大萧条以来最为深入的金融及监管体系改革,出台了《多德—弗兰克法案》,该法案的核心内容之一就是消费者保护,美国因此成立了消费者金融保护局。股东积极主义一定程度上成为消费者利益保护的更为有效的行径之一。2011年加利福尼亚州公务员基金就否决了201项所投资公司的薪酬方案,2012年4月花旗银行的薪酬改革方案亦遭到股东否决。

(2)韩国股东积极主义的实践场景

美国以机构投资人为典型带起股东积极主义之风潮。但是韩国的股东积极主义并非由机构投资人扮演主义角色，而是由非官方的民间组织——民主参与的人民团结联盟主导。该组织起初以关心政治议题、参与社会运动开展活动，尔后在 1997 年着手进行所谓“小股东运动”，以改革及提升韩国公司治理机制为目标，并以大财团的核心公司作为寻求改革的对象。

由于人民团结联盟善用法律赋予股东的权利如提起代表诉讼、股东提案权、检视公司会计记录等措施，结合公司其他股东、机构投资人，开展一系列行动，多数都相当成功。例如，韩国第一银行的小股东借助人民团结联盟的力量，就股东会未依投票程序进行、股东被禁止发言，提起股东会无效诉讼，并经法院判决确定。其后针对该银行的总经理和董事会接受贿赂、违法放款给即将破产的公司，致使银行拥有庞大的不良资产一事，提出韩国首次的股东代表诉讼并获得胜诉。另外，针对 SK 电信公司以支付高额服务费用及设备价格，输送利益予其关联企业的决策，因人民团结联盟与该公司小股东于股东会集会前表示反对，SK 电信公司最终于股东会上宣布取消。

人民团结联盟主要通过股东会表达自己或是少数股东的主张，除了主动收集其所关心的议题的相关资讯，加上韩国政府在 1997 年金融风暴之后，强化有关少数股东权利之法制，才使人民团结联盟能成功落实股东积极主义，加强股东参与公司治理的情况。

(3)我国台湾地区股东积极主义的简要描述

我国台湾地区在经历亚洲金融风暴后，于 2005 年配合“行政院”《强化公司治理政策纲领暨行动方案》，进行了“公司法”的第十三次修正，修正内容包括股东提案权、董监事提名制度及股东通讯投票制度等与公司治理密切相关的制度，以期改善公司治理的法制环境。

此次修正的主轴在于强调“股东行动主义”或称“股东民主”，亦即促使股东主动影响公司的经营管理决策，而非仅凭董事会或经营阶层等少数人决定公司资源分配。[1] 因此，修法纳入上述制度，给予股东权利，能将其所关

〔1〕 参见邓振荣：《从比较法观点论我国股东提案权之运作现况与争议》，台湾地区东海大学法研所 2011 年硕士学位论文，第 17 页。

心的议题化为议案于股东会提出，进而引起其他股东关注、表决，使公司经营管理者能够按照多数股东期待的方向进行，抑或股东不再受限于董事会所提出的董、监事候选人名单，而能自己提出认为适格、适任的董、监事候选人，以及给予股东便于行使表决权的方式，都是在建立一个适于发展股东积极主义的环境，鼓励股东勇于表达其对公司经营管理的看法，积极参与公司事务。

(4)股东积极主义的价值观照

现代公司理论认为，委托代理关系可以发挥董事会、管理层的专业性优势，代理人可以通过更加专业化的经营为委托人创造更大的价值。但是，也有理论强调，委托代理问题是公司治理中难以规避的难题。股东积极主义实际上是干预了代理人对公司的经营管理，实质上改变了股东与董事会、管理层之间的委托代理关系。为此，理论界和实业界对股东积极主义褒贬不一，但赞成股东积极主义的仍为大部分。整体而言，股东积极主义被认为是改善委托代理关系、优化公司治理结构和提升股东价值的有效手段之一。

一是股东积极主义有利于改善公司治理，提升股东价值。股东积极主义信奉公司治理创造股东价值的理念，坚信良好的公司治理将会提升公司长期发展竞争力和经营业绩。在股东认识到现有管理层的重大缺陷或改革空间之后，采取积极主义行动，一定程度上可以有针对性地提升公司的经营和业绩。

英国《经济学家》杂志援引相关研究结论指出，1994～2007 年美国约 2000 项股东积极主义干预中，其后 5 年考察期内公司股价和经营业绩都有实质性改善，而且改善最为显著的是考察期的后期。

二是股东积极主义本质上是解决股东与管理层之间的委托代理问题，可能会优化委托代理关系。从法律关系上来看，股东是公司所有权人，理论上应该享受公司发展的所有收益，但是在委托代理关系中，管理层的利益诉求可能与股东利益诉求大相径庭，往往受损的是股东。特别是在美国，很多上市公司的股权尤其分散，使得管理层在经营上具有主导权，股东利益受侵蚀的可能性更大。但这也为股东积极主义提供了股权结构的基础，如果有股东掌握了较多股权或者关联股权，就可以采取积极行动，通过重构管理层或干预管理层来改变公司运营,改变并优化委托代理关系。

三是股东积极主义往往是机构投资者所扮演的,具有一定的专业性。由于美国资本市场是机构投资者主导的市场,决定了机构投资者在市场中具有实质性的主动权。更为重要的是,美国机构投资者多为长期投资者,对所投资标的公司的治理更为关注,能较为深刻地认识到公司治理的缺陷和代理人的企图,及其对公司业绩与股东价值的影响,整体也表现出良好的专业性。为此,以机构投资者为代表的股东积极主义在美国、英国最为盛行。

其实,股东积极主义的推动,不应该只是依赖于机构投资者。机构投资者之所以在美国成为股东积极主义的主导者,是因为股权结构及政策配合,加以持股数较多,有保护自我利益的诱因,且拥有专业人才、丰富资源,始能成为积极股东,[1]扮演监督经营者之角色。相较于我国资本市场投资者仍以散户投资者为主,机构投资者的力量总体而言尚且不足,仍应期待一般股东形成积极股东的角色,落实股东积极主义。[2] 因此,无论是机构投资者还是一般散户股东,身为公司股东都有权利积极参与公司的经营并对经营层的决策与业务执行加以监督,而非只是抛售持股表达不满或只追求短期资本利得之价差。

3. 股东大会之功能活化

在所有权与经营权分离原则下,多数股东所重视的是公司的盈利情况,并无意愿参与公司的经营,参与股东会对其而言缺乏诱因,这将会造成经营者的专断独行,漠视股东的权益。为健全股东民主,防止公司经营者或控制股东滥权,如何促使股东积极参与股东会并行使表决权,便是股东积极主义的重要课题。因此,唯有促使股东积极参与股东大会,通过行使表决权表达自己的意见,才能活化股东大会监督公司经营者之机能。前述 OECD 2004 年《公司治理准则》之第二原则即强调公司在治理设计上应着重于促进股东积极参与股东大会,提升股东行使表决权的便利性,落实股东积极主义原则

〔1〕 参见叶银华:《公司治理与评级系统》,载《商智文化》2002 年 11 月,第 67 页。

〔2〕 参见刘连煜:《公司法制的新开展》,中国政法大学出版社 2008 年版,第 94 页。

的精神。就股东大会而言,至少可以从股东提案权、股东知情权及股东表决权等三个方向进行讨论。

(1)股东提案权

传统上股东大会议程即拟提出于股东大会决议的事项是由董事会所掌控,股东大会仅就董事会所提出的议案进行决议,股东无法对议程有所置喙。然而股东提案权制度具有使股东表达意见与对公司之期待,建立股东与经营者沟通之管道,[1]以及赋予股东追究公司企业社会责任之手段等功能,不仅为股东民主之基础,更是平衡经营者与股东间之利害关系,成为股东行动原则之重要法律工具。[2]

(2)股东知情权

召开股东大会最重要的目的,就是聚集各位股东对于董事会所编制的各种议案、文件以决议的方式进行追认,或者对属于股东大会决议规范内的事项行使表决权。对股东而言,行使表决权之前提是,究竟对于表决之事项的相关资讯有多少了解,以求其能适宜地行使其表决权。因此,股东大会议程资讯必须在事前充分披露给全体股东,使其有充足的信息能对公司议题以决议的方式作出正确决策。

然而,正如我国台湾地区学者谢易宏所指出的,"股东大会提供一个降低公司经营者与投资人之间信息不对称的对话场所;公司股东仅能藉由公司董事会所发布开会的通知或公告,于书面或电子方式所载召集事由和提案要旨,始能作出评估是否影响自身利益,而应否出席听取并发表意见的判断"。[3] 因此,股东大会的相关信息应当通过召集通知充分且公平地披露给全体股东,满足股东知情权,使股东与董事会在信息资讯上处于大致相当的地位,共同在股东大会中进行有意义的讨论。

---

〔1〕 参见杜怡静:《E化环境中关于股东权行使之比较研究》,载《政大法学评论》2013年6月总第133期,第265页。

〔2〕 参见王志诚:《股东之一般提案权、特别提案权及临时动议权》,载《月旦法学杂志》2010年10月总第185期,第210~211页。

〔3〕 参见谢易宏:《股东"知情权"与投资人保护》,载《月旦裁判时报》2012年4月总第14期,第62页。

(3)股东表决权

股东表决权是股东基于股东资格而对股东会的议案表示同意或反对的权利,[1]是股东最重要的基本权利。股东享有表决权,意味着可以从根本上选择公司的运营方式,这也是股东对董事行为进行牵制的最后工具。除此之外,股东还可对公司的重大事项作出决定,使自己的权利不受或少受损害。[2] 正如 Easterbrook 和 Fischel 所言,"如果说有限责任是公司法最显著的特征,那么表决权则是第二个特征"。[3]

然而,在公开发行公司股权分散的情形下,股东分散各地,受股东大会开会时间、地点之限制,外国投资人或散户投资人甚至机构投资人行使表决权有其实际难度存在,尤其是股东大会开会日期有过度集中现象,也导致投资人分身乏术,因此应提升股东行使表决权的便利性。

实际上,从各国公司法近些年的发展来看,也多是围绕着这几方面加以革新,尤其是在信息技术发展的背景下,就如何充分发挥信息技术在提升股东权行使的便捷性与有效性等方面的作用进行了积极探索,有力地推进了股东大会功能之发挥与股东权之保护,股东大会活化得以蓬勃兴起。

二、电子化是实现股东大会功能活化的有效路径

(一)电子化可以有效克服信息披露的内在弊端

1.信息的有效披露是股东大会有效运行的前提条件

信息披露及其透明度是使资本市场运作有功能及有效率的前提条件。在一个有效的证券市场上,决定证券价格的因素主要应该是其价值,也就是公司的经营管理现状和利润水平。在这种情形下,市场就好比是一个黑盒子,我们把相关的信息输进去,然后输出来的是经过有效确定的价格。我们之所以说证券市场具有筹资的功能、监督管理者的功能、实现资源优化配置

---

[1] 参见江平主编:《公司法教程》,法律出版社 1987 年版,第 171 页。

[2] 参见梁上上:《论股东表决权》,法律出版社 2005 年版,第 17 页。

[3] Frank H. Easterbrook and Daniel R. Fischel, *The Economic Structure of Corporate Law*, Harvard University Press, 1991, p. 63.

的功能乃至于充当宏观经济变动趋势晴雨表的功能,恰恰是建立在证券价格确实反映了上市公司乃至整个市场真实状况的基础之上的。而证券的真实价格恰恰建立在充分、及时、准确的信息基础上,这也就表明了符合充分、及时、准确要求的信息在整个社会经济运行方面起着至关重要的作用。只有在市场参与者能够获得迅速且规范有关重大影响证券行情之所有资讯才有可能公平地对证券加以评价及作出正确处置资产之决定。[1] 此外,无论是所谓加重内部人责任之内部治理机制,或者主管机关、市场监督等外部治理机制,资讯揭露均系使相关治理机制发挥功效之重要基石。[2]

换言之,股东大会信息披露是股东大会有效运作及股东作出投票决定的前提条件,唯有使股东获悉议案内容,消弭其与董事会信息的严重不平等的地位,在掌握充分的信息的基础上,才有可能对公司的重要议题以决议的方式作出正确的决策,发挥股东大会之监督功能,实现股东大会的功能活化。

当然,信息披露有其成本考量,同时为了避免过多的信息披露可能反而导致市场与投资人无法吸收和判断相关信息从而丧失信息披露之目的,因此股东大会信息披露的程度如何拿捏,是至关重要的关键所在。联合国颁布的2006年《公司治理信息披露最佳实务守则》(Guidance on Good Practices in Corporate Governance Disclosure),其将公司应披露的信息分为三大类:一是财务信息(financial disclosure),二是非财务信息(non-financial disclosure),三是股东大会信息(general meeting)。关于股东大会的信息披露,其认为股东大会议程及待议事项之通知应即时为之(notification of the agenda and proposed resolutions should be made in a timely fashion),由于OECD 2004年《公司治理准则》第二原则"股东权益与重要的所有权功能"中,已指出应提供股东关于日期、地点、股东大会议程及待议事项之充分且即时信息,因此股东唯有取得充分信息,方能作出完全充分了解之决策。此外,公司应披露关

---

〔1〕 参见陈彦良:《公司组织种类与股东会议程资讯之揭露》,载《月旦裁判时报》2010年6月总第3期,第72页。

〔2〕 参见朱德芳:《论股东会资讯揭露之重大性原则》,载《月旦法学杂志》2009年9月总第172期,第45页。

于股东事前提案程序的少有相关信息，并应披露股东提案被排除之事项及其理由。

2. 证券市场信息披露的内在缺陷

信息分布的不对称性、信息获取的高成本性和不完全性这些证券市场的内在缺陷，加之投资者行为的差异（市场上不全都是理性投资者），会加剧证券价格对其基础价值的背离。[1] 股东大会的信息披露也概莫能外。

首先，证券市场主体间的信息分布是不对称的。现代股份制企业尤其是大规模的公开公司中，公司的所有权与经营权是相分离的，所有权人通过与企业经营管理人员订立契约的形式将一定范围内的决策权授予经营管理人员，从而形成了一种委托—代理关系。在这种关系中，日常的经营管理权是由代理人也即经营者来行使的，而所有者即委托人也就无法像经营者那样了解其所采取的行动，并且也可能很难找到确凿的证据来证明经营者的行为的适当与否，委托人和代理人之间信息的不对称也就随之自然产生，成为毋庸置疑的客观事实。而这种信息不对称的确是一种风险，因为作为代理人的经营者完全可能利用自己掌握的信息优势追求自身利益的最大化而不是以作为委托人的所有者的利益最大化目标，当两者目标无法同时实现时，甚至可能置委托人的利益于不顾而做出有损委托人利益的行为。在我国证券市场的很长一段时间内，由于缺乏一套严格的信息披露制度，上市公司、证券公司、中介机构等有关机构中时有发生虚假陈述、欺诈客户现象，内幕交易、恶意操纵市场行为也屡见不鲜。这一切源自信息披露，最终的结果是广大中小投资者对证券市场失去信心。

其次，由信息的成本代价引发的信息不完全性。信息在某种程度上说具有公共产品的特性，这也使得上市公司的相关信息可能被竞争对手无偿使用，尤其是关于新产品、市场占有率、经济效益等的分析，其后果是必然会使上市公司今后的经营活动处于不利的位置，当然，这就是股份有限公司要成为上市公司需要付出的必要成本。在这种情况下，作为公司的管理层出于经

---

〔1〕 参见于莹：《信息披露制度法律价值探析》，载《法制与社会发展》1999 年第 5 期。

营管理上的目的,很自然地就会想到继而运用一个规避措施,那就是只披露对自己有利的部分信息,而不愿详细、全部地披露自己的所有信息,尤其是对自己不利的信息,有的管理者甚至披露虚假信息。这就是说由于成本的问题而导致管理者公布的信息具有不完全性,但是这仅仅是信息不完全性的一个方面,另一方面是投资者在获取信息时更需要付出成本。一般情况下,与机构投资者相比,中小投资者(散户)的信息渠道是比较有限的,机构投资者可以雇佣各方面的专家来开发信息、挖掘信息,但是中小投资者却不可能做到,甚至不可能花很多的时间和资源去收集所有的信息。因为对他们而言,这样做是不经济的,相对于获取的收益,他们付出的成本可能太高,所以他们获取信息的途径多限于经营者的公开披露和市场分析者的分析。然而,机构投资者是否有足够的积极性去开发信息呢?他们是否真实、准确、及时地公布自己开发的信息呢?现实中是有疑问的。机构投资者愿意投入成本开发信息是基于其开发的信息能带来的收益远高于为此的投入,但是一旦信息开发存在低补偿性就会使这些机构放弃对信息的研究,这在这些精明的商人们眼中是完全可能的。就信息供给的角度而言,这会导致市场上有价值的信息的供应不足。另外,如前所述,信息具有公共产品的属性。如果机构投资者将他们所收集开发的信息公开,意味着其信息必然被很多人所知晓,被那些没有为此信息付出成本的人"搭便车",于是这些机构投资者想凭其开发的信息来获利的可能性就会变得微乎其微。因而,对于他们而言,"明智"的选择有二:一是考虑成本的原因,选择不开发或者少开发相关信息,其结果是市场上信息的总体供给不足;二是尽可能拖延开发信息的公开时间,直到自己已经凭此信息获取足够的利益为止。在现实中,更有一些上市公司和机构投资者恰恰是恶意利用市场信息的不完全性,不是及时发布真实信息,而是利用其雇佣的"黑嘴"疯狂散布虚假消息,欺骗广大中小投资者,严重扰乱证券市场的有效秩序。

3. 电子化是提升股东信息供给的有效途径

既然证券市场存在信息分布的不对称性、信息获取的高成本性和不完全性这些内在缺陷,这就需要国家以积极主动的姿态对证券市场进行适当干预。一方面,既然信息是有成本的,而相比较而言,要求每一个证券市场参与者去收集、分析信息的成本显然较大,是欠明智的,那么要求上市公司披露其信息则应是适当的、理性的选择。另一方面,既然证券市场主体间信息分布是不对称的(上市公司和券商显然握有信息的优势),那么就可以从保护弱者这一现代法治的精神出发,要求有关机构应向投资者及时、准确和真实地公布有关证券的全部资料,尽量减少信息的不对称现象。

(1)公司信息服务电子化可以低成本实现股东与公司之间的双赢

现代公司尤其是上市公司的规模大,股东人数多并且股东来自全球,日常的经营活动相较于普通有限责任公司、一人有限公司复杂很多,从公司事务管理看,建立公司信息服务的电子化即以电子信息方式记录公司的事务信息并保存、传输,实行信息化管理。在全球经济一体化的今天,实行信息化管理是提高公司竞争力的关键性因素之一,与传统书面方式相比,其具有以下不可替代的优势。

第一,公司信息服务的电子化有利于公司管理的效率化,为公司提供广阔的发展空间。上市公司、跨国公司的盛行,而这些公司的股东来自全球,不仅使公司在运作管理方面增加了难度和成本,同样,股东要及时了解公司的信息也需付出相较于一般公司更多的精力和成本。实施公司信息服务的电子化制度,公司将其事务信息以电子信息的方式在网上公布,股东可以在网上查阅公司信息。由此,一方面,对于股东而言,可在任何地点、任何情况下在互联网上方便快捷地取得公司信息,克服了时间及地域的障碍,增加了股东了解公司运作状况的机会,增进了股东与公司的交流,从而更好地参与公司事务的管理和决策,促进公司管理的民主化;另一方面,公司管理制度化、简便化,提高了公司运作的效率,增加了公司的透明度,创造了良好的投资环境,有利于吸引外资,并且也为公司的发展壮大夯实制度基础。

第二,公司信息服务的电子化有利于节约公司管理的成本,实现公司、股东利益的最大化。互联网的最大价值在于信息传递快且成本低廉,公司通过这种方式向股东传递信息,股东可快速且以很低的成本获取信息并根据该信息作出决策。这不仅方便了股东,更重要的是,在很大程度上降低了公司信息采用纸质材料及邮寄而支出的高额成本。美国联邦证券交易委员会曾依据2006年委托书征集季的资料分析，评估电子委托书将可替公司节省总计4830万美元（如果征集公司负责10%之所有委托书邮寄采取单纯通知方式）至24,140万美元的成本（如果征集公司负责50%之所有委托书邮寄采取单纯通知方式）。而根据Broadridge公司资料，在2010年美国所有证券发行公司中有22.7%的公司以单纯通知方式取代完整交付方式，总计节省23,300万美元的相关支出。[1] 而就股东接受度而言，电子方式也逐渐为股东所接纳而成为一个重要趋势。依据Broadridge公司针对2013年及2014年委托书征集季的资料分析，除公司多已倾向以仅单纯通知方式取代完整交付方式来分送委托书文件资料外，大部分持有实质股份的机构法人股东通过电子平台来取得委托书文件资料并进行投票。其中2013年有84%持有实质股份的机构法人股东通过电子平台投票，到2014年则增为98%；而个别投资人即散户，2014年征集季有28%的选择单纯通知方式，而2008年为12%，2012年、2013年分别为23%、26%；选择完整交付方式的个别投资人，则持续缓步下降为40%，而2008年则高达68%，2012年、2013年也分别有47%、44%。[2]

（2）电子化有助于股东之间的意见交流

集体行动容易产生的"搭便车"心态，或囚徒困境的心理问题，以及股权分散国际化难以集结股东力量、股东大会开会当天无允裕时间进行意见交流，或股东权利行使门槛限制等，都足以影响股东行使权利的心态或者可能性。因此，一方面，在法律规范上及公司实务上应创造友善的权利行使环境，使得股东仅需付出较少成本便得以行使权利；另一方面，应重视股东之间意见交流的可能性，使股东在行使权利之前，能够事先彼此互通信息、交换意见，以帮助股东作出正确判断来行使权利，或使股东有机会相互联系进而联合行动达到权利行使的门槛。即使法制上已在相当程度上要求公司及时、准确、全面地作出信息披露，以使公司相关信息的透明化，但是此仅为公司向股

〔1〕 参见方元沂：《从美国股东会电子投票制度论我国股东会电子投票制度之发展》，载《政大法学评论》第143期，第310页。

〔2〕 同上书，第310～311页。

东所为的信息传送,用来满足股东对公司所应知的权利,终究不能使股东借此即可得知其他股东的想法与行动。因此,在 OECD 2004 年《公司治理准则》中,为保障股东权益而特别提出,除为防止滥用之外,应允许包括机构股东在内的所有股东相互商议沟通本准则所定义有关其基本股东权利的问题。

此外,不但股权分散公司中的小股东在行使权利时有与其他股东合作的需要,即使是机构投资者也可能有此需求,只是可能基于风险性或者其他因素的考量而进行分散化的投资,因此使得自己对被投公司的影响力不见得比其他股东来得大。因而不仅仅是一般自然人股东,甚至包括机构投资者在内,应被允许,甚至鼓励在监督和选举董事会成员、对议程提出建议和与公司进行直接讨论等各方面来进行合作并协调行动,以强化对公司的影响力,改善公司治理结构,而这恰恰是股东积极主义的现实要求与重要体现。同时,股东应被允许可以相互间直接进行各种意见的交流,而不必仅仅拘泥于征求代理权的形式。[1]

在此背景下,德国联邦议会于 2005 年 9 月通过《企业完整与撤销权现代化法》,依此法案,于《德国股份法》中增订第 127 条之 a,使得股东或股东协会可以在公司进行公告之"电子联邦公告"的股东论坛中邀请其他股东共同或者通过代理来行使股东权。至于股东论坛之外在形式及其他细节,尤其是对股东或股东协会如何在股东论坛中提出邀请、邀请理由之指引、登录费用、登录注销期限、滥用情况及使用阅览等,则于《德国股份法》第 127 条之 a 第 5 项,授权联邦司法部以行政命令来规范。而联邦司法部于 2005 年 11 月 22 日制定《股东论坛规则》,共计 10 个条文,此规则于 2005 年 12 月 1 日生效。该规则生效后的一年内股东或股东协会登录电子股东论坛大约有 150 件,主要是股东协会所做的登录,如德国有价证券投资人保护协会、投资人保护团体等股东协会。而邀请内容最多是请求股东将表决权交付给进行登录之股东协会来代理行使表决权,且授权不限于当次股东大会,可长期授权直到股东撤回代理权为止。处于次位的邀请内容是对当年度股东大会特定议案之

---

〔1〕 参见 OECD 2004 年《公司治理准则》第二部分中对第二原则 G 的注释。

表决权行使的建议。此外,还有邀请其他股东来共同向公司要求召开股东大会临时会议,对董、监事损害赔偿的请求,选任检查人等。从其一年来的发展看,股东协会正逐渐扮演维护与促进股东权行使的重要角色,符合当初设立股东论坛的立法目的。[1]

2008 年 1 月 28 日,美国证券交易委员会公布委托书规则修正案,简称《电子股东论坛规则》,自 2008 年 2 月 25 日生效。该规则旨在推动电子股东论坛的使用,推动因特网的试用、创新和扩大使用以促进股东交流。通过推动股东之间及股东与公司之间在因特网上的交流,美国证券交易委员会希望以一种可能对股东和公司更为有效和低成本的方式……挖掘利用技术潜力来更好地维护股东根据州法所享有的权利。[2]

电子股东论坛是由现代科技网络的应用来促成股东的共同行动,使股东有机会能更积极影响公司之事务,从而借由此种股东交流平台的设计,应有助于股东对股东大会议案的了解与行使表决权的判断,并有机会得以获知其他股东的投票态度,从而有利于解决股东权利行使的困境。

(二)电子化可以有效突破传统表决方式的现实困境

1. 股东表决权之意义

股东表决权,又称股东议决权、投票权,对于其含义的界定,我国学界各有不同意见,以下列举典型的几种观点:

我国台湾地区学者柯芳枝认为,表决权是“股东对于股东会议决议事项得参与之权利”。[3]

学者黄川口认为,表决权是“股东就股东会之议决事项,表示赞成与否,以成立决议之权利”。[4]

我国著名民商法学家江平教授主编的《公司法教程》是这样给表决权下

---

〔1〕 参见洪秀芬:《股东交流平台建立之探讨——以德国股东论坛为例》,载《兴大法学》2007 年 5 月总第 1 期。

〔2〕 参见赵金龙:《商法思维与网络技术环境下公司法律制度的创新——以电子股东论坛为例》,载王保树主编:《中国商法年刊》(2013),法律出版社 2013 年版,第 261 页。

〔3〕 柯芳枝:《公司法论》,台北,三民书局 1983 年版,第 277 页。

〔4〕 黄川口:《公司法论》,台北,三民书局 1982 年版,第 330 页。

定义的:股东基于股东资格而对股东会的议案表示同意或反对的权利。[1]

刘俊海认为,股东表决权又称股东议决权,是指股东基于股东地位而享有的,就股东大会的议案作出一定意思表示的权利。[2]

梅慎实认为,表决权又称议决权,即股东有权参加公司的最高权力机关——股东大会,并就议决事项作出一定意思的权力。[3]

从以上观点分析,柯芳枝与梅慎实的定义比较相似,都提出股东表决权除了"表决"的意思,还包含了"参加会议"的意思。而其余观点的定义相对较窄,表决权仅指股东对决议事项的同意、反对意见,因此缺乏传统意义上的"参加会议"的缺席表决依然属于表决权的范畴。当然,对于前者,也可以通过一定的立法技术解决缺席表决的问题。但是,股东对股东会议的参加属于股东的会议出席权的范畴,不应当包含在表决权之内。因此,笔者认为,狭义的观点更符合表决权的本质。对于表决权的含义,可以明确以下几点:第一,表决权是股东的一项重要权利,而此权利是基于股东资格而享有的;第二,表决权针对的对象是有限制的,并非包括一切公司事务,而仅仅指需要股东会议决的事项;第三,表决权的行使表现为股东对股东会议决事项表示同意与否,从而作出股东会的决议;第四,表决权的行使是一种意思表示行为。据此,可以对表决权定义为:股东表决权是股东基于股东资格而享有的,就股东会的决议事项作出一定意思表示从而形成决议的权利。

在股东权益中,对股东最有价值的莫过于股利分配请求权和董、监事选举权,前者可满足股东的经济需要,后者则可满足股东对公司经营阶层的人事控制需要。而这两种权利之实现莫不以股东表决权之行使为前提。正如 Easterbrook 和 Fischel 所言,"如果说有限责任是公司法最显著的特征,那么表决权则是第二个特征"。[4] 而表决权的重要价值就是通过其权利的行使而得以体现出来的。

---

[1] 参见江平主编,《公司法教程》,法律出版社 1987 年版,第 171 页。

[2] 参见刘俊海:《股份有限公司股东权的保护》,法律出版社 1997 年版,第 135 页。

[3] 参见梅慎实:《现代公司机关权力构造论》,中国政法大学出版社 1996 年版,第 105 页。

[4] Frank H. Easterbrook and Daniel R. Fischel, *The Economic Structure of Corporate Law*, Harvard University Press, 1991, p. 63.

2. 传统表决方式的现实困境

在传统技术背景下，根据一般国家公司法的规定，股份有限公司在某一规定的地点（通常是住所地）召开股东大会，而股东则亲自或委托他人到该地点出席会议并行使表决权等权利，从而形成公司之决议，实现股东民主。然而这种设计对于大型的股份有限公司，尤其是上市公司，却面临着背离制度设想的现实困境。

亲自出席投票表决成本过大。基于现代化公司，尤其是股票被允许在证券市场交易的公司，其股权越来越分散及国际化趋势，因此股东力量分散，要想结合多数股东为一致性投票或行使其他权利，但就信息传送、各方意见整合及进行决策的交易成本即会相当可观，而境外投资人之权利行使还面临跨境投票的障碍。在我国，虽然上市公司的股权结构总体上呈现“一股独大”的现象，但是其他的股份是非常分散的，更多的股东分布在一个日益扩大的地理范围，股东亲自出席股东大会行使表决权变得越来越不方便。这些中小股东由于所持股份较少，他们往往会认为自己所行使的表决权对股东大会的决议形成无足轻重；而且在目前形势下，单个中小股东由于获取资讯成本受到巨大的障碍而使他们实际上已经不起任何作用。因此他们出席股东大会行使表决权的热情并不高。另外，在现代分散投资以分散风险的理念下，一人往往将财产投往数处，因此一人同时为数家公司股东的情形也非常普遍。如果其持有股份的数家公司股东大会同日召开或相隔很短的时间召开，该股东即使有出席各公司股东大会的意愿，而事实上也只能是心有余而力不足，更何况作为投资者的他们可能更关注自己的投资回报，而并不真正十分关心公司的运营状况。截至 2018 年 12 月底，我国证券市场投资者总开户数超过 1.4亿户，境内上市公司总数为 3570 家，一人同时为两家以上上市公司股东的情形也十分常见，或者说，每个投资者必然拥有两家以上上市公司的股票，而我国上市公司的股东年会常常也是扎堆召开的，股东分身无术的困境也是不可避免的。据笔者的粗略统计，2015 年 5 月 19 日，单单深交所即有 177 家上市公司召开股东大会。在我国台湾地区，依据现行股东会召开实务作业概算股东会召开日期，经推算 2002 年度公开发行公司召开股东会之期间势将集中于4月至6月，以2002年2月28日统计，上市（柜）公司家数合计为1033家，即每日召开股东会之平均家数约为12家，若再扣减周六、周日召开股东会比例偏低，其每日平均开会家数则提高为16家。[1] 而我国台湾地区有关部门统计显示，2004年6月15日召开股东常会的上市（柜）公司高达183家，于6月11日开会的亦有110家。[2] 而到2006年这个数字变成264家，2007年已经到337家，2008年更是高达637家。股东出席股东大会一方面加大了出席股东的成本，另一方面也增加了公司的会议成本。由于现代上市公司往往规模巨大、股东众多，在股东人数动辄数万人甚至数十万人的情形下，如若多数股东同时出席股东大会，不难想象其可能面临的情境，公司要承担巨大的会议开支自不在话下，更不用提事实上根本找不到有容纳如此庞大股东的会议场地，公司还不得不面临繁杂琐碎的事务等事实上的困难。[3] 更何况，由此带来的许多问题连公司都无法处理。因此，从现实来看，不要说全体股东，即便是大多数股东亲自出席会议行使表决权，无论是对股东还是对公司而言，都并不现实、也不可能做到。因此可以说，股东亲自出席会议行使表决权其实并非股东表决权行使的理想状态。所谓理想状态，其实仅仅是一种理论的假想而已。

委托代理投票有其内在缺陷。我国法律上承认股东可以授权委托代理人出席股东大会行使表决权。我国《公司法》第106条规定："股东可以委托代理人出席股东大会会议，代理人应当向公司提交股东授权委托书，并在授权范围内行使表决权。"委托代理制度可在一定程度上解决股东不出席股东大会而行使表决权的问题，股东可以在委托书上记载其对股东大会议案的赞成或否定意见，或直接明确代理人所行使权利的范围，以确保其表决权行使的意思表示能够确实反映到股东大会。但委托代理投票制度本身具有先天

[1] 台湾证券集中保管结算所股份有限公司：《股东会通讯行使决议权制度之研究》，载台湾集中保管结算所股份有限公司：http://www.tdcc.com.tw/tc_03pub.htm，第49页。

[2] 参见陈锦旋：《公开发行公司股东通讯行使股东会议决权之法制与实务》，载《现代公司法制之新课题集》，台北，元照出版公司2005年版，第327页。

[3] 参见万勇：《股东大会网络投票制度研究》，载《福建行政学院福建经济管理干部学院学报》2001年第3期。

的缺陷：第一，委托代理程序一般都有明确的法律要求，手续较为烦琐，实际上只有机构投资者和持股规模相对较大的个人股东才会采用，小股东仍不愿意费力委托他人参与投票。第二，不出席股东大会的股东要找到一个可以信赖的代理人也有一定的难度，而且可能面临费用支出，这样就使部分股东难以通过委托代理制度行使表决权。第三，书面委托要求明确授权，无法及时、准确对股东大会临时议案和修正案表示委托人的意愿，或将引起计票上的歧义。第四，委托代理投票时，表决权行使的意思表示需经代理人进行。为确保代理人依股东指示行使表决权，公司须设计相应制度，例如，股东在委托书中明示其对股东大会议案的赞同或否定意见，以及其所欲支持的董、监事候选人，若代理人未依股东指示行为不予计算等。但这种消极地将该代理人的表决行为归于无效，并不代表股东的本身意愿，甚至可能导致某些决议难以达成。因为按我国《公司法》的规定，对于特别议案须经出席会议股东所持表决权的2/3以上的多数通过，由于股东委托代理人出席视为亲自出席，其表决权不计入有效票数将可能导致议案难以达到2/3以上。第五，委托书制度本身具有一定的负面作用。我国对于主动向股东"征集委托书"的行为并不禁止，但若有人采取"征集委托书"的形式"收购"委托书，将可能产生许多负面影响。例如，有可能成为少数人谋取其私利的工具；容易影响公司营运，造成公司经营不稳；造成上市公司由少数人操控的现象等。"影响所及，轻微者乃是可能侵蚀该公司的业务营运与财务状况，为甚者可能危及以证券市场所建立的'国民经济体系'。"[1]

另外，我国投票代理权制度在我国目前的实践中仍然存在一个相当明显的问题，即这一制度运作的低效性。代理投票制度的低效性主要体现在以下几个方面：[2]第一，运用这一制度的上市公司比例小。据统计，我国在沪、深上市的公司有1287家（当时的数据——作者注），而从20世纪90年代开始，出现投票代理权竞争的上市公司不足10家，不到上市公司总数的1%。从这

〔1〕廖大颖：《证券市场与股份制度论》，中国政法大学出版社2002年版，第35~36页。

〔2〕参见伏军：《公司投票代理权法律制度研究》，北京大学出版社2005年版，第71~72页。

一数字可以看出,这一制度在中国证券市场远未发挥其应有的作用。第二,尚无真正成功的案例。在目前已有的案例中,征集人通过公开征集方式得到足够多的投票表决权并成功达到征集目的(改组董事会成员结构、通过议案等)的案例仍是空白。胜利股份案例中的通百惠最终未能在董事会中占据优势地位;郑百文独立董事征集活动应者寥寥,备受冷漠;而广西康达小股东索芙特和天街小雨的征集也没有成功。济南轻骑股东赵刚的征集活动尽管引起了许多股东和上市公司的重视,但征集到的股份离提出议案的要求仍然相距甚远。国际大厦第一大股东开元公司的征集也未取得预期效果,所提出的议案没有得到通过。重庆东源的第一大股东锦江和盛虽然取得 3 个董事会席位,但这一成果并非是由于征集到足够的表决权,而是几名中小股东积极斡旋的结果。青岛双星董事会进行的征集带有相当的象征意义,其征集效果本身不为征集者所重视,也不为被征集者所响应。第三,实践中的许多操作问题没有得到很好的解决,严重影响了投票代理权制度的运行。第四,立法严重滞后。市场自发的实践及存在的上述操作疑问,体现了迫切的立法需要。近年来,有关这一领域的立法呼吁不绝于耳,但这方面的立法供给却明显不足。目前,全国还没有出台统一的操作规范。已有的深圳地方立法法律层次较低,管辖范围有限且并非基于现实的需要而制定的。不论是股东主动型的一般委托代理还是股东被动型的委托书征集,都存在较大的客观成本(代理成本),而且"与股东会议上可以充分获取公司信息的股东相比,未参会的股东处于一种危险的被漠视地位",[1]这也是制约这一制度充分发挥效用的巨大"瓶颈"。一方面,信息不对称、道德危险和利益非趋同性使得代理成本不可避免,而若想最大限度地减少此成本,需要建立复杂的包括信息披露、代理人资格在内的委托代理制度,且不论其效果如何,制度本身的成本就是巨大的。另一方面,此制度可能导致公司控制权的不当转移,这在委托书征集的情况下更为严重。因为如果说一般的委托代理中,代理人是基于手中

---

〔1〕 Lewis D. Gilbert, *Dividends and Democracy*, 34 (1956), p. 206. In George Ponds Kobler, "Shareholder Voting Over the Internet: A Proposal for Increasing Shareholder Participation in Corporate Governance", 49 *Ala. L. Rev*, 1998, p. 676.

实际掌握的代理表决权数而产生争夺控制权倾向的话，那么"表决权征集具有很明显的目的特殊性"，[1]其中之一便是争夺公司的控制权。这样，若此种现象呈现普遍化，股东大会会变异为将代理人的意志正当地转换成公司意思的纯粹的形式机构。因此，传统的表决权委托很多时候并不能体现出股东自身的真实意思表示。

3. 电子表决方式的独特价值

(1)对股东的意义

实行表决方式的电子化，股东不需出席会议即能表达自己的真实意愿，与亲自出席、委托他人出席股东大会行使表决权相比，以其极大的便利性为许多股东所接受，必将成为股东特别是中小股东行使表决权的首选。第一，电子表决的便捷性极大地方便了股东表决权的行使。实行电子表决，股东并不需要出席现场会议，而只需以电子方式透过网络就可以行使表决权，这显然大大便利了股东。第二，电子表决的经济性降低了股东出席股东大会的成本。由于公司并不承担股东出席股东会议所需的费用，因此对于股东而言，参加会议除并不方便外，更大大增加了其时间与金钱的成本。这对于大部分股东，特别是中小股东，自然是不愿意的，因为他们知道，参加会议在经济上是不合算的，更不必说在外地的会议。据学者对公众股东的调查，愿意参加股东大会并投票的只有27.27%的股东，而在这些人中，愿意参加外地会议的为0。[2] 而实行电子表决，股东行使表决权几乎不需要任何金钱与时间的付出，其成本当然可以大大降低。第三，网络的虚拟性解决了股东大会同日召开股东分身乏术的问题。按照我国上市公司有关规则，年度股东大会应当于上一会计年度结束后的6个月内举行。[3] 但是实际上各公司的股东年会相对集中，再加上许许多多的临时会议，使得一天内经常有许多家公司在召开股东大会。股东大会日期集中化之趋势，将致股东无法同时参加所投资公司之股东大会，这也势必影响其参与股东会之意愿与权益。但是实现电子表

[1] 张玉涛：《股东表决权征集制度探讨》，载《山东工商学院学报》2005年第3期。

[2] 参见伏军：《公司投票代理权法律制度研究》，北京大学出版社2005年版，第93页。

[3] 参见《上市公司股东大会规则》第4条。

决,股东可以通过互联网解决在时空上同时“出席”数个会议的难题,分身乏术的难题迎刃而解。第四,电子表决具有保密性、方便性、直接性及真实感,且可不受人情干扰。这一点,与亲自出席会议投票和代理投票相比,其优点非常明显。

(2)对公司的意义

从公司的角度看,实行电子表决当然可以服务于公司的经营管理的需要。实践中电子表决的设置并非都是出于股东利益保护的考虑,它还具有如下功效:第一,可以避免出席会议股东的人数不足而不能形成有效的决议,从而有利于股东大会的召开,提升股东大会的效力。许多国家公司法都规定了股东会议的“定足数”,如《法国商事公司法》第153、155条,《日本商法典》第239条。我国《公司法》未规定股东会议的“定足数”,从我国公司表决机制的角度看,没有“定足数”的规定应该是我国上市公司股东大会实践中缺乏对表决机制创新的一个重要原因。因为对于公司而言,只要按照规定要求召集股东大会,无论出席会议股东占全体股东的人数几何,股份几何,其会议就应当是一个有效的会议,其通过的决议也就是一个有效的决议,公司显然没有积极性去想方设法吸引更多的股东来参会。著名商法学家王保树先生针对这样的现实就提出建立股份有限公司股东大会的股东出席法定人数制度。他认为,现行《公司法》只有通过决议事项的法定多数制度,而没有股东出席的法定人数制度,致使少数公司出现了仅有代表4.52%的股权的股东出席就举行股东大会的情况。换言之,不及5%的股权的股东主宰了95%的股权的股东。显然,这违背了资本多数决定原则和股东民主的精神。要改变这种状况,就必须建立股东出席法定人数制度。[1] 电子表决因其对股东的便利性而激发他们参与的积极性,在很大程度上能够帮助满足“定足数”需要。第二,可以节省纪念品费用支出,减少公司的会议成本。为了吸引股东参加股东会议,我国大陆与我国台湾地区都有发放纪念品的做法,这不仅增加了

---

〔1〕 参见王保树:《股份公司组织机构的法的实态考察与立法课题》,载《法学研究》1998年第2期。

公司会议的开支,也出现了一些专门领纪念品的职业会议人,他们并不关心参加会议,更不在乎投票表决。电子表决的实行也可避免出现楼下还排长龙领纪念品,楼上主席已经宣布散会的闹剧。第三,可以避免有许多股东选择出席股东大会而导致的会场不足之情形,可减少公司的费用支出,同时也解决股东大会场地难觅的问题。而在我国的实践中,采取通讯表决,在很大程度上是为了解决太多股东出席股东大会而会场不足的矛盾。[1] 设想一下,假设每个上市公司众多股东中有数万人选择出席股东大会,中国需要多少个"鸟巢"才能满足上市公司召开股东大会的需要。实行电子表决,尤其是网络股东大会的召开,股东大会不再需要能容纳庞大人数的会议场地,以及安保设备和组织人员,因此可以为公司节省大量的组织召集、场地、人力等费用。根据美国学者的统计,网络投票的成本仅为书面投票的9%。[2]

电子表决可以提升"股东民主"境界,有利于股份有限公司对公司治理观念的深化与落实,从而有利于提升公司的治理水平,而这一切都为公司树立了良好的公众形象,也必将推动证券市场的发展。反过来说,每一个股东权益无法保障的公司,都会为证券市场的发展设下一道一道的障碍。对此,我国是有实践的经验与教训的。正是由于电子表决方式有利于股东与公司之间双赢的实现,电子表决成为广大股东行使表决权的最重要管道。在英国,2002年,只有22%的公司提供股东通讯投票,至2004年即增加到79%。此外,根据Broadridge的统计,在2006年股东会季节,英国通过Broadridge管道以电子方式进行投票的股份中,有高达66%的股份是以电子投票的方式行使表决权。[3] 而根据美国Broadridge公司的统计,由2010年至2013年股东常会美国公开发行公司之股东采用的投票方式(见表1-1)可知,电子方式行使表决权为主要的表决权行使管道,约占其所提供行使方式中的95%,

〔1〕 参见王保树:《股份公司组织机构的法的实态考察与立法课题》,载《法学研究》1998年第2期。

〔2〕 Adam D. Amsterdam. Electronic Options For Street Name Shares. Securities, August 27, 1999. 转引自王静:《股东电子通讯表决权制度研究》,载《法治论丛》2007年第2期。

〔3〕 参见冯震宇:《股东会通讯投票实务作业问题探讨》,台湾集中保管结算所股份有限公司2009年10月,第37页。

而其中利用网络媒介的电子投票平台最广为股东所使用。

表1-1　Broadridge平台投票方式之比较

年度	书面投票	电子投票	
		电话	网络
2010	7.0%	0.8%	92.2%
2011	7.0%	0.7%	94.0%
2012	4.5%	0.6%	94.9%
2013	5.4%	0.6%	94.3%

资料来源:整理自Broadridge网站。

三、现代信息技术的发展为股东大会功能活化提供有力支撑

(一)现代信息技术是当今社会发展变革的重要推动力量

1.信息化是我们所处时代的一个重要特征

在始于20世纪70年代的电子通信技术迅速而广泛的发展与应用下,全球信息技术日新月异、信息应用不断突破,全社会的各个领域都进入加快信息化进程。正如2003年联合国日内瓦信息社会世界峰会《原则宣言》所指出,我们正在共同迈入一个潜力巨大的新时代、一个信息社会的新时代、一个加强人类沟通的新时代。“在这个新兴社会中,信息和知识可以通过世界上所有的网络生成、交流、共享和传播。如果我们采取必要的行动,所有人都可以在不远的将来,在全球团结和各民族、各国家之间加深理解的基础上,共同建设一个崭新的知识共享的信息社会。我们相信,这些措施将开辟一条通向真正的知识社会的未来发展之路。”

改革开放以来,特别是近10多年来,中国的信息化与中国的经济和社会发展一样,取得了举世瞩目的辉煌成就。总体而言,中国的信息化水平已经超过了世界平均水平,基本上达到了世界中等发达国家的水平;而在中国的一些经济发达的城市和地区,信息化的水平已经可以和发达国家的发达地区

一较短长。[1] 特别是中国的信息化发展速度，国际电信联盟（International Telecommunication Union，ITU）2009 年 3 月发布的信息化发展指数研究报告指出，中国是全球信息化发展指数增长最快的 10 个国家之一。2006～2008 年，中国信息化发展指数（Informatization Development Index，IDI_{CN}）年均增长速度为 13.30%，居世界第 5 位，是世界平均增长水平的 2 倍。中国在信息化的可接入性和可使用性方面，是全球进步最快的国家。[2] 从全国发展水平来看（不包括港澳台地区，以下同），2008 年中国信息社会指数（Information Society Index，ISI）超过 0.3%，开始进入工业社会向信息社会的加速转型期。2000 年全国 ISI 为 0.2215%，信息社会发展还处于起步阶段，2000～2007 年年均增长仅为4.1%。2008 年全国 ISI 首次突破 0.3%，达到 0.3327%；从发展速度上看，2008 年以来 ISI 年均增长 12.6%，而上海、北京率先进入信息社会。[3] 近年来，对全球各国家评价结果显示，中国信息化全球排名大幅度提升。根据国家信息化发展指数，中国的排名从 2012 年的第 36 位迅速攀升至 2016 年的第 25 位。中国信息化发展在产业规模、信息化应用效益等方面取得长足进步，已经位居全球领先位置。[4]

中国互联网实现 1 亿用户规模用了 10 年左右的时间，到达时间点大约是在 2005 年 5 月。2006 年，中国互联网普及率首次突破 10%（实际为 10.5%）后，开始进入快速扩张期。2001～2006 年，互联网普及率每年增加 1～2个百分点，而 2007 年之后每年都增加 5 个百分点以上。在加速发展的情况下，中国到 2007 年 1 月实现第 2 个亿级用户只用了 2.5 年的时间。2009 年 1 月、2010 年 3 月分别越过 3 亿、4 亿用户台阶，用时均在 1.2 年左右。自 2008 年起中国开始成为名副其实的第一网民大国。2009 年年底全国互联网

---

〔1〕 参见周宏仁主编：《中国信息化形势分析与预测》（2010），社会科学文献出版社 2010 年版，第 3 页。

〔2〕 同上书，第 4 页。

〔3〕 参见《走进信息社会：中国信息社会发展报告 2010》课题组：《中国信息社会发展报告 2010》，载《电子政务》2010 年第 8 期。

〔4〕 参见《国家信息化发展评价报告（2016）》，载中国互联网络信息中心：http://www.cnnic.net.cn/hlwfzyj/hlwxzbg/hlwtjbg/201611/P020161118599094936045.pdf，最后访问日期：2016 年 12 月 16 日。

用户达到 3.84 亿户，虽然普及率只有 29%，但已超过全球平均水平。而截至 2016 年 6 月，我国网民规模达到 7.10 亿，半年共计新增网民 2132 万人，半年增长率为 3.1%，互联网普及率为 51.7%，较 2015 年年底提升 1.3 个百分点，超过全球平均水平 3.1 个百分点，超过亚洲平均水平 8.1 个百分点。[1] 到 2018 年 6 月，网民规模更是达到 8.02 亿，半年增加 2968 万人，互联网普及率达到 57.7%（见图 1－1）。[2]

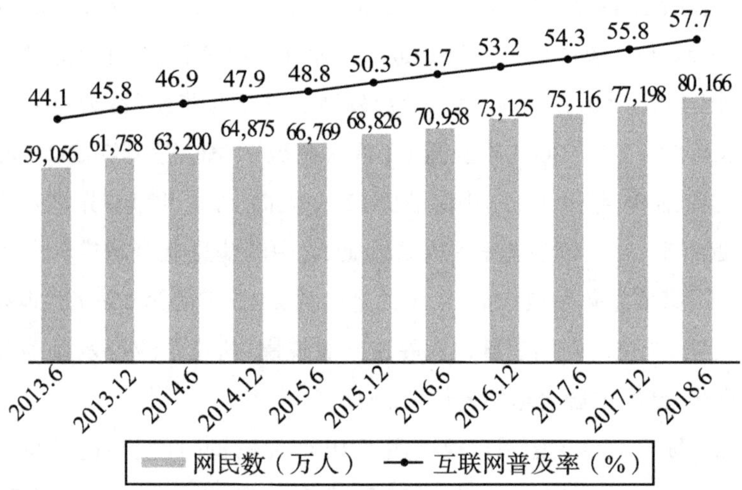

图 1－1　中国网民规模和互联网普及率

资料来源：CNNIC 中国互联网络发展状况统计调查。

即时通信、搜索引擎、网络新闻作为基础的互联网应用，用户规模保持稳健增长，使用率均在 80% 以上；网上购物、在线旅行预订等商务交易类应用持续快速增长，网上支付线下场景不断丰富，大众线上理财习惯逐步养成；在线教育、在线政务服务发展迅速，互联网带动公共服务行业发展。需要重点

[1] 参见《中国互联网络发展状况统计报告》（2016 年 7 月），载中国互联网络信息中心：http://www.cnnic.net.cn/hlwfzyj/hlwxzbg/，最后访问日期：2016 年 8 月 16 日。

[2] 参见《中国互联网络发展状况统计报告》（2018 年 7 月），载中国互联网络信息中心：http://www.cnnic.net.cn/hlwfzyj/hlwxzbg/hlwtjbg/201808/P020180820630889299840.pdf，最后访问日期：2019 年 1 月 16 日。

指出的是以下两组数据：一是网络视频。截至2016年6月，我国网络视频用户规模达5.14亿，较2015年年底增加1000万，网络视频用户使用率为72.4%。二是网络直播。网络直播在2016年上半年逐渐受到社会重视，并在资本力量的推动下实现了快速发展。截至2016年6月，网络直播用户规模达到3.25亿，占网民总体的45.8%。[1] 而到2018年6月，这两种数据又发生较大变化，其中网络视频用户规模达6.906亿，网络视频用户使用率为76%，网络直播用户规模达到4.2503亿，网民使用率达到53%。[2]

企业信息化基础设施普及达到较高水平。截至2014年12月，全国使用计算机办公的企业比例为90.4%，使用互联网办公的企业比例为78.7%，全国实现互联网宽带接入的企业比例为77.4%，有41.4%的企业建立了独立的企业网站，独立企业网站.com域名的使用率为76.2%。同时，企业开展的互联网应用种类较为丰富，基本涵盖了企业经营的各个环节。电子邮件作为最基本的互联网沟通类应用，普及率最高，达83.0%；互联网信息类应用也较为普遍，各项应用的普及率都超过50%，全国使用互联网的企业中，有60.9%通过互联网发布信息或即时消息；商务服务类和内部支撑类应用，如网上银行、与政府机构互动、网络招聘等，也得到较快发展。[3]

随着技术的不断发展，网络视频会议也在各行各业中出现。我国的几大运营商也有公共视频会议租用服务。主要有中国电信“新视通”：面向政府、大企业甚至个人用户提供跨国、跨地域的可视通信业务；中国网通“网通视讯”：面向网通用户提供电信运营级全程全网视讯业务，业务由用户发起并自主管理；中国卫星“卫星视频”：面向企业客户特别是跨国公司提供不受地域、环境、气候影响的会议服务；还有中国铁通的视讯王，面向企业和团体提

---

〔1〕 参见《中国互联网络发展状况统计报告》(2016年7月)，载中国互联网络信息中心：http://www.cnnic.net.cn/hlwfzyj/hlwxzbg/，最后访问日期：2016年8月16日。

〔2〕 参见《中国互联网络发展状况统计报告》(2018年7月)，载中国互联网络信息中心：http://www.cnnic.net.cn/hlwfzyj/hlwxzbg/hlwtjbg/201808/P020180820630889299840.pdf，最后访问日期：2019年1月16日。

〔3〕 参见《2014年下半年中国企业互联网应用状况调查报告》(2015年2月)，载http://www.cnnic.net.cn/hlwfzyj/hlwxzbg/，最后访问日期：2016年8月16日。

供多种形式的视讯业务。这些运营商提供的服务都非常适用于公司的视频会议,接入方式灵活,有包括 ISDN、ADSL、DDN、E1、宽带 IP 等多种选择方式,适用的场所也不受限制,只要有会议终端,在指定的会议场所,随时都可以接通会议服务,安全系数高且通信质量好。

2. 信息技术的广泛应用成为当今经济社会发展的重要趋势

当代高新技术迅猛发展,最为突出的标志之一就是信息技术的出现及网络应用的普及,网络进入证券交易、商务合同等诸多领域,甚至在各种具体选举程序中,网络的应用已经成为趋势。随着信息化的发展,信息技术被广泛应用于人类社会生活的各个领域,推动全球经济不断向前发展。以美国为例,2000 年,美国亚利桑那州民主党总统初选首次结合传统投票与网络投票的政治选举。而 2000 年实行网络投票之后,相较于 1996 年的选举成长了 600%(1996 年、2000 年人数分别为 12,884 人、86,907 人),其投票率高达 93%,尤其是 18 岁到 20 岁的投票人口更是大幅增加。而在 2003 年 1 月 19 日,瑞士日内瓦州阿尼埃尔镇的 1000 多名选民,在全民投票中首次通过网络来行使自己的政治权利:"96% 的选民支持增加电子投票作为传统投票的补充方式,76% 没有投票习惯的选民表示,如增加电子投票方式,他们将考虑参与公民投票。"[1]

在我国,由于信息技术的广泛应用,智能化设备的广泛普及,政府、企业组织结构进行了重组,行为模式发生新的变化。根据 2008 年度中国企业信息化 500 强调查报告,中国信息化 500 强企业中,34.5% 的企业整体信息化水平达到中等发达国家水平,6.4% 的企业居于国际领先水平。[2] 特别是近几年来,我国企业信息化水平得到极大的提高。在电子政务方面,我国在信息公开、在线办事、公众参与等方面都取得了长足进步。在信息公开方面,公众获取政府信息更为便捷,政府公开信息也更为及时;在在线服务方面,政府

---

〔1〕 陈威华、梁业倩:《瑞士将第一次试行网络投票》,载《人民日报》(海外版)2003 年 1 月 17 日,第 3 版。

〔2〕 参见 CECA 国家信息化测评中心:《2008 年度中国企业信息化 500 强调查报告》,载《中国经济周刊》2009 年第 12 期。

在继续推进市场监管和社会管理类业务信息化建设的同时，加强了面向社会公众服务的业务系统建设，在线服务业务网络化、数字化比率明显提高；在公众参与方面，绝大多数省区市都开通了领导电子信箱和热线电话，很多政府网站设立了公众留言板，有些政府部门还开通了领导在线访谈，这些方式已经成为公众与政府部门直接沟通的重要手段。而2006年5月5日，在上海市闸北区宝山路街道居委会换届选举中，一种基于社保卡的电子选举和网络投票方式首次亮相申城。当地294弄居民区选民和宝华居民区的居民代表第一次体验了运用现代信息技术行使自己民主权利的感觉。〔1〕

（二）信息技术的应用将引起股东大会的变革与发展

1. 信息技术的应用是股份有限公司股东大会发展的必然结果

过去10多年全球信息化的发展表明，信息化仍然是21世纪的主要时代特征，仍然是全球范围内推动经济和社会变革的主要力量，仍然是国家竞争力的战略重点和制高点。而随着"数字民主"概念的出现及被接纳，网络对公司这一市场主体的影响也越来越大，"使公司的发展产生了信息化、数字化、知识化、无疆界化"〔2〕特点。在世界范围内的企业，越来越多地在生产经营中使用电子手段，以至于有学者将此称为"企业E化"，在方式上"从最初的联机上网进步到各种的网络应用"。〔3〕随着Internet及电子商务环境越来越成熟，企业E化已成为一种不可避免的趋势。甚至有人说，若企业没有E化，将不能称为企业。企业E化发展不仅体现在E化企业的数量的增加，更在于领域的不断深入。互联网技术的广泛应用，给传统认知上的接受和传递信息的方式带来巨大的改变，信息的流动已经不受以往地域和时间的限制，与网络、电信、电脑及视频等相关技术的改良日新月异，通过网络等电子通信技术交换的信息量更是与日俱增，网络俨然成为信息流通的高速公路。"互

---

〔1〕 参见王有佳：《上海宝山路街道 首次网络投票选个居委会》，载《人民日报》2006年8月10日，第10版。

〔2〕 吴志攀：《从公司本位角度看公司立法》，载郭峰、王坚主编：《公司法修改纵横谈》，法律出版社2000年版。

〔3〕 冯震宇：《企业E化的新挑战——企业权益与员工隐私权保护的两难与调和》，载《月旦法学杂志》2002年6月总第85期，第86页。

联网技术的全球接触面和互动性质,使它成为传播金融信息、提供金融服务,甚至股票认购和股东投票的理想媒介。"[1]

2. 信息技术的应用为股东大会的活化带来契机

"互联网对公司法最大的实际影响的是公众公司的股东会议",[2]信息技术的迅速发展引起了公司尤其是上市公司股东大会层出不穷的实践创新。

作为发达资本主义经济下的美国公司治理一直保持领先水平,且其改革一直为行业内所津津乐道并学习,其中很大一部分原因在于美国法律对于新事物、新技术的开放态度。美国企业利用电子方式的情况十分普遍,无论是发行市场还是交易市场都一定程度得到进步。美国证券交易委员会最先对电子存档技术(electronic filing)进行规范,继而将电子方式的利用扩大到电子交付股东通知及与投资人沟通交流等事项。在美国,科技发展迅速,再加上电话与网络普及,因此在公司与股东之间的互动上,利用电话与网络的情形也日趋普遍;而利用网络进行相关事宜不仅可以促进股东的参与及股东会的民主,也可为发行公司节省大量的费用。根据美国学者的统计,网络投票的成本仅为书面投票的9%,[3]另外,由于网络投票可以节省印刷、邮寄与纸张等的费用,因此业者也估计,只要5%的股东改用网络投票的方式,就可以为美国企业每年节省4000万美元有关召开股东会之费用。[4] 由此业者也对利用网络行使股东权的方式逐渐趋向肯定的态度。随着网络技术的进步,鉴于极可能发生仅有部分股东真正至现场出席股东会议,而绝大多数散居各地的股东则会利用网络来参与股东会的情形,1996年,美国 Bell & Howell 公司允许经纪商为客户代理进行股东大会的网络通讯表决,成为美国第一家直接在互联网上进行股东大会表决的上市公司。1998年,ADP 投资者通讯服

---

〔1〕 胡汝银:《网上证券活动及其监管研究》,载郭峰、王坚主编:《公司法修改纵横谈》,法律出版社2000年版。

〔2〕 Elizabeth Boros, " Virtual Shareholder Meetings: Who Decides How Companies Make Decisions?",28 *Melbourne University Law Review* August 2004, pp. 265 – 266.

〔3〕 Adam D. Amsterdam. Electronic Options for Street Name Shares. Securities, August 27,1999. 转引自王静:《股东电子通讯表决权制度研究》,载《法治论丛》2007年第2期。

〔4〕 同上。

务公司(ADP Investor Communication Services)推出了 Proxyvote 网上投票系统。在 1999 年,已有多家美国公司利用网络现场实况转播股东会进行的情况,并允许股东事后亦可利用网络重新观看。[1] 而美国的许多机构投资人或股东亦开始利用网络以行使股东权,例如,以网络征求股东联署以便在股东会提出议案、利用网络征求委托书或鼓励其他股东支持或反对特定议案,亦有在面临恶意并购时征求股东同意并购,或与其他股东就应如何投票相互沟通。[2]

日本是亚洲进行公司信息化应用最早、运行最为规范化的国家。1997 年 4 月,日本野村证券公司首次通过因特网召开其第九次定期股东大会,会议同时采用四种语言,从而开创了日本公司股东大会电子化的先河;索尼公司也于 1998 年因地制宜,大面积实施了信息技术召开了联机电子化会议,该次会议针对全世界 50 万名股东,并成功地通过了修改公司章程的决议案。[3]

此外,英国、德国等诸多国家的公司也都积极搭上信息化发展的快车,充分应用电子技术于公司事务包括股东大会事务的管理。从公司信息的传送,到表决权的行使、股东之间的交流,甚至利用网络召开股东大会,从而给公司股东大会变革带来的契机,给股东大会的活化与公司治理的完善打下坚实的基础。

---

〔1〕 在 1999 年有 Intel Corp. ,Ford Motor Co. ,Bell & Howell Co. ,Gateway 2000 Inc. 等公司利用 broadcast. com 公司所提供的技术支援,进行网络股东会。参见 Lawrence T. Kane and Loren D. Danzis, "The Net May Be a New Venue for Annual Meetings", *The National Law Journal*, June 28, 1999, p. B06。

〔2〕 参见冯震宇:《公司证券重要争议问题研究》,台北,元照出版公司 2005 年版,第 74 ~ 75 页。

〔3〕 参见[日]山田尚武:《股东大会的电子化课题》,载《日本商事法务》第 1559 号(2000 年 5 月 5 日),第 45 页。

第二章　股东大会的运行机理与电子化的现实样态

第一节　股东大会的运行机理

股东大会作为公司机关,其职能主要是以股东大会会议的形式实现的,而会议作为集体决策的表现形式必须遵循一定的程序,程序性是会议制度的根本特征。股东大会作为股东集体决策的表现形式当然具有程序性的特征。股东在对公司有关事项进行决策即召开股东大会会议时,必须贯彻程序正义的基本理念。股东大会电子化作为信息技术在股东大会中的嵌入,其基础仍然植根于股东大会的运行机理,其本质要么就是原有规则在电子化条件下的应用,要么就是在电子化条件下的发展与创新。因此,研究股东大会电子化依然离不开股东大会本身的运行机理。

一、股东大会的会议召集

股东大会的召集是股东大会会议程序的起点,在整个股东大会运行过程中具有非常重要的意义。股东大会会议召集制度是由股东大会会议种类、会议召集权人、召集事由(条件)、召集通知和召集效力等各项规定所组成的总和。[1] 从会议通知的内容与会议的准备而言,还涉及股东大会议案的准备。

---

〔1〕 参见赵志钢:《公司治理法律问题研究》,中国检察出版社 2005 年版,第 74 ~ 76 页。

从电子化的视角观之，并不是召集制度的所有问题都与电子化直接相关，最主要的就是股东大会会议召集的通知与公告问题。此外，与会议召集相关的一些股东权行使也会涉及电子化的问题，其核心问题就是相关信息传送的电子化。

（一）股东大会会议的召集事由

股东大会既是由全体股东组成的公司权力和最高决策机构，又是定期或临时举行的股东会议。依据会议召开的原因及时间和方式的不同，各公司股东大会大致可以分为定期会议、临时会议。

1. 定期会议的召集事由

定期会议，又称股东常会，是指依照法律和公司章程规定在一定时间内必须召开一次的股东会议。股份有限公司的股东常会通常每年必须召开一次，因此又称为股东年会；也有的国家法律或公司章程规定一年召开两次。如日本规定，定期股东大会须一年一次定期召集，但一年进行两次盈余分配的公司，需在每个决算期召集股东大会，即每年召集两次定期股东大会。我国《公司法》规定，股份有限公司股东大会应当每年召开一次年会，即年度会议。

2. 临时会议的召集事由

临时会议是指必要时在两次股东定期会议之间不定期临时召开的股东会议，以决定临时出现的、需要股东表决的公司重大事宜。临时股东大会的存在原因：一是保证股份公司经营的效率，股份公司可随时决定经营中的重大事宜；二是股东可借此实现对董事会的有效牵制。后者尤为重要。[1]

从各国立法规定和传统做法来看，公司召开临时股东大会的情形主要有以下几种：一是董事会决定召开，即董事会认为有必要召开股东特别会议时，按照公司章程通过决议后即可召集。多数国家的公司立法赋予了董事会该项权力。二是监事会或监察人、审计员决定召开。监事会认为必要时，可以

---

〔1〕 参见姜战军：《股份有限公司股东大会制度研究》，载《民商法论丛》（第13卷），法律出版社2000年版，第686页。

提议董事会召开临时股东大会,也有的国家规定监事会认为必要时可依职权自行召集临时股东会。三是少数股东请求召开。持有公司表决权股份总数一定比例以上的股东,可以向董事会申请,召开临时股东大会,这是各国公司法普遍赋予股东的一项重要权力。四是法院裁定召开。法院可以在自己认为必要时或应股东及其他利害人的申请,强令公司召开股东大会或由法院依职权自行召集股东大会。如《法国商事公司法》第158条规定,法院在紧急情况下,应一切有关的人的要求或应至少拥有1/10公司资本的一名或若干名股东的要求,裁决并指定代理人召集股东大会。五是除上述情形外,公司的重整人、清算人在必要时,也可依法召集股东特别会议。如《法国商事公司法》第158条规定,清算人可以召集股东大会。我国《公司法》采用概括加列举式的立法,即一方面概括规定公司可在必要时召开临时股东大会,另一方面对常见的召集临时股东大会的事项进行列举。[1]

(二)股东大会会议的召集主体

不管是现代信息技术背景下的股东大会还是传统股东大会,其召集都要符合公司法规定,召集是召开股东大会的起始。应当说,信息技术背景下的股东大会召集主体并没有特别的与传统股东大会的不同之处,但是,考虑到信息技术背景下的股东大会尤其是网络虚拟股东大会召集的特殊意义,召集主体在股东大会问题研究中都是值得关注的。

1. 会议的召集人

股东大会会议必须由享有股东大会召集权的主体依法召集才能召开,正如有学者指出:“股东大会会议的召集权人是召集股东大会的必备要件之一。固然,无召集而股东自行集会不应视为股东大会会议,该会议所作出的决议也不应视为股东大会决议。然而,有召集者无召集权的股东集会也不能视为

---

〔1〕《中华人民共和国公司法》第100条规定:“股东大会应当每年召开一次年会。有下列情形之一的,应当在两个月内召开临时股东大会:(一)董事人数不足本法规定人数或者公司章程所定人数的三分之二时;(二)公司未弥补的亏损达实收股本总额三分之一时;(三)单独或者合计持有公司百分之十以上股份的股东请求时;(四)董事会认为必要时;(五)监事会提议召开时;(六)公司章程规定的其他情形。”

股东大会,其所作出的决议也不发生股东大会决议的效力。”[1]股东大会的召集主体根据股东大会的类型不同而有所区别。在立法上将股东大会会议区分为股东大会年会与临时股东大会而分别由不同的主体负责召集。股东大会年会由董事会负责召集是各国公司法之通例,这是由董事会在公司机关体系中的地位所决定的。对于临时股东大会的召集主体,各国法律规定不尽相同。从各国立法规定来看,享有临时股东大会召集权的主体通常为董事会、监事会、符合条件的股东,以及公司重整人、清算人、法院等。当然,许多国家或者地区的公司法均规定股东、监事会行使临时股东大会召集权时必须履行一定的前置程序,即请求公司有关机关召集临时股东大会,只有经请求后拒绝自行召集的,才可自行召集。

2. 召集请求权人

(1)召集请求权的制度价值

股东大会的召开首先必须履行召集程序,召集是召开股东大会的起始。而当公司董事、监事不提议召集临时股东大会时,股东应满足什么条件才具有召集权等问题有待解决。因此,合理科学的召集权制度设计,对于维护股东权益,保障董事会职权的正当行使,以及公司的正常运营,有着不可忽视的作用,其中首要涉及的是召集请求权人的确定。

股东大会召集权一般由公司董事会垄断行使,但是公司董事会通常是由大股东所控制,如果任由大股东来决定股东大会尤其是临时股东大会的召集及决议事项,就难以使小股东免遭资本多数表决的滥用之苦。与此同时,临时股东大会的一项重要职能便是监督、制约甚至罢免董事、经理等公司高级管理人员,审议董事竞业许可、自我交易等异常事项。面对这些问题,董事会显然缺乏主动召集临时股东大会的动力。因此,临时股东大会的董事会召集原则需要公司法的相关制度进行制衡以克服其滥用的弊端。

各国公司法通常采用两种方式对此进行规制。一种是赋予董事会以外的相关主体以召集权,董事会的召集权是第一顺位的,在出现特定事由的情

[1] 王保树、崔勤之:《中国公司法原理》,社会科学文献出版社2006年版,第168页。

况下，将会产生第二或第三顺位的召集权人。除此之外，另一种是对召集权进行制衡的方式就是，法律在赋予特定主体股东大会召集权的同时，也赋予了不享有召集权的相关主体以召集请求权。召集请求权人的召集请求虽不会自然带来股东大会的召开，但仍会产生一定的法律效果。临时股东大会召集请求权因此具有对召集权的制衡作用：首先，召集请求权的请求对象正是召集权的行使；其次，召集请求权人是召集权人以外的其他相关利益主体；最后，召集请求权如果不被满足，将产生股东大会召集权由上一顺位权利人向下一顺位权利人转移的结果。[1]

(2)少数股东召集请求权

为保护股东权利，各国公司法一般均赋予股东以法定召集请求权人的地位。但并非所有股东均可行使，而必须由符合法定条件的股东来行使。所以，这种召集请求权一般认为是一种少数股东权。公司法上的少数股东权，是赋予股东(尤其是小股东)的权利，以抑制大股东的专横，保护公司利益与股东利益。但是，为了防止股东滥用此等权利，乃要求须持有股份达到一定比例，始得行使。在立法上，召集请求权的权利人一般应满足一定的持股比例要件和持股期限要件。

少数股东召集请求权通常是为召集以解任董事为议题的临时股东大会而行使，也有可能为召集以审议财务会计报表等为议题的年度股东大会而行使。[2] 但是根据我国《公司法》的规定，少数股东只可能请求召集临时股东大会。

根据《上市公司股东大会规则》第 9 条的规定，单独或者合计持有公司 10% 以上股份的股东要提议召开临时股东大会的，应当以书面形式向董事会提出。如果公司董事会不同意召开临时股东大会，或者在收到请求后 10 日

---

〔1〕 参见王彦明、贾翱：《论股东的临时股东大会召集请求权——兼论中国相关公司立法的完善》，载《社会科学战线》2010 年第 5 期。

〔2〕 参见[日]前田庸：《公司法入门》(第 12 版)，王作全译，北京大学出版社 2012 年版，第 169 页。

内未作出反馈的，则股东有权以书面形式向监事会提出请求。[1] 同时，监事会或股东决定自行召集股东大会的，应当书面通知董事会，同时向公司所在地中国证监会派出机构和证券交易所备案。[2]

在电子信息时代，无论是股东向董事会的提议，还是股东向监事会的请求，其“书面”形式都可以扩大至包括电子化的方式。

（三）股东大会会议的议案准备

1. 会议的议案与提案

召开股东大会会议的目的在于形成股东大会决议，而股东大会决议系由股东大会会议议案转化而来。股东大会召集人在会议召开之前必须准备好会议议案，并将之通知各参会人员，即股东。

必须先有议案才能召开股东大会会议。股东大会议案是指由会议召集人确定欲提交股东大会讨论、表决的议题。准备股东大会议案是会议召集人的一项重要职权。一般情况下，法律赋予某主体以召集请求权或自行召集权的同时，也会赋予该主体议程确定权，即决定大会会议议案的权利，否则召集请求权或自行召集权就没有意义。[3]

但是议案首先来自提案，股东大会议案与股东大会提案不同，提案只有被会议召集人列入议程后才成为议案。只有被列入大会议程的议案才会交由股东讨论、表决，才有可能被股东大会表决通过而成为股东大会决议。股东大会会议召集人当然享有股东大会议案确定权，但除会议召集人之外，还有哪些主体应当享有股东大会提案权呢？从世界各国立法规定来看，除承认

---

〔1〕《上市公司股东大会规则》第9条规定：“单独或者合计持有公司10%以上股份的普通股股东（含表决权恢复的优先股股东）有权向董事会请求召开临时股东大会，并应当以书面形式向董事会提出。董事会应当根据法律、行政法规和公司章程的规定，在收到请求后10日内提出同意或不同意召开临时股东大会的书面反馈意见。董事会同意召开临时股东大会的，应当在作出董事会决议后的5日内发出召开股东大会的通知，通知中对原请求的变更，应当征得相关股东的同意。董事会不同意召开临时股东大会，或者在收到请求后10日内未作出反馈的，单独或者合计持有公司10%以上股份的普通股股东（含表决权恢复的优先股股东）有权向监事会提议召开临时股东大会，并应当以书面形式向监事会提出请求……”

〔2〕参见《上市公司股东大会规则》第10条。

〔3〕参见石劲磊：《论股东权的法律保护》，载《法律科学》1997年第1期。

股东大会会议召集人具有议案确定权外,大部分国家或者地区公司法均明确规定股东享有股东大会提案权,当然享有提案权的股东必须持股达到一定的比例。[1]

2. 股东大会提案的制度价值

股东大会提案制度对股份有限公司的运营和治理结构的完善起着重要的作用,其对于股份有限公司而言有着重要的法律意义,是股份有限公司不可缺少的一项制度。

提案制度是民主制度在公司中落实的具体体现。公司作为现代企业,它是由所有者的代表、经营者、员工参与管理,资产巨大、股东众多、股票所有权高度分散、经理人员作用突出、公司治理机构完善,且适用于社会化大生产的、完整的法人企业形态。对于与公司经营有着密切关系的人员或机构,应当拥有参与公司经营决策或监督公司经营事务的权利。因为公司的经营、决策会影响到他们的利益,法律也应当平等地赋予他们这种权利,以使他们能够对公司的经营、决策提出自己的意见或建议,对公司的经营事务进行监督。股东大会提案制度赋予各提案主体向股东大会提出建议的权利,从而有利于保障他们对与自身有利害关系的公司经营事务有发表自己意见的机会。即使有些提案人的提案未被纳入股东大会议程,即使按照资本多数决原则,一部分少数人提出或支持的提案没有被股东大会通过,也为这一部分人提供了阐述自己意见的机会,也会使股东大会和公司对少数人提出的提案予以重视,从而使民主制度在公司中得以体现。另外,由于股份有限公司所有权与经营权的分离,随着股份公司规模的不断扩大,公司的股份也越来越分散,“股东大会中心主义”逐渐向“董事会中心主义”转变,“现代公司的治理结构发展的新趋势,主要表现为股东大会的权力逐渐缩小,董事会的权力日益扩大”,[2]公司的权力越来越集中于董事会。股东大会提案制度赋予提案主体以提案权,使与公司经营有着密切联系的人员或机构都能对公司的经营管理

---

〔1〕 如《中华人民共和国公司法》第102条第2款规定,股东单独或合计持股10%以上。
〔2〕 吴建斌:《现代公司治理结构的新趋势》,载《法学杂志》1996年第4期。

提出建议或意见，对董事会的权力行使予以监督，促使公司的运营更加民主化。

提案制度是实现股东大会职能的基本途径。股东大会通过审议议案、由股东行使表决权来最终决定公司的重大事务，从而实现股东大会的职能。但股东大会任何一个决议形成的前提是有议案在股东大会上被提出，然后股东才有可能对议案进行表决，由表决的结果最终决定议案通过与否。而议案的提出是以有提案为前提的，提案的内容决定了股东大会所议事项的内容。因此，各提案主体行使提案权向股东大会提出提案是股东大会发挥其作用的前提，是实现股东大会职能的基本途径。股东大会要履行其职责，决定公司重大事项，就必须设立提案制度。没有股东大会的提案制度，股东大会就失去了运行的前提和基础，其职能也就无法实现，整个公司也就无法正常运营了。提案制度是法人治理结构的重要纽带，是完善治理结构所必需的制度。

提案制度是公司内部监督机制的重要保障手段。股东有权对公司的董事、监事的职务行为进行监督，通过向股东大会提交提案是对非职工董事和监事的职务行为进行监督的重要方式。对于董事、监事的违法行为或侵权行为可以通过提交提案要求他们承担相应的法律责任，或要求解除由股东大会产生的董事、监事的职务，由此而实现对他们职务行为的监督。因此，股东提案制度是形成制衡关系、实现股东监督权利的重要保障手段。同样，提案也是董事会、监事会的监督付诸实践的最适合、最有效的方法。

3. 股东提案权及其行使

所谓股东提案权，是指符合一定资格的股东，有权提出符合形式要件的提案，刊载于公司寄交给各股东的委托书征求资料之中，作为各股东行使投票权时的参考以平衡经营者与股东之间落实企业民主之精神，维护投票权的公平行使。[1]

股东提案权是现代公司法中保护股东权益的重要制度之一，其与委托书

〔1〕 参见赵德枢：《美国证券交易法中股东权制度之研究》，载《政大法学评论》1990 年第 42 期。

竞争共同构成现代公司法中股东在公司治理上扮演更加重要角色的手段。[1] 为减少因董事会垄断提案权所可能产生的弊端,最近几十年来,一些国家与地区的公司法逐渐赋予股东以提案权。[2] 顺应这一立法趋势,我国《公司法》第102条第2款也对股东提案权制度做了规定。[3]

股东提案权的行使能保护少数股东和公司利益之间的平衡,而股东提案权条件的规定,也能有效地防止少数股东凭该权利干扰公司的管理。提案权条件的设定,主要对股东持股数的要求,根据我国《公司法》的规定,其要求是"单独或者合计持有公司百分之三以上股份的股东"。这一门槛显然过高,有必要检讨我国股东提案权之行使资格。根据我国《公司法》第102条第3款的规定,我国股东大会不得对通知中未列明的事项作出决议,《上市公司股东大会规则》第14条第2款规定,召集人在发出股东大会通知后,不得修改股东大会通知中已列明的提案或增加新的提案,即禁止临时动议与修正案的提出。在此背景下,股东欲对公司提案,已经不能通过临时动议或者修正案的方式提出,而只有通过事先提案权之行使方得为之。赋予股东以提案权,对于促进公司民主、预防资本多数决之滥用、保护中小股东的利益贡献匪浅。[4] 赋予股东提案权重要,而真正落实股东提案权更为重要。由于我国公司大股东持股比例过高,小股东持有的股份较少,单独持有公司3%的股东的数量并不多。如果持股达不到3%,股东欲提交提案,其必须联合其他股东;但是,要与其他股东达成联合,股东提出提案的成本必然上升。因此,3%持股比例的要求必然将大多数股东排除在股东提案权制度之外。股东提案权将成为"大股东俱乐部",公司民主和最需要保护的小股东的权利也就

---

〔1〕 参见刘连煜:《公司治理与社会责任》,中国政法大学出版社2001年版,第180页。

〔2〕《德国股份法》第124条、《日本商法典》第232条之2中第1款、《韩国商法》第362条之2第1款、《加拿大商业公司法》第137条(1.1)、我国台湾地区"公司法"第172条之一均是对股东提案权制度的确认。

〔3〕《中华人民共和国公司法》第102条第2款规定:"单独或者合计持有公司百分之三以上股份的股东,可以在股东大会召开十日前提出临时提案并书面提交董事会;董事会应当在收到提案后二日内通知其他股东,并将该临时提案提交股东大会审议。临时提案的内容应当属于股东大会职权范围,并有明确议题和具体决议事项。"

〔4〕 参见刘俊海:《股份有限公司股东权的保护》,法律出版社2004年版,第393页。

沦为空谈。因此,降低股东提案权股份持有比例,鼓励股东提交提案应是我国公司法的选择。[1] 从比较的视野看,许多立法例规定的是1%,如美国。从立法模式的选择上看,美国与德国的模式都值得借鉴,即在规定比例性标准的同时,采用绝对数标准,另外再设计以持股市值为标准,这一标准,德国规定的是单独或者合计持股50万欧元,而美国只需2000美元。[2]

根据《上市公司股东大会规则》第14条第1款的规定,享有提案资格的股东可以在股东大会召开10日前提出临时提案并书面提交召集人,这一"书面"形式也可以扩大至包括电子化的方式。甚至可以说,股东网络提案权制度是电子委托书征集制度的重要组成部分,是中小股东进行自我保护的一项重要权利。[3]

(四)股东大会会议的会议通知

股东大会会议通知制度一般包括会议的通知人、会议通知的方式、会议通知的期限、会议通知的对象、会议通知的内容等方面的制度。而与电子化最为密切的是会议通知的方式,当然与股东表决权行使密切相关的还有会议通知的内容。

1. 股东大会会议通知方式的立法例

对于股东大会会议的通知方式,各国大概有两种不同的立法例:

一是强制主义立法例,即以强行法明确规定股东大会会议的通知方式,此为韩国、德国、意大利、奥地利、比利时、卢森堡、英国、美国等多数国家所采用,只是其具体规定的通知方式尚有差别。其中,绝大多数国家要求股东大会会议通知必须以法定的书面形式发布,如德国要求将会议通知刊载于《联邦公报》上,意大利要求将其刊载于官方公报上,奥地利要求将其刊载于官方公报和公司报上,比利时要求将其刊登在两种官方报纸上,卢森堡则要求该通知必须在官方公报和地方报纸上连续进行两次通知。唯独英国的规定较

---

〔1〕 参见肖和保:《股东提案权制度:美国法的经验与中国法的完善》,载《比较法研究》2009年第3期。

〔2〕 参见《德国股份法》第122条第2项,美国《1934年证券交易法》颁布之Rule 14a-8 Proposals of Security Holders。

〔3〕 参见赵金龙:《股东民主论》,人民出版社2013年版,第264页。

为灵活，其通知可采取委派专人递送、邮寄、刊登广告或其他方法送达。此外，在采取强制主义立法例的国家，往往针对股东和公司类别的不同而分别规定不同的通知方式。对记名股东和闭锁性的公司（如有限公司）通常要求以专人递送或信函寄送的方式通知，对无记名股东和公开性的公司（如上市公司）则大多要求采用公告送达的方式通知。如卢森堡要求记名股东需以信件通知；比利时、德国要求记名股东须以挂号信通知；韩国规定，召集股东大会应以书面通知各股东，发行无记名股票的应当公告通知事宜。

二是任意主义立法例，即并未以强行法明确规定股东大会会议通知的具体方式，而是将其交由公司章程来加以规定，此为美国、瑞士、英国泽西岛、瑞典等少数国家（地区）立法所采用。但是在实践中，对记名股东和无记名股东通常也是采用区别对待原则来处理。如在瑞士，对于记名股东一般通过挂号信件进行通知，对于无记名股东的通知则应当刊登在《商事公报》上，公司章程往往还要求在《商事公报》上做两次以上的通知，或者在其他报纸或刊物上登载该通知。并且为预防纯粹的章程自治主义的缺陷，任意主义立法例的国家普遍对此进行了限制。这主要表现在两个方面：

其一，部分国家建立了“法律候补适用规则”，即在公司章程未有规定的情况下，补充适用法律规定的通知方式。如《英国泽西岛公司法》规定，通知方式可以由公司章程加以规定。如果公司章程未作规定，应由会议召集人在印刷或书写的通知上签字，并将其邮寄或交付给每位股东。《美国示范公司法修订本》规定，对股东会会议通知，公司章程若有特别规定则适用该规定，若无特别规定则适用该法有关规定。依照该法股东会会议通知原则上应为书面通知，若在当时情形下口头通知是合理的，亦可以口头通知代之。并且该通知可由专人送达，或者以电话、电报、电传或其他有线或无线的通知手段送达，或者由邮局或私人投递员送达。在不能采取以上送达方法时，可在该地区出版的流通广大的报纸上传播该通知，或者以无线电、电视或其他公开广播的方法来传播该通知。

其二，部分国家建立了“特定决议通知方式法定规则”。如在瑞典，通知方式一般由公司章程规定，但在下列情形，必须对知道其住址的股东送交书面通知:(1)年度股东大会召开的时间与公司章程所定时间不一致;(2)作出必须要特别多数才能通过的修改章程的决议;(3)作出与公司解散有关的决议。

无论采取何种立法例,各国许可或实际采纳的通知方式主要有以下五种:口头送递、专人送递、邮寄送递、公告送递和现代传媒送递。其中,前四种方式是传统的送递方式,后一种方式是随着现代高科技的发展而衍生出来的较为新颖的送递方式。

我国《公司法》根据不同的会议、不同的股东有区别地规定了具体的方式、时间与内容,[1]采用区别主义即根据股东类型和公司类型不同分别规定不同的告知方式。其中,对于发行无记名股票的,采用公告的方式,其余的采用通知。区分记名股票与无记名股票规定不同的告知方式应当说是符合实际情况的,因为记名股票意味着公司应将股东的证券持有信息登记于股东名册,对于无记名股票而言,证券的持有是证明权利的有效方法,无法也不必将股东姓名名称记载于股东名册,因而也无法采用通知的方式告知会议信息。但是,在我国上市公司股东大会的实践中,这种告知的方式已经悄悄地发生了改变。1994 年国务院证券委员会发布的《到境外上市公司章程必备条款》中明确规定,股东大会会议通知应当采取书面形式,其形式可以是专人送出,也可以以邮资已付的邮件送出。但是对于内资股股东,《到境外上市公司章程必备条款》规定也可以用公告方式进行。其后,中国证券监督管理委员会(以下简称中国证监会)在 1996 年的《关于规范上市公司股东大会的通知》(已废止)中又规定,上市公司召开股东大会的会议通知采取公告方式,而对于发行境内上市外资股,可以依据公司章程规定采取书面形式通知境内上市外资股股东。1997 年年底发布的《上市公司章程指引》,参照了《到境外上市公司章程必备条款》的模式,1998 年颁发的《上市公司股东大会规范意见》和此后修订的《上市公司股东大会规范意见》,以及替代《上市公司股东大会规范意见》的《上市公司股东大会规则》基本重申了《关于规范上市公司股东大

[1] 参见《中华人民共和国公司法》第 103 条。

会的通知》的规定。这一规定实际上将公告通知的范围扩大了,实质上简化和统一了上市公司股东大会会议的通知方式,但其与《公司法》的不协调之处亦较明显,按《公司法》规定至少并未否定对记名股东采取非公告方式通知的合法性。以公告方式通知股东,对公司而言可能是成本最小的一种通知方式,公司可以省去同时采取其他通知方式而产生的不便和麻烦。但是,从我国《公司法》的立法精神来看,设计股东大会会议通知制度的目的在于成功地向股东告知开会事宜。一种通知方式能否被通知人选用,关键在于该种方式能否实现上述目的,并且与此同时尽可能地给通知人提供便利,以降低通知成本。但成功地通知股东始终应是通知制度意欲实现的第一位目标,而提高通知效率、节约通知成本只能是位居其次的附属目标。就此而言,立法应给通知人提供尽可能多的通知渠道,以方便通知人根据公司和股东的具体情形选择适用。将通知方式压缩为单一的"公告通知",不利于实现设计通知制度的本旨。因为"通知公告"发布以后,并非即如法律推定的那样,所有权利人都会看到公告。而且个别权利人未看到公告可能完全是主观因素以外的原因造成的,此时其获得通知的权利事实上将被不公正的制度设计所剥夺。例如,对已知地址的记名股东而言,公告即不是最佳的通知方式,若强令采取此种通知方式,无非是给了通知人创造懒惰的机会,但是股东的利益极有可能受到损害。因此,我国应当抛弃目前的做法,维持《公司法》所确定的"多元主义"通知方式。

2. 股东大会会议通知的内容

各国(地区)几无例外均要求,股东大会会议通知必须将会议的地点、日期和时间告知被通知人。这是确保股东出席会议的起码条件,正如何美欢教授所言:"这些细节必须是绝对的、无条件的。"唯对于会议议决的内容,以及与此有关的其他信息是否须在通知时言明,不同国家(地区)的立法态度有较大差异。当然,在股东大会电子化的背景下,股东大会会议通知的内容是否应该存在一定的区别之处呢?这也是一个值得探究的问题。

在美国,《美国示范公司法修订本》对股东大会会议通知的内容系采区别主义立法例,并且其具体要求亦较为宽松。详言之,如系年度股东会议,除非该法或公司章程细则另有规定，否则会议通知书无须叙述会议召开的特定意图，只需表明其系年度股东大会即可；但如系特别会议，则会议通知书必须写明会议意图。《特拉华州普通公司法》亦规定，唯在召开特别会议的情况下，方需说明召开会议的目的。年度股东会议仅需告知会议的地点、日期和时间即可。

在加拿大，会议通知是否需载明决议内容及有关信息，不取决于会议是否系特别会议，而取决于会议所议决的事项是否与业务活动有关联。依《加拿大商业公司法》和《安大略省商业公司法》之规定，除审议财务报告、审计报告、选举董事或重新委任审计师以外，在股东年会和股东特别会议上进行的任何业务活动，均视为特别业务。拟进行特别业务的股东会会议通知应当载明以下事项：(1)足够详尽的业务性质以使股东形成理性判断；(2)将提交该会议的任何特别决议的文本。

在英国，按原《英国公司条例》的要求，股东大会会议通知应对下列内容作出说明：(1)召开年度大会的通知必须说明该次会议为年度大会。(2)如有特别事务，应说明该事务的一般性质。特别股东大会上处理的一切事务均为特别事务。年度大会上处理的一切事务除宣布股息、审议账目、资产负债表及董事会与查账员报告、选举董事、任命查账员及决定其报酬以外，均为特别事务。会议通知应对各种特别事务作充分详细的说明，使股东能够决定是否出席会议。例如，对于金额较大的增加董事报酬的决议案，如仅说明要通过该议案，而不说明金额总数，则该说明是不充分的。如系临时而又特别的决议案，应说明该议案的意图。并且对于各种交付表决的议案都应以文字说明。(3)如公司董事对于某项应在会议上讨论的合同有利害关系，则会议通知应说明该项利害的细节。(4)如系有股份资本的公司召开会议所发出的通知，则必须说明每个股东都有委派代理人的权利，且该代理人不必是公司股东。

《日本公司法》第301条规定，董事在规定第298条第1款第3项所列事项时，在进行第299条第1款的通知之际，必须依法务省令的规定，向股东交付记载有关应作为表决权行使的参考事项的文件。此法务省令即《日本大公司股东会召集通知应添付参考文件等之规则》(以下简称《规则》)及《日本公司法施行规则》。日本将应交付的参考文件委由法务省令来确定,目的在于,一方面,防止法律条文内容过于复杂;另一方面,以行政命令位阶之法务省令规范实施细目,其增修程序较法律修正便捷,较能迅速、确切因应经济实态之变化。[1]

《规则》将应记载之"就表决权之行使应供参考事项"区分为:第 2 条之一般记载事项,即参考文件当然应记载事项;第 3 条之个别记载事项,即公司提案之个别记载事项;第 4 条之股东提案事项,即有股东行使提案权时之记载事项;第 5 条之报告事项,即监察人解任会计监察人之报告事项。(1)一般记载事项。《规则》第 2 条第 1 项规定,记载《商法特例法》第 21 条之 2 就表决权之行使应供参考事项之文件(以下简称参考文件),应记载下列事项:有表决权股东所持有股份总数;提出于股东会之全部议案(含直接以召集事由为议案者);有依商法第 275 条规定之监察人意见者,其要旨。《规则》第 2 条第 2 项规定,"就已记载于有关同一股东会而送交股东之其他文件上之事项,得明示其记载处所,而省略参考文件之应记载事项"。《规则》第 2 条第 3 项规定,"参考文件,除本规则所定者外,得记载董事会认为就股东表决权之行使,足供参考之事项"。(2)有关公司提案之记载事项。由于股东大会的提案权人除公司(即股东董事会)外,通常还有持一定股份的股东,因此日本区分"公司提案"与"股东提案"分别规定其应披露的信息。《规则》第 3 条规定了有关公司所提议案之参考文件应记载事项。一般而言,股东会之议案由公司提案乃系常态,故本条第 1 项以第 1 款至第 9 款就通常预期可能提出之议案内容,具体列举其必要记载事项。但此 9 款议案,仅系例示规定。本项以第 10 款"其他议案"之概括规定,明示只要是股东会议案,即须于参考文件记载其提案理由。参考《规则》第 3 条第 1 项各款所列举之议案及应记载事项。①选任董、监事议案:候选人之姓名、出生年月日、简历;持有公司股份数;为其他公司之代表人者,其事实;与公司间有特别利害关系者,其要旨;未得就

[1] 参见[日]《注册会社法》(五),有斐阁 1986 年版,第 407 ~ 408 页。

任承诺时,其事实。②会计监察人选任议案:甲,候选人为会计师者,其姓名、事务所、出生年月日及简历。乙,候选人为监察法人者,其名称、事务所及沿革。③解任董监、会计监察人或会计监察人不再任议案:其解任或不再任之理由。④承认资产负债表或损益表之议案:董事会、会计监察人及监察人意见之要旨。⑤盈亏处理议案:议案作成之方针。⑥董监报酬议案:酬劳算定基准或改定理由。又参考《规则》第3条第6项规定,本款之议案系以总额定董事或监察人报酬者,应记载董事或监察人之人数。⑦董、监事退职慰劳金议案:董、监事之简历。又参考《规则》第3条第6项规定,本款议案若系全权委托董事、监察人或第三人依一定基准决定退职慰劳金者,应记载该基准之内容。但将记载该基准之书面备置于公司供股东阅览者,不在此限。⑧承认合并契约议案:有合并必要之理由及合并契约书、各公司之资产负债表及最近营业年度之损益表之内容。⑨有关重要营业事项之议案:有为该行为必要之理由,即有关该行为之契约书内容及最近营业年度损益状况。⑩其他议案:提案理由。(3)有关股东提案之记载事项。《规则》第4条规定有关公司股东所提议案之参考文件应记载事项。参考《规则》第4条第1项本文规定,提案系由股东所提出者,参考文件应记载提案系股东所提出之旨、该股东之持股数、董事会对该议案之意见及下列事项。第1款,股东于股东会开会日6周前提出记载400字以内理由之书面者,该理由或其要旨。但提案理由明显虚伪或可认为系专以侵害他人名誉或侮辱为目的者,不在此限。第2款,议案为有关董事、监察人或会计监察人之选任者,于股东会开会日前6周内提出记载前条第1项第1款或第2款所定事项之书面者,其内容。但其内容明显虚伪者,不在此限。参考《规则》第4条第2项规定,有二人以上股东提出同一意旨之议案者,得不分别记载该议案及对该议案之董事会意见。于此情形,应注明其系二人以上股东提出同一意旨之议案。同条第3项规定,前项规定,于二人以上股东提出记载同一提案理由之第1项第1款书面之情形,准用之。第4项规定,"前条第2项及第3项规定,于第1项之情形准用之"。(4)有关解任会计监察人之监察人报告。《规则》第5条规定,依《商法特例法》第6条之第1项规定解任会计监察人后首次召集之股东会,其参考文件应记载监察人报告事项及被解任之会计监察人意见要旨。

我国台湾地区也是由"行政院金融监督管理委员会"来规定与议案内容有关信息的披露,集中体现在"公开发行公司股东会议事手册应行记载及遵行事项办法"第4条第1项。第4条第1项规定:"股东会议事手册所列议案,除其他相关法令另有规定者外,应依下列情形,载明规定事项:一、选任董事或监察人时,其应选出人数、任期、起讫时间及选举办法。二、董事或监察人之选举,依公司法第一百九十二条之一及第二百十六条之一规定采候选人提名制度者,应载明候选人名单与其学历、经历、持有股数;候选人为法人代表人者,并应填载所代表之法人名称及法人持有股数。三、于董事或监察人之解任时,其姓名、持有股数及被解任事由。四、股东依公司法第一百七十二条之一规定所提之议案未列入股东会议案之理由。五、董事会依公司法第二百四十六条规定募集公司债报告股东会时,其募集之原因、数额及有关事项。六、董事会依证券交易法第二十八条之二规定决议买回本公司股份报告股东会时,董事会决议之买回目的、预计买回数量、价格区间等事项及公司实际执行情形或未依董事会决议买回之原因。七、变更章程时,其变更前后之内容及变更事由。八、增加资本时,其增加之数额、认股率或配股率、发行或私募价格订定之依据及合理性、资金运用计划项目、资金运用进度及预计可能产生效益。九、减少资本时,其减少之原因、数额及换股比率。十、有公司法第一百八十五条第一项之行为时:(一)说明该项营业或财产之所在地点及一般状况。(二)该行为相对人之名称或姓名、地址,并说明其与公司关系。(三)契约或交易之其他重要内容。十一、年度各项决算表册请求承认之各该表册。十二、盈余分派或亏损弥补请求承认时:(一)最近会计年度之营业报告书。(二)最近会计年度终了之资产负债表。(三)最近会计年度之损益表。(四)盈余分派或弥补亏损之情形。(五)盈余分派之全部或一部转增资发行新股时,应注明。"

我国香港地区《公司条例》及其附表对股东大会会议通知内容的要求与英国基本类似,主要包括以下规则:(1)召开年度大会的通知无须指明会议上所要处理的一般事务,但该通知必须指明该会议为年度股东大会。(2)对于特别事务,必须指明该事务的基本性质。至于何为特别事务？我国香港特区与英国的解释基本相同。(3)如果会议将作出特别决议,通知必须指明"将该决议作为特别决议的意图",有人将这解释为要求包括所要作出决议的全文或整个内容。如果会议将批准对董事的离任支付款项,通知必须包括支付的全部细节,包括支付数额。如果会议要对章程关于董事报酬的规定予以修订,通知必须包括对此修订的"充分解释"。(4)如果会议通知包括拟提出若干动议的意向,该通知必须包括或附有以下陈述:①包含足以合理地说明所要作出决议的目的的资料和解释。②披露任何董事在该决议所处理的事项中任何具关键性的利害关系,如果该决议对该等利害关系的影响有别于对公司其他股东的影响。此外,在司法实践中,法院还要求对增加股本、公司重组、开除或强迫某人辞职等会议通知,必须说明其细节。但我国香港学者认为,现行《香港公司条例》对通知内容的规定,是针对具体问题在不同时期分别加进去的,它们过于零散,缺乏逻辑性和原则性,必须予以改革。

我国《公司法》第102条规定,召开股东大会会议,应当将会议召开的时间、地点和审议的事项于会议召开20日前通知各股东,如果有临时提案的,也应当予以通知。《上市公司股东大会规则》第16条规定:"股东大会通知和补充通知中应当充分、完整披露所有提案的具体内容,以及为使股东对拟讨论的事项作出合理判断所需的全部资料或解释。拟讨论的事项需要独立董事发表意见的,发出股东大会通知或补充通知时应当同时披露独立董事的意见及理由。"而在实行网络投票的股东大会会议中,《上海证券交易所上市公司股东大会网络投票实施细则》(以下简称《网络投票实施细则》)等文件提出了以下的通知要求:(1)载明网络投票相关信息。《网络投票实施细则》第9条规定,上市公司为股东提供网络投票方式的,应当按本细则第5条的规定编制召开股东大会通知公告,载明下列网络投票相关信息:①股东大会的类型和届次;②现场与网络投票的时间;③参会股东类型;④股权登记日或最后交易日;⑤拟审议的议案;⑥网络投票流程;⑦其他需要载明的网络投票信息。所谓参会股东类型,按照A股、B股、恢复表决权的优先股、优先股进行分类。上市公司发行多只优先股的,还应区分不同的优先股品种。(2)补充披露相关信息。《网络投票实施细则》第10条规定,出现下列情形之一的,股东大会召集人应当按本细则第5条的规定及时编制相应的公告,补充披露相关信息:①股东大会延期或取消;②增加临时提案;③取消股东大会通知中列明的提案;④补充或更正网络投票信息。(3)累积投票制选举董事、监事的特殊规定。《网络投票实施细则》第11条规定,上市公司采用累积投票制选举董事、监事的,应当在股东大会召开通知公告中按下列议案组分别列示候选人,并提交表决:①非独立董事候选人;②独立董事候选人;③监事候选人。从这些规定来看,在股东大会电子化的背景下,会议通知在其内容上确实存在与传统会议的一些不同之处,当然这主要是网络投票这一投票方式的特殊性所致。

二、股东大会的会议召开

股东大会召开涉及的会议举行规则可以包括:股东大会的召开时间与地点;股东的出席人数;会议主持人的确定;议案的审议与表决。而这些规则与现代信息技术的关系更为密切。

(一)股东大会的召开时间与地点

股东大会会议在什么时间召开关系到股东能否按时参加会议,对股东来说极为重要。一般而言,股东大会会议在什么时间召开应当由公司章程规定。如果公司章程没有具体规定,则需要讨论的问题是,会议召集人能否选择在非工作时间召开股东大会会议。对此问题,应当根据公司的不同而区别对待。上市公司的股东大会会议必须在工作时间召开,会议召集人无权选择国家法定节假日来召开股东大会会议。对于非上市的股份有限公司和有限责任公司来说,则应当交由股东自行选择,在公司章程中事先约定。如果公司章程对此问题没有规定,则除非全体股东一致同意或者有特殊情况,会议召集人同样无权选择在非工作时间召开股东大会会议。有学者指出,股东大会会议召开的具体时间,应当参照一般公务机关或者商业营业时间,即股东大会的召开时间应当为白天内之一定时间。[1] 无特殊情况在公休日或者凌晨或者深夜召开时，相当于召集程序显著不公正。[2]

在什么地点召开股东大会，不仅影响着股东参加股东大会的费用，而且在一定程度上体现着企业形象。股东大会会议召开地点的确定应当遵循先按照法律规定，再由公司章程规定，最后由会议召集人自主确定的原则进行。无论是由法律或者公司章程规定还是由会议召集人自主确定，都应当坚持有利于股东参加会议的原则。一般而言，公司应当在公司住所地或公司章程规定的地点召开股东大会。[3] 如果法律或者公司章程没有规定，则股东大会会议应在公司的住所地或者邻近地点召开。[4] 当然，如果公司章程规定股东大会应当在公司住所地或者邻近地点召开，则应当对“公司住所地或者邻近地点”作严格的限制解释，即在通常情况下应当在公司行政办公地召开，“邻近地点”以不超出公司行政办公地所在城市为限。总而言之，股东大会会议召开地点应当本着方便股东参加会议及节约的原则进行选择。

由于现代信息技术可以使人超越时空进行直接沟通与联系，因而与传统股东大会会议相比，电子化的股东大会的召开时间与地点客观上产生股东与会极度便捷化的好处，在很大程度上可以改变前述股东与会成本高、分身乏术等问题，从而促使股东的参与。当然，方便股东参加会议与节约的原则依然应当为公司选择会议时间与地点所遵循。

（二）出席会议的股东人数

虽然多数决规则存在缺陷，但却是迄今为止团体行动即共同体在决定意思时所不得不采纳的一个古老的游戏规则。股东大会在采纳多数决原则作出决议时存在一个多数决计算的基准数，即应当以公司全体的股份数为基准，还是应当以出席会议的股份数为基准的问题。不同的多数决计算基准数显然对于股东大会决议形成的影响是不同的。两种不同的多数决基准数计

---

〔1〕 参见梁宇贤：《公司法精义》，台北，瑞兴图书公司 2005 年版，第 145 页。

〔2〕 参见[韩]李哲松：《韩国公司法》，吴日焕译，中国政法大学出版社 2000 年版，第 359 页。

〔3〕 参见《上市公司股东大会规则》第 20 条。

〔4〕 参见《韩国商法》，吴日焕译，中国政法大学出版社 1999 年版，第 79 页。

算标准,反映了不同的正义理念,体现了不同的价值追求。以公司全体股份数作为多数决计算基准数所体现的是实质正义理念,追求的是公平价值;而以出席股东大会会议的股份数作为多数决计算基准数所体现的是程序正义,追求的是效率价值。以公司全体股份数作为多数决计算基准数有利于贯彻法律的平等价值,强调对未出席会议的股东权益的保护;而以出席会议的股份数作为多数决计算基准数有利于贯彻法律的效率价值,强调的是股东大会的功能实现。可以想象,如果以公司全体股份数作为多数决计算的基准数,则在很多情况下根本就无法形成任何股东大会决议。详言之,如果以公司全体股份数作为多数决计算的基准数,则会议召集人在召集股东大会时,对于是否能够形成有效的股东大会决议难以准确预见,因为有多少股东参与股东大会会议对于股东大会会议召集人来说是个未知数。如果以出席会议的股份数作为多数决计算的基准数,会议召集人在召集股东大会时,对于是否能够形成有效的股东大会决议能够准确预见,即只要有股东参加股东大会会议,就有可能形成有效的股东大会决议。股东大会会议决议两种不同的多数决基准数计算标准均有其优缺点。因此,在实证法上,各个国家或者地区的公司法常常是将两者予以折中,形成法定数(出席数和决议数)为基础的多数决。

股东大会出席人数的立法规定对于应当有多少股份数的股东出席会议,股东大会会议才能举行的问题,公司法没有任何规定。对于公司法没有规定股东大会会议出席人数的最低数,有学者指出,公司股东会可以在不具备出席股东会会议的最低法定人数的情况下召开股东会会议并可以作出有效的股东会会议决议,虽然使公司的效率大大提高,但是此种理论违反了公司法的基本原则,同公司股东大会作出的普通决议的性质相违背,不利于公司组织的稳定、协调和健康发展。[1] 我国《公司法》对于股东大会会议出席的股份数没有任何规定。从理论上分析,一个股东可以构成有效的股东大会,依法对公司有关事项作出决议。这种规定致使少数公司出现了仅有代表

---

〔1〕 参见张民安:《公司法上的利益平衡》,北京大学出版社 2003 年版,第 194 ~ 195 页。

4.52%的股权的股东出席就举行股东大会的情况，换言之，不及5%的股权的股东主宰了95%的股权的股东。显然，这违背了资本多数决定原则和股东民主的精神，要改变这种状况，就必须建立股东出席法定人数制度。[1] 鉴于在实践中股东不参与股东大会的现象比较普遍，如果对股东大会会议出席股份数作出限定，则很可能会出现股东大会会议因股东未达到法定数而无法召开，如何处理股东权益保护和股东大会决策效率之间利益平衡的问题？股东大会"全员性"的根本要求是：尊重每一个股东的民主参与权，是使股东大会成为由全体股东组成的公司权力机关的基础；而为公司权力机关工作提供最充分的可能性，则必然要求保证每一个股东的民主参与权。[2] 那么，如何实现上述要求？就要使股东大会的召集、召开和决议方法都体现股东大会"全员性"的要求。为此各国公司法无不采取一些必要措施，其主要者有：一是为股东出席股东大会和行使每一股份所拥有的表决权提供保障；二是设置股东委托代理行使表决权的制度；三是允许多种表决方式，尤其在现代科学技术条件下，实行包括电子表决在内的通讯表决，甚至引入网络股东大会。实际上，许多国家(地区)公司法对于股东大会电子化尤其是网络投票的引入，更多的是基于电子化对于股东出席会议"定足数"的考虑。而从实践运行来看，电子化方式的引入，也确实使这些国家(地区)股东与会人数增加，以及满足了出席会议人数的要求。

(三)股东大会的会议主持

任何会议必须有主持人，股东大会会议亦不能例外。会议主持人必须由自然人担任。从各国(地区)与公司法的规定来看，对于股东大会会议主持人的确定有两种不同的做法。一种做法是将其交由公司章程规定，如果公司章程没有规定，即由股东大会选举产生，采用这一种做法的有英国、日本等国。另一种做法则是由与公司有关的法律法规规定，采用这一种做法的有我

---

[1] 参见王保树：《股份公司组织机构的法的实态考察与立法课题》，载《法学研究》1998年第2期。

[2] 参见王保树：《股东大会的地位及其运营的法理》，载《中国社会科学院研究生院学报》1995年第1期。

国台湾地区。我国《公司法》对股东大会会议主持人的确定问题规定得比较详细具体。

对于股东大会会议主持人的具体职权，我国《公司法》没有作出具体规定。《上市公司股东大会规则》对此有比较详细具体的规定，即会议主持人应当在表决前宣布现场出席会议的股东和代理人人数及所持有表决权的股份总数。股东大会会议现场结束时间不得早于网络或其他方式，会议主持人应当在会议现场宣布每一提案的表决情况和结果，并根据表决结果宣布提案是否通过。[1] 会议主持人的作用在于维持会议秩序和规范会议程序。股东大会会议主持人的职责便是维护股东大会会议秩序，确保股东大会会议按照法律、公司章程及股东大会议事规则所规定的程序进行。为了确保股东大会会议的顺利进行，股东大会会议主持人应当享有如下职权：第一，宣布会议召集人关于股东资格审查的决定。股东如果对股东资格审查结果有异议而要求再次审查者，由会议主持人决定是否进行再次审查。第二，允许有关人员旁听股东大会会议。哪些人员可以进入股东大会会议场所在通常情形下由会议召集人决定，但如果会议当日有人（如新闻记者）提出旁听股东大会会议的请求，则会议主持人有权根据公司法和公司章程，以及会议召集人的决定予以决定。第三，制止与会人员的不合理发言。在股东大会会议讨论过程中，会议主持人有权根据公司法、公司章程，以及公司自主制定的股东大会议事规则的规定，决定每位发言的时间及发言的先后顺序。与会人员的发言如果与股东大会议题无关或者反复发言的，会议主持人有权予以制止。第四，责令有关人员退场。如果有人故意扰乱会场，会议主持人有权予以制止，对于不听劝告者，应当责令退出会场。对于以武力扰乱会场者，可以请求警力予以制止。第五，宣布会议表决结果。股东表决结果由会议主持人宣布。

（四）股东的质询与议案的审议

股东质询权，也称股东提问权，是指在公司股东大会进行过程中，股东有权就有关会议议题的事项向董事（会）或监察人提出询问，董事（会）或监察

[1] 参见《上市公司股东大会规则》第30、38条。

人对股东的质询负有说明的义务。[1] 股东质询权就是股东在参与股东大会时的程序性保障，主要解决的是股东参与股东大会获取信息的问题，是为了避免股东与公司管理人员之间的信息不对称而专门设置的。[2] 质询权可以为参加股东大会的中小股东获取更多的资讯，而且获取的资讯更加具有直接性、更加容易理解。因此，确立股东质询权有利于激活股东大会，能够实实在在地弘扬股权文化。

至于质询权的性质，日本通说认为，股东大会是会议体，基于会议体的一般原则，向作为会议成员的股东提供就议题质询讨论的机会是理所应当的，股东质询权不是一般意义上股东对公司事务的知情权，这项权利源自股东大会的会议体功能，其性质属于股东的股东大会参与权。[3]

我国在 1993 年《公司法》第 110 条规定，股份有限公司股东有权查阅公司章程、股东大会会议记录和财务会计报告，对公司的经营提出建议或者质询。这里虽然规定了股东的质询权，但是它仅仅限于股份公司的股东。在我国 2005 年修改后的《公司法》第 98 条（现行《公司法》为第 97 条）规定，股东有权对公司的经营提出建议或者质询，第 151 条（现行《公司法》为第 150 条）第 1 款规定："股东会或者股东大会要求董事、监事、高级管理人员列席会议的，董事、监事、高级管理人员应当列席并接受股东的质询。"需要指出的是，前一条文是针对股份公司作出的规定，而后一条文是针对所有公司股东作出的规定。针对上市公司，中国证监会于 2006 年颁布的《上市公司章程指引》第 70 条规定："董事、监事、高级管理人员在股东大会上就股东的质询和建议作出解释和说明。"同时，在其颁布的《上市公司股东大会规则》第 29 条也规定："董事、监事、高级管理人员在股东大会上应就股东的质询作出解释和说明。"可以看出虽然质询权对于上市公司股东而言更为重要，但是中国证监会的这些规范性文件并没有给出比《公司法》更为详细的规定，而基本上

[1] 参见伍坚：《论股东的质询权》，载《证券市场导报》2002 年第 1 期。

[2] 参见蒋学跃：《股东质询权刍议》，载《河北法学》2009 年第 2 期。

[3] 参见张凝：《股东大会会议体制下的股东质询权——日本董事等说明义务制度的理论借鉴》，载《北方法学》2011 年第 5 期。

是复制了《公司法》的规定。当然,股东质询权在我国公司法上规定过于简单,没有对股东质询权行使的方式、程序等操作性问题作出规定,需要进一步完善。

在信息化条件下,股东的参与权利,如股东查阅公司章程、股东大会记录和财务报告,以及对公司经营提出的建议和质询等,都可以通过电子方式进行,或者在一定时间内通过电子方式与经营者直接交流质询。甚至股东可以通过各公司建立的信息平台获取公司的最新动态,并且可以就公司最新的发展状况通过网络互动交流,对公司章程、财务报告、账簿及股东大会记录等提出建议和质询,以保障自己权利的实现。这样,通过网络或交易系统,公司和公司股东之间即建立起一座低成本、高效率、相对民主的桥梁。从法理的角度讲,法律固然有其稳定性,但在无法满足权利需要时就不应固守以前权利的行使形式,而应积极寻求新的权利保障的最佳方式。随着现代通信方式的发展,从更好地维护和实现权利人的角度出发,我们不应拒绝股东权利行使电子化这种权利实现的更好方式。[1]

股东在对股东大会议案进行表决前必须先对议案进行审议,审议方式主要是公开辩论。为确保公开辩论的有序进行,必须在公司章程中或者制定单独的股东大会议事规则对股东发言的具体规则进行规定。制定具体的审议股东大会议案即股东发言的具体规则,有利于提高股东发言的质量与效率,确保会议议程的顺利进行。

(五)股东表决权的行使与股东大会的决议

股东表决权,又称股东议决权、投票权,是"股东就股东会之议决事项,表示赞成与否,以成立决议之权利"。[2] 在股东权益中,对股东最有价值的莫过于股利分配请求权和董、监事选举权,前者可满足股东的经济需要,后者则可满足股东对公司经营阶层的人事控制需要。而这两种权利之实现莫不以股东表决权之行使为前提。正如 Easterbrook 和 Fischel 所言,"如果说有限责

〔1〕 参见郭明瑞:《21 世纪民商法发展趋势研究》,科学出版社 2009 年版,第 97 ~ 98 页。

〔2〕 黄川口:《公司法论》,台北,三民书局 1982 年版,第 330 页。

任是公司法最显著的特征,那么表决权则是第二个特征”。[1] 而表决权的重要价值就是通过其权利的行使而得以体现出来的。表决权行使是指以就股东大会议决事项为可决或否决的意思表示为内容,从而决定公司意思的行为。

股份有限公司股份日趋分散,不出席或不能出席股东大会的股东日益增多。在此情况下,为了保护股东大会决议能够获得法定多数通过,各国先后出现了表决权的代理行使。我国1993年制定的《公司法》第108条(现行《公司法》为第106条)也对此作出了规定:“股东可以委托代理人出席股东大会会议,代理人应当向公司提交股东授权委托书,并在授权范围内行使表决权。”表决权的代理是指第三人为特定股东在股东大会上行使表决权,并将该行为视为股东的表决权行使的制度。[2]

表决权为什么可以代理?有学者认为,表决权与股东的身份不可分离,不能进行代理。其实,这是表决权的性质决定的。[3] 一般的有限公司与股份公司的股东表决权既不同于人合公司的社员权,股东表决权具有非个性的性质,又不同于董事的表决权行使,其并非业务执行行为。所以,没有理由要求股东必须亲自行使表决权。相反,表决权代理可以使股东更方便地参与公司管理。因此,许多国家明文规定允许表决权代理,并且规定不得以章程禁止表决权的代理行使。

表决权代理的基本功能在于保障股东权的行使,并且方便地行使,对于明文规定股东大会的召开需要达到一定“定足数”的国家,表决权代理还可最终保障公司股东大会的顺利运作。这种功能对于不想放弃对公司事务的话语权的股东具有非常重要的意义。它扩张了这些股东对公司事务的参与权,增强了股东对公司的控制力,使股东不必亲自出席也能达到参与公司并控制公司的目的。[4]

---

[1] Frank H. Easterbrook and Daniel R. Fischel, *The Economic Structure of Corporate Law*, Harvard University Press, 1991, p. 63.

[2] 参见梁上上:《论股东表决权》,法律出版社2005年版,第163页。

[3] 同上书,第164页。

[4] 同上书,第167页。

在信息化条件下,股东也可将委托代理权的证明文书用电子方式向公司提供。具体地说,例如,各国公司法规定召开股东大会和临时股东大会前,应将会议审议事项资料通知股东,股东不能参加时可以委托代理人,由代理人提交授权委托书。在公司 IT 化情形下,这种传统的方式被转化为公司通过因特网 e-mail 方式或发送 CD-ROM 等方式向股东传送。股东可以用公司指定的电子发送方式在电子媒介上快速发出"Yes""No"甚至更复杂的意思表示。

股东行使表决权从而形成股东大会决议。股东大会作出决议,必须经出席会议的股东所持表决权过半数通过。但是,股东大会作出修改公司章程、增加或者减少注册资本的决议,以及公司合并、分立、解散或者变更公司形式的决议,必须经出席会议的股东所持表决权的 2/3 以上通过。[1] 一个有效的决议应当在召集程序、表决方式、决议内容等方面不违反法律、行政法规或者公司章程的规定,否则得构成股东大会决议无效或可撤销之理由。[2]

(六)股东大会的会议记录

股东大会必须对股东大会的会议过程及所讨论、表决的事项作出客观记载,形成会议记录。由于股东大会会议记录客观记载了股东大会会议的进程、所议事项及最后的表决结果,因此其反映了股东大会作为公司权力机构行使其职权的基本情况,是公司股东了解股东大会会议决议及相关情况(信息)的重要文件。查阅股东大会会议记录是股东行使知情权的重要表现,也是判断股东大会决议是否违法的重要依据。查阅权一般及于股东了解哪些他或她在其中拥有合法权利的公司事务所必需的有关记录,公司不能通过提供摘要、替代性文件或公司审计人员准备的财务报告来应对股东的查阅权。[3]

股东大会会议记录由董事会秘书负责。股东大会会议记录应当对整个

---

[1] 参见《中华人民共和国公司法》第 103 条第 2 款。

[2] 参见《中华人民共和国公司法》第 22 条。

[3] See Robert W. Hamilton, *The Law of Corporations*, 4th, West Group & Law Press, 1999, p. 527.

会议议程及所讨论的内容有准确、完整、忠实、客观的记载。〔1〕股东大会会议记录作为具有法律效力的文件，必须由有关人员签名，并依法保存。〔2〕为方便公司股东和公司债权人查阅股东大会会议记录，公司董事会应当备置股东大会会议记录副本存放于公司，以供股东及公司债权人随时查阅。在信息化条件下，对于股东会议记录的形式，除传统的书面方式之外，应当允许以电子方式作出该记录，而对于以电子方式制作的股东会议记录，要求公司将其在存续期间内永久保存并备置于公司的网络系统中并不会增加公司的实际运作成本和工作量，因此这种要求是合理而且与股东的查阅请求权最密切相关的。与此同时，我国台湾地区"公司法"还规定了公司在股东会议结束之后20日内将股东会议记录向股东及时发送的义务，而该发送同样可以采取电子方式。

第二节 股东大会电子化的现实样态

随着现代电子技术逐步取代传统法定书面程序用于企业事务管理，必然涉及一系列的法律与实践问题，"互联网对公司法最大的实际影响是公众公司的股东会议"。〔3〕从国外的经验来看，伴随着信息化的发展，各发达国家公司法都对高度发展的信息化社会作出了应对之策，纷纷通过立法来应对及推进股东大会运营的信息化。分析各国立法与实践中股东大会的电子化应用，其表现形式基本可以概括为以下四个方面。

一、股东大会信息与文件的电子交付

(一)信息与文件的电子交付是股东大会电子化的首要课题

电子通信技术的迅速发展与广泛应用，对传统认知上的接受和传递信息

〔1〕参见《上市公司股东大会规则》第41条。

〔2〕参见《中华人民共和国公司法》第107条、《上市公司股东大会规则》第41条。

〔3〕Elizabeth Boros, "Virtual Shareholder Meetings: Who Decides How Companies Make Decisions?" 28 *Melbourne University Law Review*, August 2004, pp. 265 – 266.

的方式带来巨大的改变,信息的流动已经不受以往地域和时间的限制,与网络、电信、电脑及视频等相关技术的改良日新月异,通过网络等电子通讯技术交换的信息量更是与日俱增,网络俨然成为信息流通的高速公路,于是股东大会信息与文件的电子交付成为股东大会电子化必须首先面对的课题。

公司信息与文件以电子方式进行交付,相对于电子化的其他内容而言,是信息技术应用最为方便、最为简单的一项,可以极大满足股东大会会议通知与其他信息传送便捷性的需要,另外也是股东行使其股东大会参与权(如提案权、知情权、质询权)的一个很重要途径,因而也是各国最为重视、也最早实现的一项电子化内容。当然电子化的信息传送并不单独为股东大会所用,其还可以满足公司与股东之间平时交流的需要,但是信息的电子传输一定是股东大会电子化的一个重要内容,因而也是各国立法最早实现的一项内容。当然各国立法的规范表述与内涵界定存在一定的区别,以下将以美国、英国与日本的立法加以说明。

(二)美国委托书的"电子传输"

1. 美国证券交易委员会对电子交付的开放态度

在美国公司的股东大会里,依赖"委托书"委托他人代为行使表决权是一种持续已久的传统。一直到20世纪30年代,由于股权的分散与股东散居于全美各地,较具规模的公司几乎完全要依靠委托书方能召开股东大会。[1]其后,为对委托书之使用加以规范,美国于《1934年证券交易法》(Securities Exchange Act of 1934)中规定第14条a项,明文规定委托书之征求应依证券交易委员会(SEC)的命令为之。其后,SEC便依此规定之授权,颁布Regulation 14a,规范征求委托书的相关事宜。1989年,美国特拉华州放宽股东行使表决权的方式,承认股东得以电话语音方式行使,后来各州也陆续放宽。20世纪90年代后,个人电脑领域的技术一日千里,网络对个人生活的影响日益加深,股东能否通过网络进行投票或者投票之委托就成为证券主管机

---

〔1〕 参见冯震宇:《从美国股东会通讯投票制度与实务论我国采行通讯投票之可行性》,载《公司证券重要争议问题研究》,台北,元照出版公司2005年版,第68~69页。

构应当考虑的问题。在这种背景下,为了鼓励市场参与者使用电子媒介提供信息,SEC 于 1995 年 10 月 6 日,以发布解释令的方式,阐释了公司或者第三人如何使用电子方式交付《1933 年证券法》《1934 年证券交易法》《1940 年投资公司法》所规定之应寄送于投资人的信息,包括公开说明书、年报、征求委托书资料等。

SEC 在 1995 年就明确地表示,公开发行公司利用电子媒体(如网络)交付公开说明书或其他应交付的文件,在符合一定的要件下,可以被视为符合《1934 年证券交易法》相关的交付规定。而在 1995 年 10 月所公布的解释令中,SEC 更明确地订定出利用电子方式交付文件的三个要件,若符合该等要件,即可视为符合美国《1934 年证券交易法》之相关规定。

(1)交付之通知(notice of delivery)

当公司通过邮寄方式交付纸质文件时,投资人多半会被告知有新的信息存在,并且它往往会在一定时间内采取相关行动。SEC 认为,提供电子信息者应当考虑如何以电子通讯方式对投资人提供及时、足够的通知,使投资人能有效地接触并利用所交付的电子信息,如有必要也应考虑同时以电子通讯方式以外之其他方式通知投资人,使该通知达到近似于以纸面方式个别通知的效果。至于何为充分的通知,SEC 将其区分为两种情形:一种是如果电子文件本身已经直接交付于投资人,例如,电子文件存在于电脑磁盘、e-mail 等媒介中且已经个别交付之情形,则传达该电子文件时,一般而言就已构成足够的通知;另一种是如果电子文件是公布在网站上,就必须再另外个别寄送通知,以符合联邦证券法规所定的交付要求,除非公司能以其他方式证明已经交付给某一投资人,或者该电子文件并非联邦证券法规所要求之应交付文件。

也就是说,由于利用网络交付与利用邮件交付不同,前者属于一种被动的交付系统(passive delivery system),因此仅在网站上张贴通知或其他文件,并不足以构成合法的通知。是故,除非发行人可以证明其确实已经为交付,否则于实行被动式交付方式(如利用网络)时,发行人应以电子邮件或信件另行告知,以促使投资人了解该通知之交付。

(2)接触(access)

当纸质文件通过邮寄方式交付,通常情况下就已让接收者得以接触该信息。SEC认为,以电子方式交付有关信息时,接收者应该有相当于纸质文本寄送程度的接触信息的可能性。因此,使用电子媒介交付信息时,应注意不得增加接收者的负担导致其无法有效接触所提供的电子信息。为落实此要件,SEC在解释令中提出以下几点应注意事项:第一,与纸质文本一样,接收者应当有保留信息的机会,或者有持续接触信息的机会,例如,很多时候投资人可以经由电子媒介下载电子文件,这种情况便可谓满足"接触"之要件。第二,如果将法定应披露的事项公布于网站上,或通过线上服务等类似方式传送,应注意该电子信息的及时更新。第三,因为可能产生系统错误、电脑不相容或其他问题,需设置必要的预防措施。亦即对于先前以电子方式交付的电子文件,公司必须有提供纸质文件的能力。SEC特别指出,依据当前政策,联邦证券交易法规中规定应被交付法定信息之人,有接受相关文件并选择以电子方式接受的权利,若其撤回任何接受电子文件之同意,或者其特别要求索取纸质文本,便应提供其纸质文本。

(3)证明已为交付之证据(evidence to show delivery)

就交付义务的履行而言,邮寄纸质文件本身就提供了适当的证明。SEC认为,公司或者其他第三人提供电子方式交付文件时,应该同样有理由相信其所选定之电子方式将会满足交付义务的履行。但以电子方式交付文件时,必须有适当的证明,以证实法定的交付义务已经确实履行。这些证明包括:第一,由投资人出具"充分了解后的同意",表示其同意在具备适当的通知与接触之情形下通过特定的电子媒介接收信息;第二,取得投资人确实收到信息的证据,例如,要求投资人以e-mail方式寄送回函;第三,以传真方式交付相关文件;第四,投资人由某一应交付文件中之超链接接触到其他文件;第五,投资人使用了只有在其接触过硬交付文件的情况下才能使用的表格或其他资料。

嗣后,SEC又在1996年发布另外一个解释令,进一步厘清电子交付的相关问题。在该解释令中,SEC更进一步主张,充分了解后的同意应以书面或电子方式为之。不过此等说明，亦引发是否可以利用电话方式同意的争议。为平息此种争议，SEC 在 2000 年 5 月 4 日生效的 Use of Electronic Media 解释令（Interpretive Release on the Use of Electronic Media）中明确指出，利用电话方式所得的同意（telephonic consent）亦可符合充分了解后的同意之要求，只要其为交付之证据要求即可。

2. 美国公司法中的“电子传输”

《美国宪法》规定，公司的设立与规范等事项属于各州的权限，因此有关股东大会的相关规定，包括股东大会的通知、召集、举行与投票等都是由各州的公司法规加以规范。因此，虽然 SEC 已经就使用电子媒介交付相关信息的问题做成上述解释令，但是实际上是否允许股东大会使用网络交付通知与委托书资料、允许采用何种通讯表决方式等问题，仍应视各州州法而定。在美国的公司法中，特拉华州的议会和最高法院成了今天现代公司法的主创者，虽然特拉华州是最小的州之一，但在美国，它的公司立法是最重要的。超过 50% 在证券交易所上市的美国公司和 60% 以上的财富五百强企业在特拉华州注册。特拉华州的吸引力在于灵活和先进的《特拉华州普通公司法》、相对较低的州税，州务卿办公室现代和服务导向的方式，以及作为特拉华州司法机构一部分的特拉华州高度专业化的法院的事实。[1] 故此处将以《特拉华州普通公司法》为例分析相关的法律规范。

《特拉华州普通公司法》第 212 条是股东大会电子委托书制度的主要规定。该法第 212 条（c）项规定，依据该条（b）项之规定，股东得委托他人为其代理人，公司不得限制其委托方式，如满足系列情形之一，便构成有效委托：（1）股东可以签署书面授权第三人担任其委托书持有人。该项授权可由股东本人为之，也可由股东授权的经营管理人、董事、员工或代理人签署此项委托的书面为之，或以合理方式附上签名的方式为之，包括但不限于传真签名。（2）股东可以自行传输，或以传输电报（telegram）、海底电报（cablegram）或其

[1] See Anatoli van der Krans, “The Virtual Shareholders Meeting: How to Make It Work?”, *Journal of International Commercial Law and Technology*, 2007, Vol. 2, Issue 1.

他电子传输方式(other means of electronic transmission),将委托书授予第三人代理其行使权利。该第三人可为委托书持有人、委托书征求公司、委托书服务机构或经此等第三人适当授权接受该传输的代理人。唯此等电报、海底电报或其他电子传输方式均需载明或提供必要信息,以确定其确系该股东所授权。而该等电报、海底电报或其他电子传输方式经验证为有效,其检查人或无检查人时其他有权决定之人,应具体说明其所依据之信息。该法第212条(d)项规定,任何依据该条(c)项所制作的复本、传真电信或其他可靠的重制书面或重制传输方式,可取代或替代原本或原传输方式所欲达成之其中一个目的或全部目的,但这些复本、传真电信或其他重制物应完整重制该原本或原传输的信息。

此外,《美国示范商事公司法》第7.22条则为股东大会电子委托书制度的主要规定,而目前美国绝大部分州(44个州)的公司法均采用《美国示范商事公司法》第7.22条相似的规定,允许电子委托书的方式。[1]

为厘清以电子方式所为通知之法效,《特拉华州普通公司法》第232条(a)项亦配合修正,并对以电子方式所为之通知的效果加以规定。原则上若股东已经同意公司可以用特定的电子传输方式为通知时,则公司利用该电子传输方式向该股东所为的任何通知均属有效,不过股东若有需要时,亦可随时以书面方式向公司撤销该同意。

根据第232条(a)项,任何公司根据《特拉华州普通公司法》、该公司的章程等规定对公司股东所应为的通知,若根据接受该通知股东所同意的一种电子传输方式为之时即为有效通知,任何此等通知均可由该股东以书面方式通知公司撤销。任何此等同意若有下列情形之一,均应被视为已经撤销:(1)该公司根据该等同意传达通知时,连续两次均无法以电子方式交付该通

[1] 目前美国有亚利桑那州、科罗拉多州、康涅狄格州、特拉华州、佛罗里达州、佐治亚州、夏威夷、爱达荷州、伊利诺伊州、印第安纳州、艾奥瓦州、堪萨斯州、肯塔基州、路易斯安那州、缅因州、马里兰州、密歇根州、明尼苏达州、密西西比州、密苏里州、蒙大拿州、内华达州、新泽西州、纽约州、新墨西哥州、北卡罗来纳州、北达科他州、俄亥俄州、俄克拉何马州、俄勒冈州、宾夕法尼亚州、波多黎各、罗得岛州、南卡罗来纳州、南达科他州、田纳西州、得克萨斯州、犹他州、佛蒙特州、弗吉尼亚州、华盛顿州、西弗吉尼亚州、威斯康星州、怀俄明州允许以电子传送委托书。

知,且(2)该不能之事由已为公司秘书、助理秘书、股务代理人或其他负责发通知之人所知悉。但由于疏忽而不能递交通知,并引起股东同意被视为撤销的,不导致会议或其他行为无效。

值得注意的是,就是第232条(a)项并不意味着以某种电子传输方式所为之通知,且经股东确实接到后,会仅因为该股东表示并未同意此种电子传输方式而无效。相对地,第232条(a)项明确规定,依据该条所为之通知,若有下列情形之一时,则应被视为已为通知:(1)利用传真通信方式,直接传送至股东同意接收通知的传真号码时。(2)利用电子邮件直接传送至股东同意接受通知的电子邮件地址时。(3)利用张贴在电子网络上,并就此项张贴事由另行通知股东时,则以下列较晚之时间为准:①张贴之时间;②另行通知之时间。(4)利用其他任何形式的电子传输方式,直接传送给该股东时。[1]

(三)英国的电子通讯

英国是欧洲国家中较早推动电子通讯投票的,早在2000年12月22日施行的《〈1985年公司法〉电子通讯指令》[the Companies Act 1985(Electronic Communications) Order]中,即有准许发行公司以电子方式传送及接收信息的相关规定,为日后电子通讯表决制度奠定了基础。2006年,英国制定《2006年公司法》(the Companies Act 2006),在其中修订《1985年公司法》第333条,进一步规范公司与股东间电子通讯事项。后于2009年制定《2009年股东权益规则》,就公司与股东间的电子通讯部分增订第333A条对跨国上市公司作特别规范。

1.英国《2000年电子通讯指令》

《2000年电子通讯指令》是根据《2000年电子通讯法》第8、9条的规定而制定的,指令对《1985年公司法》进行了相当程度的修订,目的在于促进公司与股东之间电子通讯的使用,并使公司与股东之间的电子通讯奠定法律的基础。其内容大致有:(1)股东可以依法以书面方式同意公司以电子方式寄

〔1〕参见冯震宇:《公司证券重要争议问题研究》,北京大学出版社2008年版,第62页。

送某些法律规定的文件。(2)公司年报可以以电子方式寄送给股东,除直接寄送到特定的电子地址外,也可以公布在网站上,并以经股东同意的方式告知股东到该网站浏览相关信息。(3)如有要求公司寄送年报的情况,公司可依法以电子方式回应其要求。(4)股东或审计人员为监督公司的会计状况,可要求召集年度股东大会,并且可以通过公司提供的特定电子地址联系公司相关事宜。(5)股东大会的召集通知可以以电子方式寄送。召集通知可以直接寄送至股东制定的电子地址,也可以公布在网站上,并以经股东同意的方式告知股东到该网站浏览相关信息。如采用后者,该告知必须包括某些股东大会的细节,此外,如该次股东大会有选举议案,就该告知包含的内容也另有特别规定。(6)通过公司提供的电子地址,股东可以以电子方式委托他人行使表决权。

2.《2006年公司法》第333条

继《2000年电子通讯指令》后,英国又于2006年制定了《2006年公司法》,其中修订后的《2006年公司法》第333条,规范了股东大会文件等电子形式的寄送。根据《2006年公司法》的规定,公司的所有文件(设立文件或行政文件)都可以以电子通讯方式传送,即通过电子邮件或者网站公布的方式。在与成员的通讯中,公司如果通过电子邮件提交文件,应当取得意图收件人的同意;如果该成员不同意,则公司应当以纸质副本格式提交。在与成员的通讯中,公司如果用网站,必须要取得成员批准,修改章程以允许公司这样做;此时,公司应当确保其章程不受限于某些特定种类的文件,并且取得每个意图收件人的同意。成员通过电子通讯方式收到文件后,仍然可以要求公司发送纸质副本格式的文件。

《2006年公司法》第333条规定:(1)当公司在召集会议的通知中已经给出电子地址时,其视为已经同意,与会议程序相关的任何文件或信息可以以电子方式被发送至该地址(隶属于在通知中被指定的任何条件或限制)。(2)当公司在下列文件中已经给出电子地址时——(a)公司发送的与会议相关的代理人文件,或者(b)公司签发的与会议相关的任命代理人的邀请,其视为已经同意,为该会议的与代理人相关的任何文件或信息可以以电子方式被发送至该地址(隶属于在通知中被指定的任何条件或限制)。(3)在第(2)款中,与代理人相关的文件包括(a)与会议相关的代理人任命,(b)表明代理人任命或与其相关的有效性所必要的任何文件,以及(c)终止代理人授权的通知。(4)在本条中,"电子地址"是指为以电子方式分送或接收文件或信息之目的而使用的任何地址或号码。[1]

从上述规范内容来看,如公司已于股东大会召集通知或委托书文件上载明特定电子地址,凡是涉及该次股东大会的进行、该委托书之指定与终止等事项,股东都可以通过该电子地址与公司联系。当然,公司并非一律负有提供特定电子地址供股东联系的义务,除非符合同法第 333A 条规定的要件。[2]

3.《2009 年股东权益规则》

英国《2009 年股东权益规则》是回应欧盟 2007 年制定的《上市公司股东权益行使指令》的要求,修正了《2006 年公司法》中关于股东大会的相关规定。其中第 333A 条是落实欧盟 2007 年《股东权益指令》第 13 条规定之需,涉及公司与股东间的电子通讯,该条规定跨国上市公司于特定情形下,有提供电子地址使股东得以电子方式与公司联系的义务。其主要内容包括:(1)跨国上市公司必须提供电子地址,使得股东可以以电子方式传送一切与委托书有关的文件或信息。(2)跨国上市公司在寄送委托书相关文件时,或是为符合《2006 年公司法》第 311A 条第 1 项之规定而须于特定网站披露股东大会相关信息时,也有提供电子地址的义务。(3)如跨国上市公司已提供特定的电子地址,便视为公司已经同意任何关于委托事项之文件及信息一概可以以电子方式寄送至该电子地址。(4)该条所谓的关于委托事项的文件,包括委托行使表决权的指定、用以表明委托效力的必要文件、终止委托的通知等,且该条所称的电子地址,其定义与第 333 条第 4 项相同。依据本条规定,跨国上市公司就是否提供电子地址一事并无选择权。

---

〔1〕 参见《英国 2006 年公司法》,葛伟军译,法律出版社 2008 年版,第 198 页。

〔2〕《英国 2006 年公司法》于 2009 年作出修改,增加第 333A 条。

(四)日本的电子手段

为使日本在5年之内成为世界最先进的IT国家,日本政府于2000年制订了其著名的"IT基本战略"计划,确定了许多基本方针,其中重要的一条就是必须要调整包括公司法在内的相关法律。在这一年里,日本先后颁布了《修改商业登记法等一部分的法律》《关于电子签名及认证的法律》,并修改了证券法等法律。在此之后,又颁布了《IT基本法》《书面一括法》(对以证券交易法为首的50个法律中的相关规定进行了修改)等法律。在这样一连串的改革之后,日本又于2001年11月正式颁布了《关于商法等的一部分法律的修改》,随后又于2002年修改商法,针对股东大会的电子化作出了个别的补充规定,2004年5月通过了《为了电子公告制度的导入而修改商法等一部分的法律》。通过几次商法修订,将电子通讯技术导入股东大会,规定股东大会的召集通知、股东行使表决权与提案权等均可以以电子传输的方式为之,成为继美国与英国之后,将股东大会电子化予以立法的国家。之后日本国会将分散于各法律中有关公司的规定,如《商法》第二篇公司、《有限公司法》、《股份有限公司监察之商法特例法》重新整合成为其《会社法》,于2006年5月1日正式施行。就其信息与文件的电子交付方面,日本公司法律主要包括如下内容。

1. 公司及股东等发出通知、请求的电子化

通知、请求的电子化是指根据法律规定,以收信人的同意为要件,采用电磁方法提供本应记载于书面形式材料中的信息。这里所要着重强调的是通知、请求的电子化以收信人的同意为要件。之所以以收信人同意为要件是考虑到有的人不能适应利用电磁方法发送通知等,或者在多种多样的电磁方法中,有些人无法适应某些方法。出于对接收信息一方的保护,法律应要求在采用电磁方法时应得到接收信息一方的同意。

此外,对于以"取得收信人同意"为要件,日本法立法思想中指出原则上股东或者公司可以自由决定是否同意,但也有例外情况,即如果采用电磁方法发出请求的股东是同意公司利用电磁方法发送股东会召集通知的股东,那么公司在一定时期内,只要没有正当的理由,公司就不能拒绝股东提出的请

求的电子化。这里的正当理由是指股东提出的电磁方法太离谱,从系统上公司难以应付,或者股东发送过来的电子邮件经公司计算机病毒检测系统检测,认定包含病毒的可能性很大等。

2. 缕本、抄本[1]的交付请求的电子化

各国商法都允许利害关系人请求查阅、抄写商法规定公司有义务以书面形式制作并存放于总店的特定的材料。日本商法也不例外,其有关材料采用电磁记录形式的,规定与采用书面形式基本上相同,但是考虑到了电磁方法及电磁方法的特性。

第一,以法务省令规定的形式表示的电磁记录信息中可以提出查阅、抄写的请求的材料有会计报表、股东会议记录等。

第二,日本商法规定了三种请求权:(1)对以法务省令规定的形式表示的采用电磁记录的信息提出查阅请求;(2)以法务省令规定的电磁方法提供有关信息的请求(提供电磁信息的请求);(3)对记载信息的书面的请求(交付输出的书面材料的请求)。

3. 公司公告的电子化

公司公告电子化的实现有赖于《为了电子公告制度的导入而修改商法等一部分的法律》,因为电子公告关系到其公告行为的效力,所以日本在这部分修改时采取了比较慎重的态度。电子公告的电子化主要包括以下几个方面:(1)电子公告的承认。日本法规定公司的公告除了可以采用登载于官报、日刊报纸的方法,还可以采取措施,采用法务省令规定的电磁方法,使不特定多数的人处于能够得到公司提供应公告内容之信息的状态。具体指利用因特网进行公告,即把公告内容登载于用以公告的网页,使不特定多数的人处于能够查阅的状态。电子公告和传统公告方式一样,必须在一定期间内把公告内容登载于公告的网页上。(2)电子公告调查。日本法规定对于是否确实在公告用的网页上进行了公告、不特定多数的人是否处于能够接受所公告之

---

〔1〕 缕本是指使用与原件相同的文字符号把原件内容全部转抄过来而制作的用于证明原件内容的材料。抄本是指把原件的部分内容转抄过来而制作的材料。鉴于无法找到相对应的汉语词汇,此处直接使用原文。

内容的提供的状态,必须接受调查机构的调查。由经法务大臣批准登记的调查机构负责实施。运营电子公告网页的主体并不限于具有特殊资格的机构,当公司使用自己的网页进行电子公告时,为了防止没有把公告内容登载于公告用网页,却以已经进行电子公告为由申请虚假登记,公司需要向作为第三者的证明机构申请有关公告内容已经登载于公告用网页的证明。(3)资产负债表等的公开。日本法规定采用电子公告作为公告方法的公司在公告资产负债表的时候,不需要接受电子公告调查,但应该公告其全文。这是因为电子公告不存在篇幅上的限制。资产负债表公告后并不发生特别的法律效果,所以没有必要要求公司提供证明机构的证明。此外,日本法还规定采用官报或日刊报纸作为公告方法的公司,经董事会决议,可以采用类似于电子公告的电磁方法公开资产负债表,但采用电子公告作为公告方法的公司,不能再采用电磁方法公开资产负债表。

二、电子股东论坛

何为电子股东论坛?在各国的理论界和实务中并没有一个统一、明确的界定。从其实质上来说,所谓的"电子股东论坛"就是一个关于股东之间、股东与公司之间信息交流的管道,而在实务中这种论坛大多通过设置一个网络空间来实现。通过这个管道,股东能在该空间与其他股东进行意见交流、提供表决权行使之建议,实现权利行使时与其他股东合作的需要,股东也可以利用此空间与公司管理阶层进行对话、提出建议与进行质询。实践中,对电子股东论坛主要有三种认识:第一,在线"市政厅",作为一种股东提出和关注公司,以及从管理层得到回应的工具。"市政厅"式电子股东论坛的重点在于为股东和公司利益而便于股东就公司信息进行广泛交流。在这种电子股东论坛上,论坛话题不受限制,如同一个在线聊天室,或者论坛话题更多地集中于电子股东论坛资助人指定的一个或几个话题。第二,形式上表现为一种某一特定话题的扩大专题讨论会。这种电子股东论坛目标在于促进股东对于给定话题的深入理解。这种电子股东论坛也可以用来组织电话会议和面对面会议,尽管这不会得到 SEC 委托书修正案的豁免。第三,可能是一种在线投票平台。这种论坛用于股东年会之外对 Rule14a－8 项下非约束性提案的讨论,股东可以在每年任一时间在该论坛上提出和讨论 Rule14a－8 项下的非约束性提案。[1]

(一)电子股东论坛是股东大会电子化的有益组成部分

应当指出,电子股东论坛并不是专为公司股东大会而设置的。但是,在德国而言,股东论坛的设置是源自政府机构之公司治理委员会的提议,使得股东或股东协会与其他股东间的接触成为可能,并借此让公司股东彼此间能合作共同或通过代理来提议或行使表决权。依据德国法律相关规定,股东论坛是设置于公司进行公告的电子联邦公告中的,也就是说其目的在于通过现代网络技术的应用,来促成股东的共同行动,从而使股东有机会能更积极参与公司事务。股东论坛的设置也是基于现代公司,尤其是被允许在证券市场交易的公司,其股权有越来越分散及国际化的趋势,因此实有必要使股东之间或股东与股东协会之间有管道更容易交流沟通,来促使其能共同行使表决权,或使股份法所规定的各种股东权利的行使门槛更容易达到。[2] 电子股东论坛虽然仅是提供私人交流的平台,但是利用网络不受时间、地域限制等的便利性,能促使股东彼此之间或股东与股东协会之间的交流更加容易,而得以加强公司所有权人对公司的控制力量,借此使股东或股东大会成为公司治理中的重要监控机制。因此,从这一层面上看,电子股东论坛的设置与公司的股东大会并不是没有关系的,而是有千丝万缕的紧密联系的。另外,股东之间的交流、股东与公司之间的交流也是实现股东知情权的一个重要方式,是达成股东大会会议信息传送功能的一个便捷途径,是股东对于公司建议、质询权利行使的一个可行通道。电子股东论坛的出现并没有改变公司治理结构,但由于科学技术突破了时间和空间的藩篱,极大地便利了股东之间及股东与公司之间的沟通,进一步落实了股东知情权,从而为股东行使投票

---

〔1〕 参见赵金龙:《商法思维与网络技术环境下公司法律制度的创新——以电子股东论坛为例》,载《中国商法年刊:法治国家建设中的商法思维与商法实践》(2013),法律出版社 2013 年版,第 259 页。

〔2〕 参见洪秀芬:《股东交流平台建立之探讨——以德国股东论坛为例》,载《兴大法学》2007 年 5 月第 1 期。

权及其他权利奠定了基础。[1] 电子股东论坛可以促进股东间的交流,减少集体行为的成本,也可以进行委托书征集,提高股东发动有效委托书竞争及其他投票活动的能力,[2]理所当然应当成为股东大会电子化一个有益的组成部分。

电子股东论坛无论从公司层面还是从股东层面来看,都有其积极作用。

一方面,公司受益于电子股东论坛。通信和网络技术的进步使交流越来越方便,对于公司而言,通过电子股东论坛与股东进行交流,一般情况下会免于"征集"的适用和规制,显然有利于公司运营。对一些公司而言,电子股东论坛可能具有其他作用。例如,当公司收到 Rule14a－8 项下的提案或者成为机构投资者股东批评的对象时,可能要求考虑利用"专题讨论会"式电子股东论坛作为与投资者沟通的渠道,以便缓和事态。再如,一些受到投资者和公共利益集团严格监督的公司可能相信创建电子股东论坛会有益于投资者关系。[3]

另一方面,对公司股东而言,电子股东论坛的积极作用主要体现在两个方面:首先,股东通过电子股东论坛进行的交流和促进股东行使权利。[4] 根据 OECD2004 年《公司治理准则》,公司应当重视股东的意见和建议,鼓励股东积极参与公司经营管理,提高公司治理水平。而股东意见交流恰恰是股东参与公司治理的方式之一,使股东在行使权利之前能先彼此互通信息交换意见,以帮助股东作出正确判断来行使权利,或使股东有机会串联达到权利行使的门槛。其次,股东通过电子股东论坛参与公司治理更加方便。在大多数股东投票在公司决策中发挥作用的领域,即在需要股东批准的请求性提案和重要商业决策领域,电子股东论坛有助于信息交流。基于电子股东论坛上股东与公司间的全年候交流互动,公司可以利用电子股东论坛获得股东对公司

---

〔1〕 参见赵金龙:《股东民主论》,人民出版社 2013 年版,第 265 页。

〔2〕 参见丽萨·M. 费尔法克斯:《股东民主的未来》,赵金龙译,载黄红元、徐明主编:《证券法苑》(第 11 卷),法律出版社 2014 年版,第 374 页。

〔3〕 参见赵金龙:《股东民主论》,人民出版社 2013 年版,第 273 页。

〔4〕 参见洪秀芬:《股东交流平台建立之探讨——以德国股东论坛为例》,载《兴大法学》2007 年 5 月第 1 期。

政策的意见并判断股东对这些政策的感情,这使股东在影响公司事务上有直接发言权。同样电子股东论坛可以促进股东与公司之间反复性交流,鼓励公司与股东间的真正对话,为股东提供一个影响公司事务的工具。此外,电子股东论坛的存在,使得分散、单个的股东可以以论坛为中心结成联盟,共同支持提高公司价值的提案,并可同时排除那些质量较低或者成本较高的提案,这种情形对公司治理的影响不容小觑。而在存在委托书征集的情形中,电子股东论坛还存在以下的积极影响或者优势:(1)有利于节省公司资源与避免干扰公司经营;(2)确保公司和个体股东的长远利益;(3)对聘任董事的积极影响;(4)股东有效参与公司选举。[1]

电子股东论坛为股东低成本参与公司治理提供了重要机会,为改善股东公司董事会及管理层的关系提供机会,为公司改善公司治理提供机会,同时又无须大大改变股东管理人员和董事在公司中的角色,可谓公司治理的一个良器,因而为许多国家所重视。当然,在各国公司实践和资本市场上,电子股东论坛形式丰富多彩,而美国和德国在此领域具有明显的先进性和代表性(代表不同类型资本市场实践)。在美国,《2008 年 SEC 电子股东论坛规则》通过前,电子股东论坛主要有三种形式:第一,由其他公司资助并设立的公开论坛与投资者消息公告板;第二,由股东创办的独立运行的电子股东论坛;第三,公司自己创办的电子股东论坛。在《2008 年 SEC 电子股东论坛规则》出台后,上述电子股东论坛仍然继续存在。实践中,SEC 与联邦、州级法院对于信息发布人的责任;发行人对第三人的责任、发行人对其雇员发布信息的责任;以及网站创办人对网络讨论区的责任予以监管和处理,调整网络讨论区相关当事人的权利、义务和责任关系。

(二)德国的电子股东论坛规范

德国联邦议会于 2005 年 9 月通过《企业完整与撤销权现代化法》,依此法案,于《德国股份法》增订第 127 条之 a,使股东或股东协会可在公司进行公告之“电子联邦公告”的股东论坛中邀请其他股东共同或通过代理来行使

---

[1] 参见赵金龙:《股东民主论》,人民出版社 2013 年版,第 275 ~ 277 页。

权利。

1.《德国股份法》第127条之a(股东论坛)的规定

《德国股份法》第127条之a(股东论坛)的主要内容包括如下几个方面:(1)股东或股东协会可在电子联邦公告的股东论坛中向其他股东邀请,共同或者通过代理来依据本法提议或提出要求,或于股东会行使表决权。(2)前项邀请应包含以下内容:①股东姓名或股东协会名称及通讯地址;②公司名称;③提议、要求或对议案表决权行使的建议;④股东会日期。(3)前述邀请可指引其理由放在邀请者网页上及邀请者之电子邮件地址。(4)公司可在电子联邦公告中指引对前述邀请之意见发表于公司网页上。(5)联邦司法部被授权,就股东论坛之外在形式及其他细节,尤其是对邀请、指引、费用、涂销期限、涂销权利、滥用情况及阅览以行政命令来规范。

2.《股东论坛规则》的具体规范

根据《德国股份法》第127条之a第5项的授权,2005年11月23日,联邦司法部制定《股东论坛规则》予以具体规范,该规则于2005年12月1日生效。《股东论坛规则》具体规定了论坛的设置与经营、可在论坛进行登录的主体、论坛的注册与登录、邀请的内容、登录费用与其他费用、登录事项的更正与涂销、论坛的设计内容与结构、论坛的阅览与信息安全等内容。

(1)论坛的设置与经营

根据《德国股份法》第127条之a第1项的规定,股东论坛设置在"电子联邦公告"中。因此德国联邦司法部所制定的《股东论坛规则》第1条即规定,电子联邦公告的经营者应在其所经营的电子联邦公告网站中,设有股东论坛的区块,而股东论坛仅于网络上提供,且经由电子联邦公告网站、企业登记网站、股东论坛网站等网站可及,来提高股东论坛的使用便利性及寻找容易性。股东论坛的经营与维护系由电子联邦公告的经营者负责,即为联邦公告出版社及联邦司法部,而本网站乃联邦行政机构、法院、各类商业登记事项或法定公告事项的发表、公告指定所在。

(2)可在论坛进行登录的主体

可在股东论坛进行登录并邀请的主体是股东及《德国股份法》第135条

第9项第1句编号一以下的股东协会。所谓股东协会，是指具有持续性而由人结合的团体，其主要目的是代表其成员利益来面对公司，因此大多数成员为股东。当股东和股东协会在股东论坛登录邀请时，必须保证其确为该登录事项所涉及之公司的股东或股东协会确实存在。若有具体根据，比如依据有关公司的指示，对股东和股东协会的资格产生怀疑的，股东论坛的经营者也可要求登录邀请之股东或股东协会以签名或不需签名的书面方式提出身份证明，若被要求的证明未在规定期限内提出，股东论坛之经营者应立即将该人所登录的邀请涂销。

(3)论坛的注册与登录

股东和股东协会欲在股东论坛进行登录时，首先应先向股东论坛经营者注册，以确保没有滥用股东论坛，而且只需注册一次，往后在股东论坛进行邀请登录时，都无须再次注册，注册时应记载自己的姓名或名称、住所或所在地地址及一处电子邮件地址。已注册之股东或股东协会在邀请进行登录时，应输入使用者姓名和密码或满足其他确认程序之要求，并在登录时再次确认注册当时所为记载是否正确或须更改，尤其是电子邮件。此外，登录邀请时，应告知付款方式来缴纳登录费用，公司对与它有关的邀请发表意见，且欲在股东论坛指引其意见所在者，则公司亦应以前述规定办理注册方可为之。登录邀请时，其内容应包括邀请人，即进行登录的股东和股东协会的姓名或名称、其住所和所在地的地址、他是否为股东和股东协会之说明、邀请者之电子邮件地址、与邀请有关之该公司名称、对该公司之提议、要求或对股东会议案表决权行使的建议，若邀请系针对某一特定股东会的，则包括该股东会开会日期等。

(4)可登录之邀请内容

根据《德国股份法》第127条之a的规定，在股东论坛登录之内容仅能是向其他股东提出邀请来共同或透过代理向公司提议、要求或提出对股东会议案表决权行使的建议，但是邀请的理由并不能直接在股东论坛中发表，邀请人可指引其理由所在的网页、电子邮件地址。

(5)登录费用与其他费用

股东论坛的经营者和登录者就登录行为以契约约定合理费用,此亦适用于由登录者所为之变更和涂销,费用缴纳之方式不得使住所或者所在地在国外的股东蒙受不利。

(6)登录事项的更正与涂销

根据《股东论坛规则》第6条第1项、第2项的规定,论坛中之登录事项的更正必须由登录者进行,且登录事项之涂销,亦可以由登录者在任何时间内进行。同时,论坛的运营者在规定情形下也可以将邀请事项予以涂销。

《股东论坛规则》也就论坛的设计内容与结构、论坛的阅览与信息安全等作出规定。

从《股东论坛规则》2005年12月1日生效至2006年12月8日,在一年的时间里德国境内大约有150件的登录,主要是股东协会所为。邀请内容最多的是请求股东将表决权交付给进行登录的股东协会来代理行使表决权(亦即委托书征集),且授权不限当次股东会,可长期授权直到股东撤回代理权为止。次之的是对当年度股东会特定议案表决权行使的建议。此外还有邀请其他股东来共同向公司要求召开股东临时会,对董、监事损害赔偿的请求,选任检查人等。从实施情况看,股东协会正逐渐扮演维护与促使股东权行使的重要角色,符合当初设股东论坛的立法目的。[1]

(三)美国的电子论坛规则

从历史角度看,美国公司股东交流存在法律障碍。[2] 根据SEC的委托书规则,任何委托书征集都必须提交委托书说明。而美国的委托书征集定义十分广泛,“征集”一词被界定为包括:(1)对委托代理的任何请求,不论是否附随或包括在委托代理表格中;(2)去实施或不去实施或去撤销一个委托代理的请求;或(3)在合理导致委托代理的获得、不持有或撤销的情形下对证券持有人提供或以其他方式传达委托代理表格。虽然该规则后来经过几次

〔1〕 参见洪秀芬:《股东交流平台建立之探讨——以德国股东论坛为例》,载《兴大法学》2007年5月第1期。

〔2〕 参见赵金龙:《股东民主论》,人民出版社2013年版,第279页。

修订,将诸多情形排除于"征集"范畴,但是其范围总体而言仍然很宽泛,实际上包括影响委托投票的任何行为。基于这一界定,股东间的许多交流都可以视为委托书征集,必须遵照委托书规则报备委托书说明。由此可知,SEC委托书规则抑制了股东之间的交流。

然而,SEC于2008年在《1934年证券交易法》授权制定的规则中增订Rule 14a－17电子股东论坛制度,该规则改变了以前的委托书规则对股东交流的抑制态度,将网络技术应用于股东通讯中,SEC期望以低成本高效率的方式,促进股东间或股东与公司间的交流,并保障股东权益。该规则于2008年2月25日生效,其主要内容包括:(1)股东或公司认为适当者,股东、公司或代表股东或公司之第三人得设置、维护或经营电子股东论坛,以促进股东彼此间或股东与公司的交流。依据(b)和(c)规定,该论坛必须遵守联邦证券法规,包括《1934年证券交易法》第14条(a)项及其相关规则、其他联邦法、州法和公司管理文件。(2)股东、公司或代表股东或公司之第三人,不因他人于其所设置、维护或经营之电子股东论坛中提供之陈述或信息而负联邦证券法规相关责任。但于该论坛中提供该陈述或信息之人,不在此限。(3)因信赖Rule 14a－2(b)(6)[1]而参与电子股东论坛者,于Rule 14a－2(b)(6)之豁免期间经过后,仍得进行征求,但须依据本规则进行。

对于美国的电子论坛规则,需要注意的是:第一,根据美国的电子论坛规则,其所谓征求,是一个广泛的定义,无论行为人是否寻求代理权的授予,哪怕要求股东不要将委托书授予他人,或者将已给予的委托书予以撤销,都在其范围之内,一旦有影响委托书的行为,即应适用委托书征求规则,因而股东利用电子股东论坛彼此交流的行为,必须适用该规则。这一规定显然会阻碍电子股东论坛的推行,因而才有了14a－2(b)(6)之豁免规定。第二,电子股东论坛的参与者在论坛中发表虚伪、错误或误导的陈述时,必须依据《1933

---

〔1〕 其规定,公司宣布召开股东常会或临时会之日前60日,于电子股东论坛中非为取得委托书所为之征求,也未要求或提供有关撤销、弃权、同意或授权之表格。公司于股东常会或临时会开会日前60日内宣布的,仅得于宣布日起2日内进行征求。电子股东论坛的参与者于豁免日期经过后,仍得进行征求,但须依据本规则进行。

年证券法》第 17 条(a)项、《1934 年证券交易法》第 10 条(b)项、Rule 10b－5、Rule 14a－9 和《1934 年证券交易法》第 20 条(e)项承担相应责任时,由于欺诈条款适用于主行为人与次行为人,电子股东论坛经营者也难辞其咎,如此一来,股东或公司为避免遭受池鱼之殃,恐怕无意愿设置与经营电子股东论坛,因而增订 Rule 14a－17(b)免责规定,免除电子股东论坛经营者的相关责任,以消除其疑虑。第三,与德国股东论坛由电子联邦公告的经营者,即联邦公告出版社与联邦司法部负责不同,美国的电子股东论坛是自愿设置,由公司或股东自行评估设置论坛的必要性后决定是否设置。当有能力负担设置维护费用之公司不愿设置论坛时,如何期待股东自行设置? 或者公司设置电子股东论坛,却对股东的意见置之不理时,则该论坛无疑会沦为股东聊天室。[1] 因此,在无相应配套措施的情况下,其成效尚待评估。

三、股东表决权的电子行使

(一)表决权的电子行使是股东大会电子化的核心要素

股东表决权行使的电子化之所以是股东大会电子化的核心要素,源自股东表决权在股东大会中的独特地位。无论哪个国家的立法与公司实践,无不将股东表决权的电子化行使作为改善公司治理的一项重点内容来进行。当然,与信息传送的电子化相比较,表决权的电子化显得复杂许多。

(二)美国的股东大会电子表决

由于利用网络交付股东会通知与委托书已经为 SEC 所许可,而利用网络进行相关事宜不仅可以促进股东的参与及股东会的民主,也可为发行公司节省大量的费用。由此业者也对利用网络行使股东权的方式逐渐趋向肯定的态度。

1. 电子委托书投票

在美国,利用委托书投票一直是股东行使表决权的主要方式,基于科技

[1] See Lisa M. Fairfax,"The Future of Shareholder Democracy", 84 *Indiana Law Journal*, 2009, pp. 1301, 1302.

发展与企业需求,为增进股东投票机制之弹性,特拉华州早就于1990年修订公司法相关规定,允许公司采用电子委托书的方式投票。而《美国示范商事公司法》也于1996年跟进,并采用类似特拉华州的做法,允许公司采用电子委托书的方式投票。

《特拉华州普通公司法》第212条是其股东大会电子委托书制度的主要规定。其第(c)项规定,在不限制股东根据该条第(b)项得以授权第三人行使表决权的方式下,有下列情形之一,即应构成该股东已为有效之授权委托:(1)股东得签署一份书面,授权其他一人或数人担任其代理人。此项授权,得由该股东亲自为之,亦可由经该股东的被授权之经理人员、董事、受雇人或代理人签署此项委托之书面为之,或将此等授权人士之签名以任何合理方式附着在此等书面上为之,包括但不限于传真签名。(2)股东得自行传输,或以电报、海底电报或其他电子传输方式,授权其他第三人为其代理人之方式为该股东代为行使权利。该第三人可为委托书持有人,或是征求委托书之公司,或是委托书服务机构或经此等第三人适当授权去接收此等传输的代理人。但此等电报、海底电报或其他电子传输方式均应载明或提供必要的信息,以确定此等电报、海底电报或其他电子传输方式系由该股东所授权。若该等电报、海底电报或其他电子传输方式经证明为真正检查人或若无检查人时其他有权决定之人,应陈述其所依据之信息。该条第(d)项规定,任何根据本条第(I)项所创作的拷贝、传真电讯或其他可信赖重制之书面或传输方式,得取代或替代原本或原传输所欲达成之全部或一部目的,但该拷贝、传真电讯或其他重制物应完整重制该原本或原传输之信息。此外,整个电子委托书和委托书投票过程必须具备完整性,而其完整性的前提取决于代理关系是有效的,并且其委托书能够准确合理地证明这一关系,因此法院实务上会通过审查委托书的文字与用语来决定其建立代理关系之性质与程度。[1]

《美国示范商事公司法》第7.22条是其股东大会电子委托书制度的主要

〔1〕 参见方元沂:《从美国股东会电子投票制度论我国股东会电子投票制度之发展》,载《政大法学评论》2015年12月第143期。

规定。其第(b)项规定,股东、股东代理人或其委任律师可以以签署指定表格的方式或者通过电子传输的方式,以指定委托书代理人(proxy)投票或为其他行为;电子传输必须包含或者附上相关信息,使得能够依此信息来决定此电子传输是否获得股东、股东代理人或其委任律师之授权。该条第(c)项规定,当选举检查人、管理人或者公司授权计票之代理人,收到签名的指定表格或电子传输的指定,委托书代理人之指定始具效力,除非指定表格另有明确规定较长的时间,该指定有效期间为 11 个月。该条第(d)项规定,除指定表格或电子传输声明其不可撤销且该指示与利益连接外,委托书代理人之指示可被撤销。该条第(h)项规定,如股东作出代理人委托书之指示则公司有权接受该委托书代理人之投票或作为,唯其受本法第 7.24 条之限制及陈述于指定表格或电子传输上任何明示的委托书授权限制。

而根据《纽约州公司法》第 609 条第(i)项规定,依据本条第(a)项之规定,股东得授权一人或数人为其代理人,公司不得特别限制其委托之方式。若有下列情事之一时,即应构成该股东已为有效之委托:(1)股东得签署一份书面,授权其他一人或数人担任其代理人。此项授权,得由该股东亲自为之,亦可由经该股东的被授权之经理人员、董事、受雇人或代理人签署此项委托之书面为之,或将此等授权人士之签名以任何合理方式附着在此等书面上为之,包括但不限于传真签名。(2)股东得自行传输,或以电报、海底电报,或其他电子传输方式,授权其他第三人为其代理人之方式为该股东代为行使权利。该第三人可为持有委托书之人,或是征求委托书之公司,或是委托书服务机构或经此等第三人适当授权去接收此等传输的代理人。但此等电报、海底电报或其他电子传输方式均应载明或提供必要的信息,以确定此等电报、海底电报或其他电子传输方式系由该股东所授权。若该等电报、海底电报或其他电子传输方式经证明为真正检查人或若无检查人时其他有权决定之人,应陈述其所依据之信息。至于第 609 条第(j)项亦与《特拉华州普通公司法》相同,明文规定:(d)任何根据本条第(I)项所创作的拷贝、传真电讯或其他可有效重制之书面或传输方式,得取代或替代原始书面或原传输所欲达成之全部或一部目的,但该拷贝、传真电讯或其他重制物应完整重制该原始书面或原传输之信息。

2. 电子直接投票

1998 年，特拉华州放宽对公司股东大会开会与表决权的限制，允许公司采用电子传输方式进行投票。2000 年 7 月 1 日，特拉华州再度修法允许公司以电子方式递交对股东之通知，且赋予利用远距通信方式（包括电子方式）所为之委托及投票行为与书面投票具有实质相同的法律效力。

《特拉华州普通公司法》第 211 条(a)(2)的修改承认了股东电子投票的效力：经董事会自行斟酌决定后授权，并且符合董事会通过的原则和程序的，不现场出席股东会议的股东和股东代表人，可以通过远程传输的方式：①参加股东会议；且②无论股东会议在指定的地点召开，还是只通过远程传输方式召开，都视为亲自参加会议并投票。[1] 同条第(e)项规定，除公司章程另有规定外，所有董事选举均应以书面投票(written ballot)为之。但是如经董事会授权同意，通过电子传输的投票也可以满足此项书面投票规定的要求，但是任何此种电子传输必须表明或附加适当信息，从而使公司可以确定该电子传输系经股东或股东委托书持有人的授权所为。因此，无论股东亲自参加股东会议还是远程通讯投票，都具有相同的法律效力。

确认股东电子投票效力的同时，法律也对公司提出了要求：(1)公司应当采取合理措施，证实通过远程传输参加会议并投票的每个人都是股东或者股东代表人。(2)公司应当采取合理措施，向股东和股东代表人提供能够参与会议并就提交于股东的事项表决的合理机会，包括能够阅读或者收听与会议程序实质性同步的会议程序。并且(3)股东或者股东代表人通过远程传输方式在会上表决或者采取其他行为的，公司应保留该表决或者其他行为的记录。

(三)德国股东表决权的电子方式行使

德国于 2001 年 1 月通过《记名股票与表决权行使便利法案》，准许公司可以指定表决权受托代理人来接受股东委托代为行使表决权。且股东若是

[1] 参见《特拉华州普通公司法》DGCL211(a)(2)。

通过网络视频股东会来参与观看股东会的进行,即可通过会场中被股东事先授权的表决权代理人为其行使表决权,此称为“线上”委托投票。然而此时虽承认网络股东会和表决权代理制度,但是尚未承认股东得以书面或者电子方式投票行使表决权。

2009 年 5 月,德国进一步通过《股东权指令转换法案》允许股东可以线上参与股东会,并允许股东也可以用书面或电子方式事先投票行使表决权。《股东权指令转换法案》的第一章修正了《德国股份法》,其中第 7 项规定,《德国股份法》第 118 条作如下修正:(1)在第 1 款下面的句子补充:公司章程可以提供或授权董事会提供股东于股东常会会议中,可以亲自出席会议或者使用代理服务器或者全部或部分使用电子通信方式行使他们的权利;(2)在第 1 款、第 2 款插入:法规可以提供或授权董事会,被提供的股东可以表达他们的意见,如无法亲自参加会议的,可以提交书面或通过电子通信方式行使表决权;(3)现有的第 2 款改为第 3 款;(4)现有的第 3 款成为第 3 款,其内容如下:公司注册成立之规约或根据第 129 条第 1 项规定可提供或授权董事会或大会主席,召开仅有图像和声音的股东会。

《德国股份法》第 118 条的修正,大大提高了股东行使表决权的便利性。在修正前,虽然股东已经可以以视讯参与方式来观看股东大会的现场实况转播,然而股东如果要能积极主动参与到股东大会中,则其本身仍然必须亲自出席会场行使权利,或者通过会场中事先授权之代理人来依照他的指示代为行使表决权。当然,线上观看转播的不在场股东,其可以随着股东大会会议的发展情况,随时指示位于现场的代理人,代其行使股东各项权利。然而其毕竟人不在现场无法亲自行使权利,而须通过代理人为之,如果代理人未依其指示行使权利或投票,则将影响股东本人权益。而第 118 条修正后,公司章程可以规定或者授权董事会决定,股东可以在未亲临会场及无代理人的情况下出席股东会,并以电子方式行使全部或部分股东权。换句话说,修法后,公司章程可赋予股东以视讯方式线上出席股东会,并且可以在章程允许范围内,直接同步即时行使各项股东权,如表决权、质询权,就如同亲临会场的股东一般。

同时,《德国股份法》的此次修法,除允许股东线上出席股东大会外,根据其 118 条第 2 项的规定,也允许股东在不出席股东大会且未委托代理人的情况下,可用书面或电子方式事先投票行使表决权。此种表决权的行使属于股东大会开会前的“事先投票制”,与我国台湾地区“公司法”第 177 条之一、之二的书面、电子投票相当。其不同之处在于德国法规定使用书面或电子方式事先投票的股东,并非属于参与股东大会的“出席股东”,因而其并不具有“出席股东”所能行使的决议撤销诉权,而我国台湾地区则是将书面或电子方式行使表决权的股东,视为亲自出席股东大会。[1]

德国在修法便利股东行使股东权时,也同时考虑到对公司可能带来的冲击,为保障公司股东大会的运作成果,修正后的《德国股份法》第 243 条第 3 项之一规定,因电子传输技术干扰而影响线上出席或电子投票股东之权利时,其不能以此理由向法院诉请撤销股东大会决议,除非公司有故意或重大过失。对于此处所指的过失标准,公司章程可以作更加严格的规定。

(四)日本股东大会的电子投票

2001 年,日本修正商法引进电子投票制度,允许书面投票制度和电子投票制度的并存,公司可以同时采用两个制度。《日本商法》第 239 条之 3 第 1 项规定,公司可以董事会决议决定不出席股东大会的股东可通过电磁方式行使表决权的意旨。此时,准用前条第 1 款后段的规定。第 3 款规定,在作出第 1 款决定的公司中,对已经第 232 条第 2 款同意的股东,通过同款的电磁方式发出通知时,须将前条第 4 款书面资料内容的事项,与该通知同时以电磁方式提供。第 4 款规定,前款的公司在截止到股东大会召开日的 1 周前,接到未就第 232 条第 2 款事项加以同意的股东的以电磁方式提供前款事项的请求时,依政令的规定得到该股东同意,须立即通过电磁方式向该股东提供该事项。第 5 款规定,表决权通过电磁方式行使,依政令的规定得到第 3 款公司的同意,在记录前条第 4 款的书面内容事项的电磁记录中记载必要的

〔1〕 参见洪秀芬:《公司表决权制度之变革——公司法修正草案关于电子投票及董监事选举制度之评析》,载《月旦法学杂志》2010 年 6 月总第 181 期,第 65 页。

信息，在股东大会召开日的前日之前，以电磁方式向该公司提供。第 6 款规定，通过电磁方式行使表决权的股份数，准用前条第 6 款的规定，即计入出席股东之表决权数。

2006 年 5 月 1 日，日本施行其《会社法》，该法是在将原《日本商法》第二篇、《有限公司法》《商法特例法》等整合基础上形成的。有关股份有限公司股东行使表决权的方式，在其中都有详细的规定，而电子投票的规定主要体现在其第 312 条。(1)以电磁方式行使表决权者，依政令规定取得公司同意后，应于法务省令规定的时间前，将表决权行使书面应记载事项以电磁方式向公司提出。(2)除有正当理由外，股东已依第 299 条规定为同意的，公司不得拒绝前项之同意。(3)以电磁方式行使表决权的，算入已出席股东之表决权数。(4)公司应于股东会开会前 3 个月内，将依第 1 项规定提出之事项所制定的电磁记录置备于公司。(5)股东可于公司营业时间内，随时请求查阅或抄录前项依法务省令所定的方法所制作的电磁记录。

四、网络股东大会

(一)网络股东大会是股东大会电子化的发展方向

所谓网络股东大会，顾名思义就是借助于网络召开的股东大会。由于股东大会对网络的利用或者依赖程度不同，基本上因其为全部或仅部分在网络上举行而分为部分网络股东大会和纯粹的网络股东大会两种。

首先，网络股东大会可以促进中小股东参与公司股东大会。网络股东大会，导致传统股东大会股东们人员上的聚集不再必须，股东行使表决权的成本大大降低，中小股东参与公司重大事务管理的积极性得以明显提高，从而促进公司民主。“虚拟股东会议可以刺激股东的参与，因为可能位于任何国家的股东，能够以一个相对廉价的方式参加这次会议。这将不再要求每名股东同一时刻在网上，因为虚拟股东大会可以持续数天甚至一个星期。”[1]

---

[1] Anatoli van der Krans,“The Virtual Shareholders Meeting: How to Make It Work?”, *Journal of International Commercial Law and Technology*, 2007, Vol. 2, Issue 1.

其次，公司相关资讯在网上向股东公开，确保了公司股东知情权的实现，从而有利于股东独立行使表决权。“由于电子信息的成本低分配，分配给股东的信息会增加。公告板提供了股东为了某些专题讨论或个人股东无法实现的其他影响团结起来一个新的可能。虚拟股东大会并没有给股东新的权利，但允许他们通过增加信息的分配和采取集体行动较强的可能性，以改善现有的行使权利。”[1]

最后，网络股东大会对于公司也有独特的价值。虚拟股东大会节约了股东大会的会议成本。对于公司来说，由于不需要物理的场所，高额的场地租金得以免除，并且还可以节省大量的纸质选票和委托书的印刷费用，同时大幅度降低邮寄会议材料和委托书的费用，从而大大降低了股东大会会议的成本。另外，尤其是股东在地理上散布的公司可以通过提升股东的参与率从虚拟会议上得益，股东参与率的增加可能会导致公司治理的改善，它可以导致更好的财务业绩。[2]

因此，网络股东大会可以称为信息化社会股东大会的理想模式。虽然其在各国立法与实践中并不是一个普遍现象，但是它代表了股东大会发展的方向，因而理应成为股东大会电子化的重要内容。

（二）美国特拉华州公司法开创性的修正

特拉华州数次对《特拉华州普通公司法》进行修改，以积极开放的态度对股东通过网络等电子化方式参加会议表示认可。2000 年《特拉华州普通公司法》修订案中承认了虚拟股东大会的合法性。第 211(a)(1)条规定，股东大会可以在本州之内或本州之外举行，可以在公司章程中指定会议地点，或按公司章程规定的方式来确定，如果没有指定，则在本州公司注册办事处举行。如果依照本款或注册证书或公司章程的规定，董事会被授权决定股东会议的地点，那么董事会可以完全由其自己决定会议可以不在任何实际地点召开，取而代之以远程通信的方式召开。第 211(a)(2)条规定如果授权董事

---

〔1〕 Anatoli van der Krans, “The Virtual Shareholders Meeting: How to Make It Work?”, *Journal of International Commercial Law and Technology*, 2007, Vol. 2, Issue 1.

〔2〕 Ibid.

会自行决定,并受董事会通过的准则和程序的管制,股东和不亲自出席的股东的代理书持有人,可通过远程通信参加股东会议或在股东会议上被视为亲自出席并参加表决,无论这样的会议是在指定的地点召开或完全通过远程通信的手段,只要:①该公司采取合理的措施,以确保通过远程通信被视为出席并允许在会议上投票的每一个人是股东或股东的代理人。②公司应采取合理的措施给这些股东和股东的代理人提供参加会议的机会,使其能够阅读或听取会议过程并就提交的事项进行表决。③如果任何股东或股东代理人在会议上通过远程通信投票或采取其他行动,这些进行表决或采取其他行动的记录应由公司保存。

2000 年的修正案之前,特拉华州的股东会议立法规定,会议"可以在本州之内或者本州之外举行,可以在组织细则中指定会议地点,或按组织细则规定的方式来确定,如果没有指定,则在本州公司注册办事处"。因此,虽然公司可以在任何州举行会议,但是要求必须在一个"地方"。立法没有界定这个名词,但推测立法机关用传统意义上的字"地方",意思是物理的地点,而互联网上因此也没有资格成为这样一个"地方"。2000 年的立法在允许企业在任何州举行会议之后规定:如果依照本款或注册证书或公司章程的规定,董事会被授权决定股东会议的地点,那么董事会可以完全由其自己决定会议可以不在任何实际地点召开,取而代之以远程通讯的方式召开。

这一修改被认为是《特拉华州普通公司法》最重要的实质性变化。[1] 它将进行股东会议所允许的通信技术的范围加以扩大。现在只要符合特定的某些条件,会议就可以通过"远程通信"的方式来召开,在某些情况下,可以召开没有一个"物理概念场所"的会议。这一规定表明特拉华州已经明确允许完全虚拟的股东大会的存在,从而也使得特拉华州的公司立法依然走在世界的前列。

第一,起草者明确授权给董事会"专有决定权"来决定是否许可通过远

---

〔1〕 See James L. Holzman and Thomas A. Mullen, "A New Technology Frontier for Delaware Corporations",4 *Delaware Law Review*,2001,pp. 55,60.

程通信与会和投票。起草者这样做是为了避免产生误会，即强制要求公司由股东制定附则，规定必须通过远程通讯的方式来进行会议。这个限制是有充分理由的，虽然在通信技术和电子代理系统上有戏剧性的进展，但是实时互联网投票系统的发展仍处在萌芽阶段，在一个公司电子设置中这种系统的可靠性和性能仍存在不确定性。此外，在任何特定的公司部署一个互联网投票系统都会产生成本预算的问题，这是留给公司管理者最好的问题，是否许可远程通讯会议，还需要判断公司是否确实具有根据规定执行程序的能力。最后，一个公司的企业文化和股东之间的关系也无疑会影响到公司如何进行会议的决定，任何允许通过远程通讯方式与会和投票的决定都会涉及一个风险和利益平衡的问题，这也正是留给董事会的一个商业判断。

第二，第211(a)(2)条授权董事会可以按照"准则和程序"采用远程通讯方式召开会议，但这不是必然要求。《特拉华州普通公司法》没有具体的股东会议的规定，而章程细则也很少规定会议程序。然而长期以来一直认为现任管理层和董事会被授权规范会议的进程，股东会特别程序的效力受到平等和公平的原则的制约。确立"准则和程序"的权利特别归属于董事会的用意是既要鼓励这些举措的实施，也要加强董事会管理与会和投票行为的权利，以免造成混乱，同时确保可预测性。

当然，只有当第211(a)(2)(b)(i)~(iii)条关于程序的规定许可时，董事会才可以授权通过远程通讯召开股东会议，这主要是为了保护公司和股东的利益。第(i)条要求公司采取合理的核查措施。第(ii)条要求公司采取合理的措施以提供给股东一个合理的机会参与会议行使表决、阅读到或者听到会议的同步纪要。第(iii)条要求公司保存任何投票或其他行动的记录。这些通过远程通信的方式召开会议所需具备的条件有意地用更广泛的术语加以表达，以保持操作灵活性，并避免规定的管理制度所带来的限制。虽然"合理的措施"和"合理的机会"并没有加以界定，但它们将以与董事现有的受托责任一致的方式作出解释。

第三，"远程通讯"并没有在法规中加以界定。起草人认为这是一个不言自明的词：即来自远离实际会议地点的地方的任何形式的通讯。值得一提的是,"远程通讯"不同于甚至比第 232 条的"电子传输"范围更广。举例来说,根据第 211(a)(2)条,虽然电话会议可以作为一种远程通讯参与会议方式,但电话或语音邮件却不符合第 232 条的"电子传输"方式,也不能根据第 211(e)条通过电子传输方式形成书面投票。[1]

没有一个物理地点的授权会议这种方式出现在了在修订后的第 211(a)(1)条中。修正案去除了以前的缺席规则和潜在的陷阱,即当细则缺乏具体说明股东会议的地点时,会议必须在特拉华州公司注册办事处举行。经过修订,该规约授权可以在任何指定的地点召开会议,或者以注册证书、章程规定的方式召开会议,或者如果没有指定,则可以由董事会来决定会议的召开地点。

而后有许多州都追随特拉华州的立法步伐。目前在美国针对网络股东大会作出相关规定的 32 个州中,有包括特拉华州在内的 23 个州都直接或者间接地允许部分网络股东大会和完全虚拟股东大会这两种网络会议模式的存在。也就是说,美国接近 3/4 的州已经启用了两种模式的网络会议。

(三)德国的网络股东大会

德国网络股东大会的推行与一个叫乌尔里希·诺阿克(Ulrich Noack)的杜塞多夫大学公司法教授是分不开的。他认为,在 2001 年前的德国公司法制下,仅有相当少数的股东出席股东大会,且纵使出席股东大会的股东也只有极少数会行使其质询权及股东权。随着网络普及化,通信费用也渐趋低廉,世界上所有角落的股东都能上网参加股东大会并提出问题,则人类必须重新思考其他许多问题,[2]例如,创造翻译软件使不同国籍的股东能够沟通交换意见。同时期,美国的克莱斯勒汽车公司与德国戴姆勒汽车公司合并为 Daimler-Chrystler 股份有限公司,前者总部在美国密西西比州,后者在德国南部斯图加特(Stuttgart)市,公司股东会召开地点成为实务上的难题。因此,在乌尔里希·诺阿克教授极力呼吁网络股东大会合法化下,德国议会于 2001

[1] See James L. Holzman and Thomas A. Mullen, "A New Technology Frontier for Delaware Corporations", 4 *Delaware Law Review*, 2001, pp. 55, 60.

[2] 参见冯震宇:《从美国股东会通讯投票制度与实务论我国采行通讯投票之可行性》,载《证券暨期货月刊》(第 21 卷)第 9 期,第 94 ~ 95 页。

年通过《记名股票与表决权行使便利法案》，立法同意利用网络召开股东大会。

《记名股票与表决权行使便利法案》立法目的是使公司法因应网络兴起而修正，一方面更新有关记名股票的规定，另一方面检讨并删除有关股东大会僵化形式的条文。本次立法重点除了使网络股东大会的召开有法律基础，避免未合法化之前恣意召开网络股东大会而致会后股东大会决议有被撤销或无效之风险，按照德国法规定，允许公司可指定"表决权受托代理"接受股东委托代为行使表决权，且股东若是通过网络视频股东会来参与观看股东会的进行，其可通过会场中被事先授权的表决权代理人来代为行使表决权。但是立法后，学者弗兰克·霍尔斯坦认为，虽然股东已经得以视频参与观看股东会的现场实况转播，然而股东若要能积极主动参与股东会之进行，其本身仍然需要亲自出席股东会才能行使权利，或是通过会场中被股东事先授权之代理人，依其指示代为行使股东权，若代理人未依其指示行使权利，则将会影响股东本人的权益。[1]

2009年5月，德国进一步通过《股东权指令转换法案》，允许股东可线上参与股东会而同时直接为各项股东权利的行使。此法案是为转换欧盟指令而制定，通过法案共修正15部法律及4部行政命令，大部分修正条文于2009年9月1日生效，其中《德国股份法》第118条第1项第2句规定：公司章程得规定或授权董事会决定，股东可以在未亲临会场及无代理人的情况下出席股东会，明文肯定公司得召开非实体地点的网络股东大会。学者弗兰克·霍尔斯坦认为，此次修正将大幅度提高股东行使表决权的便利性，在该法修正后，公司章程可赋予股东以视频方式线上出席股东会，且在公司章程允许范围内，得直接即时于股东会行使其表决权、质询权、异议权等，与其他股东亲自出席股东会并无二致，在前述美国的克莱斯勒汽车公司与德国戴姆勒汽车公司合并为Daimler-Chrystler股份有限公司之情形，则不论德国股东还是美

---

〔1〕 参见洪秀芬：《公司表决权制度之变革——公司法修正草案关于电子投票及董监事选举制度之评析》，载《月旦法学杂志》2010年6月总第181期，第72~73页。

国股东均可线上亲自出席股东会，无须花费交通成本远赴他国参与股东会。[1]

(四)丹麦的网络股东大会

丹麦自2002年开始推动公司法的现代化，其中最重要的措施就是因应科技的发展允许股东以电子方式交付委托书与以电子方式进行投票。《丹麦公司法》第65a条同时规定，公司得采混合型股东会(delvis elektronisk Generalforsamlingen, partial electronic General Meeting)或完全的无实体股东会(fuldstoendig elektronisk Generalforsamlingen, complete electronic General Meeting)，其实行要件如下：(1)混合型股东会：除非公司章程另有规定，公司董事会可决议实行混合型股东会，准许股东以在线方式参与股东会，唯此时公司仍须举行实体股东会，只是准许股东以电子方式参与。(2)完全无实体股东会：公司如欲实行完全无实体股东会，依《丹麦公司法》第65a条之规定，必须由代表发行股份总数2/3股东出席，出席股东2/3同意，才能实行，并且要求公司应于公司章程载明实行完全无实体股东会的细节程序，包括采用之电子系统的详细信息。

为了确保无实体股东会不致影响股东权益，《丹麦公司法》规定，无论公司实行混合型还是完全无实体股东会，均应准许以电子方式参与股东会的股东在股东会结束前有权针对议程或会议文件资料提出问题。另外该两种会议的模式均须通过网络方式。因此，该法亦要求公司所实行之网络系统必须安全且符合相关法律之规定，并具备一定的可靠性，能够判断使用者是否具有股东身份、股东可行使之股权数及让股东知晓投票结果。

根据报道，Sparindex于2008年召开的股东大会为丹麦第一家实行完全无实体股东会的公司。该公司表示，无实体股东大会虽然没有大幅节省股东会召开的成本，但其召开的主要目的是改善公司与小股东间的对话，并得以对股东的提问给予合理且快速的解答。而从丹麦2002年开始推动公司法的

---

[1] 参见洪秀芬：《公司表决权制度之变革——公司法修正草案关于电子投票及董监事选举制度之评析》，载《月旦法学杂志》2010年6月总第181期，第73~74页。

修正与改革,并允许公司可以自行决定股东会之召开是否实行完全无实体股东会之规定观之,丹麦准许公司召开完全无实体股东会。[1]

〔1〕 参见王秋敏:《我国实行无实体股东会的可行性分析》,台湾地区中央大学2014年硕士学位论文。

第三章　股东大会电子化的中国图景与制度现状

随着信息技术的发展,电子技术在公司事务管理中得以广泛应用,包括股东大会尤其是上市公司股东大会,有关部门显然意识到这需要公司相关制度的应对。事实上在我国,信息技术在股东大会的运用确实得益于相关部门的推动,无论是在实践运行还是在制度层面,都呈现出了股东大会电子化的中国图景。

第一节　从制度到实践:我国股东大会电子化的逻辑展开

虽然在某些领域、某些程度上信息技术的应用是公司自发的行为,但是鉴于股东大会电子化多发生在上市公司身上,后者又处于证券监督管理机构的严格监管下,总体而言,我国股东大会电子化走的是自上而下的从制度到实践的路径。

一、我国股东大会电子化的制度规范

在我国,股东大会电子化的制度规范主要是证监会的规则。证监会作为依照法律、法规与国务院授权,统一监督管理全国证券期货市场、维护证券期货市场秩序的国务院直属机构,其负有监管证券交易所与上市公司的职责,

上市公司股东大会当然属于其监管职责范围,因而由证监会来确立、推动、引领上市公司股东大会电子化的运行是顺理成章的事情。证监会对股东大会电子化的推动是以上市公司为主要适用对象,以其制定的业务规则为主要方式,以公司信息传送的电子化与表决权行使的电子化为主要范围。

(一)公司信息存档与信息披露的电子化

电子信息时代的到来,改变了信息的存在形式,也彻底改变了证券的存在形式和交易方式,证券无纸化和网上交易已经成为证券市场的主流。电子信息技术对于证券市场的渗透和应用至少体现为以下三个方面:证券形式的无纸化、证券交易的网络化和信息披露的电子化。[1]

1. 对信息存档电子化的规范

随着办公自动化的推行,大多数企业早就实现了企业信息的电子化存放。但是,从信息披露的角度来看,这种电子化存放仅仅是"纸质"内容的再现,因为不存在统一的标准,不同公司甚至同一公司的不同部门、不同人员之间因其习惯与方式的不同而使得信息的存放千姿万态,更无法实现证券信息披露在发行人、监管机构和投资者之间的"流水作业"。为了给上市公司提供电子报送和电子查询双向服务功能,证监会致力于建设我国上市公司电子信息采集、分析与披露系统,作为其基础工程,即实现信息存档的统一标准。1998 年 12 月 29 日,证监会发布了《关于上市公司披露信息电子存档事宜的通知》(以下简称《通知》),《通知》提出,从 1999 年开始,上市公司在公开披露信息的同时,应对其披露的各类定期报告的摘要和全文、临时公告信息,以及其他报审材料进行电子方式存档。《通知》并对电子文档的格式提出要求:电子文档的存档格式应以交易所规定的格式为准。交易所未作格式规定的,应以两种格式保存:(1)文档正文使用 word、excel,版本不限;(2)正文制作完成后,另转换成纯文本格式(即存盘时另存为纯文本的保存类型)。对两种格式的文件都必须进行内部存档。《通知》还要求对归档保存的电子文

[1] See Kwang-Rok Kim, "The Electronic Disclosure System in the Korean Securities Market: What Do You File on the Dart System in Korean?", *Oklahoma City University Law Review*, summer, 2004, p. 597.

件名作必要说明,说明中应包括股票代码和信息内容类型(如年报、中报、配股说明书、临时报告)等信息。

2. 对信息披露电子化的确认

应当说,在一段很长的时间里,我国证券市场信息披露的主要载体是纸质媒体——证监会指定的全国性报刊,无论是《公开发行股票公司信息披露实施细则(试行)》(证监上字〔1993〕43 号),还是证监会《关于股票公开发行与上市公司信息披露有关事项的通知》(证监研字〔1993〕19 号)无一不把证监会指定的全国性报纸作为信息披露的法定载体。当然这有其合理性,一是与当时信息技术相对落后和互联网普及率相对低下密切相关,二是与纸质媒体尤其是全国性报刊的权威性和互联网监管薄弱网络信息可信度不够密不可分。但是,随着以电子信息技术为代表的新经济时代的到来,电子化的证券信息披露已经成为世界各国证券市场信息披露发展的新趋势。在我国,公司信息在数量庞大的公司网站与形形色色的其他各类网站上大量出现,网络已然成为信息公告的最主要方式。

2005 年 3 月,证监会颁布实施了《上市公司信息披露电子化规范》。由证监会信息中心、上市公司监管部牵头,组织了深圳证券交易所、上海证券交易所及相关的证券信息公司,于 2002 年 5 月成立了"上市公司信息披露电子化标准"项目小组,从事"上市公司信息披露电子化标准"的编写工作。项目小组历时两年完成了《上市公司信息披露电子化规范》,标准于 2004 年 1 月经国家金融标准化技术委员会审批通过,作为行业标准已经发布实施。该规范是上市公司信息披露制度实际运用的标准,主要规定了上市公司的电子公告文档,同时也对电子公告文档中重要信息的数据化过程进行了规定,包括信息披露和信息采集合而为一的过程。上市公司信息披露平台所引用的技术是 XBRL, XBRL (Extensible Business Reporting Language)是 XML (Extensible Markup Language)在财务报告信息交换方面的一种应用,是目前应用于非结构化信息化处理尤其是财务信息处理的最新技术,能保证数据的准确性,安全系数颇高,使商业信息可自动交换和可靠提取。目前,该技术被广泛应用于美国纳斯达克交易所、德国证券交易所、科斯达克、韩国证券交易所、美国证券交易所等境外证券市场上市公司的信息披露工作。[1]《上市公司信息披露电子化规范》是我国公司信息披露电子化的首例，对于公司全面进行电子化具有重要的指导和实践意义。2007 年 1 月 30 日，证监会发布了《上市公司信息披露管理办法》。《上市公司信息披露管理办法》规定，上市公司及其他信息披露义务人依法披露信息，应当将公告文稿和相关备查文件报送证券交易所登记，并在证监会指定的媒体发布；而指定媒体是指证监会指定的报刊和网站。此外，对于非上市公众公司，证监会于 2013 年 1 月 4 日发布的《非上市公众公司监管指引第 1 号——信息披露》规定，非上市公众公司应当本着股东能及时、便捷获得公司信息的原则，并结合自身实际情况，自主选择一种或者多种信息披露平台，如非上市公众公司信息披露网站（nlpc.csrc.gov.cn）、公共媒体或者公司网站，也可以选择公司章程约定的方式或者股东认可的其他方式。

（二）股东大会的网络投票

相比信息公告电子化而言，网络投票程序更为复杂，任务也更为艰巨，证监会在不同时期陆续出台了一系列的规则予以推动。

1. 我国上市公司网络投票产生的背景

任何政策的出台都存在一定的契机。在我国，网络投票制度的产生出发点主要不是为了借助于电子信息技术在股东大会中的应用来完善公司治理，而是因为解决历史问题而导致的股东利益保护问题。由于历史上形成的流通股与非流通股区别，为了解决上市公司股份中尚不能上市流通股份的流通问题，国务院《关于推进资本市场改革开放和稳定发展的若干意见》提出了积极稳妥解决股权分置问题，而实行股权分置改革，必然涉及社会公众股股东的利益保护问题，如何保护他们的合法权益？又以何种方式保护他们的合法权益？这成为监管者必须面对的一个问题。

---

〔1〕 参见邹胜、苏梅等：《XBRL 在中国证券行业的应用与推广》，载《计算机系统应用》2007 年第 6 期。

2. 股东网络投票平台的提出

为解决国务院《关于推进资本市场改革开放和稳定发展的若干意见》提出的股权分置问题,为切实保护流通股股东的合法权益,我国提出了类别表决机制。[1] 提出这一机制的文件是《关于加强社会公众股股东权益保护的若干规定》。类别股东表决制是指一项涉及不同类别股东权益的议案,需要本类别股东及其他类别股东分别审议,并获得各自的绝对多数同意才能通过的一种表决制度。类别股东大会就是保护类别股股东合法权益的法律机制。[2] 类别股东表决机制是在承认由这些差距所导致"不同股"客观存在的前提下,通过类别股东表决制度实行适当的"不同权",从而实现相对的"同股同权"。从表面上看,这种制度有悖于公司立法理念,实际上恰恰相反,这种机制通过类别表决这种纠偏机制来发挥利益均衡作用,从而实现权利的动态平衡,其实质是发挥公司立法理念的本意,做到真正的公平、公正。

按照实行类别股东大会制度的立法例,如果由于公司发行数种股份,而某项决议使某种类股东受到损害时,必须事先通过该种类股东大会的决议,因而类别股东大会的同意是通过该项决议的必备条件,该种类股东的意见能得到充分的尊重。[3] 实行股权分置改革,必然涉及社会公众股股东的利益保护问题,因此承认社会公众股股东的类别股地位,以类别表决机制来实现对其利益的保护不失为一种有效的途径。

然而,类别表决机制在股权分置改革中真正发挥作用的前提是,如何使得广大社会公众股股东参与到股东大会的投票中来。而现代信息技术的发展使我们看到了解决问题的前景,基于国际互联网的网络投票正以其低成本、高效率的特点进入我们的视野。方便快捷的网络投票不但能提高我国中小投资者参加股东大会的积极性,为完善上市公司法人治理结构提供了一个有效途径,也是我国证券市场信息化的一个重要内容。于是,借助于网络投

---

〔1〕 参见阎岳:《切实保护广大投资者利益,专家称类别表决机制是现实的选择》,载《证券日报》2004年9月18日,第T00版。

〔2〕 参见王宗正:《论类别股东大会》,载《求索》2002年第6期。

〔3〕 同上。

票平台成为我们解决问题的方式与途径。

为落实国务院《关于推进资本市场改革开放和稳定发展的若干意见》的有关规定,2004 年 12 月 7 日,证监会发布了旨在保护中小股东合法权益的文件,即《关于加强社会公众股股东权益保护的若干规定》,该规定要求上市公司积极采取措施,提高社会公众股股东参加股东大会的比例。鼓励上市公司在召开股东大会时,除现场会议外,向股东提供网络形式的投票平台;上市公司召开股东大会审议规定事项的,[1]应当向股东提供网络形式的投票平台。

3. 股东大会网络投票实施办法的出台

虽然《关于加强社会公众股股东权益保护的若干规定》要求建立网络投票平台,并提出上市公司股东大会实施网络投票应按有关实施办法办理,但是《关于加强社会公众股股东权益保护的若干规定》并没有对上市公司如何进行网络投票进行规定。因此,证监会于 2004 年 11 月 29 日正式发布了《上市公司股东大会网络投票工作指引(试行)》。

《上市公司股东大会网络投票工作指引(试行)》对股东通过网络投票系统进行表决作出了明确的规定,确定了网络投票在上市公司股东大会表决中的合法有效性,并对网络投票涉及的有关问题进行了规定,其主要内容有:

(1)确立了网络投票作为一种股东行使表决权方式的地位。《上市公司股东大会网络投票工作指引(试行)》第 3 条规定:“上市公司召开股东大会,除现场会议投票外,鼓励其通过网络服务方向股东提供安全、经济、便捷的股东大会网络投票系统,方便股东行使表决权。股东大会议案按照有关规定需要同时征得社会公众股股东单独表决通过的,除现场会议投票外,上市公司应当向股东提供符合前款要求的股东大会网络投票系统。”

(2)确认了股东在现场投票、网络投票或符合规定的其他投票方式中选

---

[1] 主要包括以下事项:(1)上市公司向社会公众增发新股(含发行境外上市外资股或其他股份性质的权证)、发行可转换公司债券、向原有股东配售股份(但具有实际控制权的股东在会议召开前承诺全额现金认购的除外);(2)上市公司重大资产重组,购买的资产总价较所购买资产经审计的账面净值溢价达到或超过 20% 的;(3)股东以其持有的上市公司股权偿还其所欠该公司的债务;(4)对上市公司有重大影响的附属企业到境外上市;(5)在上市公司发展中对社会公众股股东利益有重大影响的相关事项。

择表决方式的权利。《上市公司股东大会网络投票工作指引(试行)》第 4 条规定:"股东大会股权登记日登记在册的所有股东,均有权通过股东大会网络投票系统行使表决权,但同一股份只能选择现场投票、网络投票或符合规定的其他投票方式中的一种表决方式。"

(3)规定了股东大会网络投票的通知事项与投票时间。《上市公司股东大会网络投票工作指引(试行)》第 5 条规定:"上市公司召开股东大会并为股东提供股东大会网络投票系统的,应当在股东大会通知中明确载明网络投票的时间、投票程序以及审议的事项。股东大会网络投票的开始时间,不得早于现场股东大会召开前一日下午 3:00 并不得迟于现场股东大会召开当日上午 9:30,其结束时间不得早于现场股东大会结束当日下午 3:00。"

(4)确定了网络投票方式的提案规则。《上市公司股东大会网络投票工作指引(试行)》第 6 条规定:"上市公司年度股东大会采用网络投票方式的,提案人提出的临时提案应当至少提前十天由董事会公告。提案人在会议现场提出的临时提案或其他未经公告的临时提案,均不得列入股东大会表决事项。"

(5)规定了股东网络投票的投票规则与查票权利。《上市公司股东大会网络投票工作指引(试行)》第 7 条规定:"上市公司股东或其委托代理人通过股东大会网络投票系统行使表决权的,应当在股东大会通知规定的有效时间内参与网络投票。上市公司股东或其委托代理人有权通过股东大会网络投票系统查验自己的投票结果。"

(6)确立了网络投票计入股东大会表决权总数的效力。《上市公司股东大会网络投票工作指引(试行)》第 8 条规定:"上市公司股东或其委托代理人通过股东大会网络投票系统行使表决权的表决票数,应当与现场投票的表决票数以及符合规定的其他投票方式的表决票数一起,计入本次股东大会的表决权总数。股东大会议案按照有关规定需要同时征得社会公众股股东单独表决通过的,还应单独统计社会公众股股东的表决权总数和表决结果。"

(7)规定了网络投票结果的公布规则与相关主体的保密义务。《上市公司股东大会网络投票工作指引(试行)》第 9 条规定:"股东大会投票表决结束后,上市公司应当对每项议案合并统计现场投票、网络投票以及符合规定的其他投票方式的投票表决结果,方可予以公布。在正式公布表决结果前,股东大会网络投票的网络服务方、上市公司及其主要股东对投票表决情况均负有保密义务。"

(8)规定了董事会、独立董事和符合条件的股东通过网络投票系统征集表决权的权利。《上市公司股东大会网络投票工作指引(试行)》第10条规定:"上市公司董事会、独立董事和符合一定条件的股东可以通过股东大会网络投票系统向上市公司股东征集其在股东大会上的表决权。"

(9)规定了股东大会见证律师对网络投票的监督。《上市公司股东大会网络投票工作指引(试行)》第11条规定:"上市公司聘请的股东大会见证律师,应当比照《上市公司股东大会规范意见》的规定,对上市公司股东大会网络投票有关情况出具法律意见。"

4. 股东大会网络投票机制的正式确立

2006年3月16日,证监会发布了《上市公司股东大会规则》,该规则第20条规定,上市公司应当在公司住所地或公司章程规定的地点召开股东大会。股东大会应当设置会场,以现场会议形式召开。上市公司可以采用安全、经济、便捷的网络或其他方式为股东参加股东大会提供便利。股东通过上述方式参加股东大会的,视为出席。该规则第21条规定:"上市公司股东大会采用网络或其他方式的,应当在股东大会通知中明确载明网络或其他方式的表决时间以及表决程序。股东大会网络或其他方式投票的开始时间,不得早于现场股东大会召开前一日下午3:00,并不得迟于现场股东大会召开当日上午9:30,其结束时间不得早于现场股东大会结束当日下午3:00。"从此网络投票结束了"试行"阶段而顺利"转正"。2013年12月25日,国务院发布《关于进一步加强资本市场中小投资者合法权益保护工作的意见》,更是提出"引导上市公司股东大会全面采用网络投票方式",2014年修改后的《上市公司股东大会规则》则强制性地提出"应当按照法律、行政法规、中国证监会或公司章程的规定,采用安全、经济、便捷的网络和其他方式为股东参加股东大会提供便利"。

二、我国股东大会电子化的实践展开

从我国股份有限公司尤其是上市公司股东大会的运行实践看,我国的证券市场参与者尤其是上市公司与证券交易所,围绕着股东大会电子化的相关领域,在贯彻法律法规尤其是证监会的业务规则的基础上,实现了诸多的实践创新。

(一)公司信息电子公告普遍应用

公司信息通知、公告的电子化是互联网技术在股份有限公司股东大会领域实现最早最为简单也最为普遍的应用,无纸化办公的普及使公司的许多信息材料不是以传统的纸面形式而是以电子文档的形式而存在,公司信息资料的传送、披露已经普遍从传统的信件转变为以电子邮件、网站等电子化方式进行,互联网因而成为公司信息披露的重要平台。

1. 信息披露电子化的进程回顾

证监会与上海、深圳两个证券交易所正式共同推动上市公司信息披露的电子化工作应该从1998年开始。而从1999年开始,上市公司年度报告的全文开始在证券交易所指定从事信息披露的网站上进行披露,这标志着中国上市公司信息披露电子化工作进入了一个新的阶段。2001年后,上市公司在报刊上刊登的定期报告摘要进一步缩减,从而使电子化披露成为主流的披露方式,成为获取更全面信息的主要方式。中国上市公司信息披露方式的发展见图3-1。

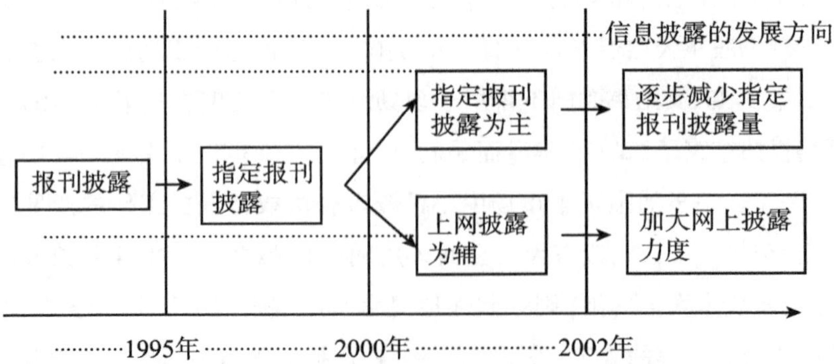

图3-1 中国上市公司信息披露方式的发展

经过几年的发展，从最初的仅上网公告定期报告正文到所有信息披露公告，以及有关公告附件、公司章程等的全面上网披露，上市公司信息披露的电子化逐步推进，形成了证监会制定信息披露的规则和确定信息披露的网站、证券交易所负责上网披露的实施、上市公司负责应披露信息电子文件的传送三位一体的局面。

2. 信息披露直通车业务的推出

为提高信息披露的质量、加强信息披露的引导，上海证券交易所、深圳证券交易所分别发布了《上海证券交易所上市公司信息披露直通车业务指引》《深圳证券交易所上市公司信息披露直通车业务指引》。所谓信息披露直通车，是指上市公司按照指引的规定，通过证券交易所信息披露系统自行登记和上传信息披露文件，并直接提交至证券交易所网站及其他指定媒体进行披露的信息披露方式。[1] 该指引规定了上市公司办理直通车业务的流程：(1)上市公司使用证券交易所信息网络有限公司配发的数字证书确认身份，登录本所网站的“上市公司专区”。(2)上市公司通过“上市公司专区”创建信息披露申请，选择并添加公告类别，上传信息披露文件，并对照指引和本所其他有关业务规则的规定检查文件是否符合相关要求。(3)上市公司对其上传的信息披露文件进行确认，并在本所规定时间内将信息披露申请提交至本所信息披露系统。(4)信息披露申请属于直通车业务范围的，本所信息披露系统将提示上市公司直接披露，上市公司点击确认，完成信息披露文件的登记。(5)本所信息披露系统自当日15:30起，将上市公司在规定时间内完成登记的直通车公告及相关信息披露文件自动发送至本所网站，本所网站即予刊载。[2] 在此基础上，上海证券交易所《上市公司日常信息披露工作备忘录第二号——信息披露业务办理指南》规定，上市公司应当遵守本备忘录的规定，通过上海证券交易所公司业务管理系统办理信息披露业务，包括报送信息披露文件、办理证券停复牌、报备文件、接受及发送函件等。除本备忘录

---

〔1〕 参见《上海证券交易所上市公司信息披露直通车业务指引》第2条。

〔2〕 参见《上海证券交易所上市公司信息披露直通车业务指引》第8条，《深圳证券交易所上市公司信息披露直通车业务指引》第14条也有类似规定。

规定的特殊情形外,本所不再接受上市公司以书面或传真方式办理信息披露相关业务。[1]

3. 统一信息存储和检索系统的尝试

如前所述,我国的信息电子化披露主要是由几家指定网站运行的,并不存在统一的系统,这多多少少会影响到信息获取的便利性。2009 年 11 月 6 日,证监会网站完成改版正式上线,新版网站以服务投资者、市场参与者为其理念设计,改善了首页总体布局,重新聚合了网站栏目,内容上突出了重点项目,并使用了音视频等流媒体先进技术。改版后的证监会网站一个非常重要的内容是增加了信息披露的栏目,在该栏目中包含预先披露、非上市公众公司信息披露和基金信息披露的内容,而对于上市公司,则分别设置上交所信息披露、深交所信息披露两大板块,所披露内容一律采用 PDF 格式,其目的在于建立一个类似于美国 SEC 的证券信息存储和检索系统,同时在首页建立了发行人提交信息披露文件的通道,在相当程度上实现了证券信息在发行人—监管机构—投资者之间的“流动”。[2]

4. 股东大会会议通知公告电子化的普及

根据《公司法》的规定,召开股东大会应当将会议相关信息告诉股东使其知晓,此即为会议的通知与公告。会议通知与公告的目的在于提醒股东知晓股东大会会议的相关信息,召集股东出席会议、了解会议审议事项、做好决议表决准备。在信息化技术普及的背景下,会议通知公告的电子化也成为普遍现象。其方式既有上海证券交易所的官方网站(www. sse. com. cn)和深圳证券交易所下属的巨潮资讯网(www. cninfo. com. cn)、中证网(www. cs. com. cn)、中国证券网(www. cnstock. com)、证券时报网(www. secutimes. com)、中国资本证券网(www. ccstock. cn),还有非上市公众公司信息披露网站(nlpc. csrc. gov. cn)、公共媒体或者公司网站。

---

〔1〕 参见《上市公司日常信息披露工作备忘录第二号——信息披露业务办理指南》第 2 条。

〔2〕 参见冯果、武俊桥:《建构与信息时代相适应的我国证券信息电子披露系统》,载张育军、徐明主编:《证券法苑》(第 2 卷),法律出版社 2010 年版,第 290 页。

(二)股东大会网络投票有序推进

电子技术的发展与网络应用的普及化将股东表决权的行使带入了一个新时代,那就是电子通讯表决。但是对于电子表决,不同国家所采用的具体方式也并不相同,在我国电子表决主要采用网络投票的方式。

1. 股东利用网络行使表决权的方式与我国网络投票的平台

(1)网络投票的方式

一般而言,股东利用网络行使表决权的方式有以下两种。

第一种方式,股东通过网络直接向公司行使表决权。这种方式是股东在公司网页,按照公司指定的密码并经确认身份后,即可直接将其对股东大会各项议案的意见传输给公司,由公司整理后,合并其他方式所行使的表决权数计算。这一方式并无中介机构的运作,可以避免中介机构传达不实或错误的情形发生。但是这一方式的弊端在于两方面:一是需要公司自己设置甚至开发相应的应用系统,因此成本支出是一笔不小的开支;二是因为投票系统的运行由公司自己控制,缺乏客观公正的第三方,有可能使公司的经营者在网络的表决权数不利于自己时以未投票或未在时限内投票为由而不计入表决权数,或者甚至篡改表决内容。在电子表决开始之初,由于其对于股东表决权行使的便利性,利用公司网页进行电子投票是受推崇的也是相对多见的,但是随着电子投票的进一步推行,其弊端尤其是对于其公正性的质疑逐渐被人发现,新的方式的选择就会被摆上议事日程。虽然如此,根据日本的规则,寄送电子邮件、公司网站投票、向公司交付记载投票内容的DVD、CD-ROM都属于可行之方式,在日本电子表决的实务上,多半公司采取从公司网站登入投票的方式进行。在这些公司投票网站的页面,必须呈现应记载于表决权行使书面中的事项,各议案之赞否栏位,各董、监事候选人之赞否栏位等,股东使用公司配发的账号、密码登录投票网站后,就可以按照网页上的指示,就各议案逐一进行投票。

第二种方式,股东利用网络通过中介机构行使表决权。这种方式是股东通过网络将其对议案的意见传送给中介机构,而不是传送公司本身。此又可以分为三种模式。

一是由中介机构将参与电子表决股东的意见及资料整理后，提供给公司委托担任受托代理人之代理机构，由该机构在股东大会上代表股东行使表决权，类似于委托代理机构担任股东的受托代理人的方式。日本的 ICJ (Investor Communications Japan)电子平台可以归入这一模式。如前所述，日本在电子投票的方式选择上是比较自由的，除公司自己设置投票平台外，日本的股务代理机构也各自设立电子投票平台，目前有五六家，账号及密码由各平台给号，一人一组，每年更新，不同平台、不同公司各自给号。在日本虽有股务代理机构所属的资讯公司开展了电子投票平台，但是依据日本相关作业规定，机构投资者是以管理信托银行名义登录于公司名册，通过管理信托银行收集所有实质股东意见后汇总投票。其投票模式与一般散户股东不同，且管理信托银行登入电子投票平台投票的账号密码依不同的发行公司而有不同，导致各公司股东大会集中召开时，将使表决权行使程序更加不便，因此各股务代理机构的电子投票平台并不适合机构投资者。[1] 因此，东京证券交易所便与美国 ADP(Automatic Data Processing)公司于 2004 年 7 月 2 日合资成立 ICJ 电子平台，以 ICJ 所设置的电子投票平台解决日本企业的机构投资者行使表决权的麻烦及资信层层传递之无效率性的问题。目前已有 456 家公司的机构投资者股东可利用 ICJ 公司的电子平台接受股东大会信息及行使表决权。依照日本服务作业规定，外国投资人或机构投资人是以保管银行等名义登录于股东名册的，公司召开股东大会时，表决权行使书是寄给保管银行的，由保管银行征集旗下各实质股东的意见后，再汇总投票，实质股东是无法直接投票的。因此，ICJ 电子平台，实际上只是实质股东意见的征求平台，保管银行通过这个平台征求到旗下实质股东意见后再进行投票。只是由于实质股东进行投票后，其投票指示从平台每日分两次直接被送至股东名册管理人，而无须经过名义股东，借此发行公司不用等待作为名义股东的管理信托银行或常任代理人行使表决权结果的统计，可以每天掌握指示的结果与

[1] 参见林英哲、洪幸元、刘瑞兴:《日本股东会委托书通讯投票制度之研究》,2004 年 11 月,第 34～39 页。

机构股东的投票动态。

二是中介机构将整理的意见与资料直接提供给公司,并合并亲自出席股东之表决意见统计出席数与表决数。此种方式中的中介机构相当于公司辅助人之地位,因此股东向中介机构表达表决权行使意向再由中介机构转交公司之法律效力视为亲自出席。我国台湾地区的“股东 e 票通”投票平台大致属于这种地位。在我国台湾地区,最早推动股东大会电子投票平台的是台湾总合服务股份有限公司,其设立之初即有设置股东大会委托书平台,受理通讯委托行使表决权。在 2006 年开始提供通讯投票平台的服务,使股东享受通讯投票平台带来的省时与便利。然而实施成效并不如预期,实际上公司采用电子方式行使表决权者是少之又少,其主要原因在于股东名册有外流的疑虑。[1] 尔后,我国台湾地区集中保管结算所在配合主管部门极力推动通讯投票的政策下,于 2008 年 5 月成立通讯投票平台小组,着手规划电子平台的设置,并于 2009 年 3 月股东会电子平台设置完成,并命名为“股东 e 票通”。2014 年 3 月 17 日,集中保管结算所吸收合并总合服务股份有限公司,后者消灭,集中保管结算所的“股东 e 票通”作为唯一的电子投票平台,进行单一的标准化作业。

三是中介机构整理意见与资料后,由其自行代表通过网络投票的股东参与股东大会。此方式的特点是中介机构可以以委托书征求人的地位参与股东大会,可以鼓励机构投资者更积极参与股东大会,进一步强化股东民主。在美国,发行公司大多数以委托方式,通过中介机构进行召开股东大会的相关事宜。美国早期多数拟制名义人合作之中介机构为 ADP 公司,该公司为纽约证券交易所的上市公司,营业项目除接受发行公司委托办理通讯投票业务外,还提供薪资及税务管理等其他服务项目。2007 年,Broadridge 由 ADP 公司的其中一个部门独立成为一个上市公司,经营通讯投票业务、薪资及税务管理业务、线上证券经纪业务、公司法务咨询、协助公司与投资人进行联系

---

〔1〕 参见冯震宇、曾恒:《网际网络行使股东会表决权之制度与技术架构研究》,台湾证券集中保管股份有限公司研究报告,2007 年 7 月,第 64 页。

等。就通讯投票业务而言，目前 Broadridge 公司仍为美国主要的中介机构，全球超过 3300 家投资机构使用 Broadridge 公司的投票平台 ProxyEdge。根据 Broadridge 公司的统计，由 2010 年至 2013 年股东常会美国公开发行公司股东采用的投票方式可知，电子方式行使表决权时主要的表决权行使渠道，约占其所提供之行使方式中的 95%，而其中以网络为媒介的电子投票平台最广为股东所使用。

股东利用网络通过中介机构行使表决权的三种模式中，无论采取何种模式，重点在于中介机构的安全机制是否完善，而这涉及股东大会决议效力之存否，影响之大不能轻视。因此，中介机构的举办资格与安全机制的建立成为多数国家和地区监管的重点。

(2)我国网络投票的平台设置

平台的设置是电子表决的一个关键因素，鉴于中立的第三方提供的平台所具有的客观公正的优点，各国(地区)实践中多有利用第三方系统作为股东大会电子表决平台的情形。

在我国，股东大会的电子表决方式是网络投票，2004 年 12 月，证监会发布了《关于加强社会公众股股东权益保护的若干规定》，首次明确规定我国上市公司可以采用网络投票表决方式。在我国，网络投票通过交易所交易系统和互联网系统两种平台进行。

交易所系统投票是指上市公司股东通过上海证券交易所或者深圳证券交易所的交易系统行使表决权。该平台使用开户券商提供的渠道，比照买入股票方式进行，因此对于广大股东而言操作相对比较简便。

我国互联网投票系统有三个，分别是中国证券登记结算有限责任公司的互联网投票系统(http://www.chinaclear.cn/zdjs/tpxtdl/wltp_xtdl.shtml)、上海证券交易所的互联网投票系统(http://vote.sseinfo.com/home)[1]和深圳证券交易所的互联网投票系统(http://wltp.cninfo.com.cn)。

---

[1] 根据《上海证券交易所上市公司股东大会网络投票实施细则》第 24 条的规定，股票名义持有人通过本所网络投票系统行使表决权的，需通过信息公司融资融券和转融通投票平台(网址：www.sseinfo.com)行使表决权。而并非通常的互联网投票系统(http://vote.sseinfo.com/home)。

中国证券登记结算有限责任公司的上市公司股东大会投票系统是由中国证券登记结算有限责任公司开发完成的，于 2004 年 12 月 17 日正式上线运行，2004 年 12 月 22 日，中国第一家试水网络投票的上市公司“首旅股份”就是通过该系统召开股东大会的。作为法定的中央登录结算机构，中国证券登记结算公司掌握上海、深圳证券市场全部投资者证券者的翔实信息，这是它特有的优势。该系统具有网上直接投票和委托征集人投票两大主要功能，股东既可以通过系统就本次股东大会的有关议案直接进行投票表决，公开征集人也可以通过系统就股东大会有关议案向股东从事投票权的征集工作。

上海证券交易所和深圳证券交易所的网络投票系统建立在原来的数据库基础上，基本上是采用申购新股的办法来实现。因此，对于申购过新股的投资者而言，熟悉这个网络投票系统是很方便的。2004 年 6 月底，上海飞乐股份有限公司召开年度股东大会时，成功运用上海证券交易所的网络投票系统进行了网络投票测试。深圳证券交易所的网络投票系统自 2004 年 12 月 29 日起正式启用，2004 年 12 月 30 日，“健康生物”首次利用该网络投票系统进行了投票。

根据我国网络投票的相关规则，股东通过网络投票系统投票后，投票机构将统计网络投票的结果，并结合现场投票的情况，合并统计以确定议案的表决结果。在其中，投票平台只是将整理的意见与资料直接提供给公司，它既不是投票股东的代理人，也不会再行委托他人代为行使表决权，而是处于公司辅助人的地位，我国的网络投票应属于利用网络通过中介机构行使表决权中的第二种方式无疑。在我国三大投票机构都有深厚的官方背景，其技术实力不容小觑，安全防范也经得起考验，中立性也深获资本市场之信任。深圳证券交易所事先的问卷调查显示，40.25% 的投资者希望使用互联网投票，52.9% 的投资者希望通过交易系统投票，6.85% 的投资者希望使用语音电话系统投票，交易系统因其简便易行更为广大投资者所接受。因而在实践中，利用两大交易所的系统进行网络投票的公司也明显占据优势。

(3) 我国网络投票的运行情况

2004 年 12 月 12 日，北京首都旅游股份有限公司首家“试水”网络投票表决,到 2008 年 4 月 29 日,华馨实业(000416)召开 2007 年度股东大会,成就了深圳证券交易所第一千次网络投票。[1] 2005 ~ 2012 年沪、深两地超过 17% 的上市公司股东大会会议允许股东网络投票,股东通过网络投票系统参与股东大会会议的次数超过了 7000 次。[2] 如今,网络投票成为我国上市公司召开股东大会必须提供的一种最重要的投票表决平台。

股东大会网络投票使得中小股东的话语权得到增强。如重庆百货临时股东大会,在网络投票表决时,由于没有得到参加表决的社会公众股股东所持表决权的半数以上通过,《关于重新确定本次发行方案的议案》未能在 2004 年度第一次临时股东大会上获得通过。这是实施类别股东表决制度以来,首个因流通股股东举手反对而夭折的议案。中国人民大学金融与证券研究所所长吴晓求称,重百增发方案遭流通股东否决,显示出了分类表决制度的威力。这是中国证券市场的一大标志性事件,也反映出分类表决制度是现阶段一种有效的利益制衡机制,相关上市公司和投资人都应予以高度重视。

2005 年 6 月 10 日,上市公司"清华同方"召开临时股东大会,表决公司董事会提出的股权分置改革方案,股东大会现场投票的统计结果是:共 146 张有效票,赞成票 3.0372 亿股,反对票 62,963 股;参加投票的流通股股东共持有 2,288,466 股,其中赞成票 2,137,201 股,反对票 62,963 股,弃权票 88,302 股,赞成比率为 93.39%。因此,如果只统计现场表决结果,那么该股权分置改革方案已得到了参加表决的股东所持表决权的 2/3 以上,以及经参加表决的流通股股东所持表决权的 2/3 以上的赞成票,达到了《关于上市公司股权分置改革试点有关问题的通知》中规定的两个"三分之二"的标准。但是,当天晚上公布的现场投票及网络投票数据汇总结果显示,参与现场及网络投票的流通股股东共持有 8934 万股,其中赞成票代表的份额是 5531 万股,反对票代表的份额是 3303 万股,另有弃权票代表 100 万股,赞成比率仅

---

〔1〕 参见黄正群:《禧·千投——深交所"网络投票系统"服务 1000 次展顾》,载《深交所》2008 年第 7 期。

〔2〕 数据来源于 CSMAR 中国上市公司治理结构研究数据库(会议情况)。

为61.91%，未达到第二个"三分之二"标准，因此"清华同方"董事会提出的股权分置改革方案被否决了。

据统计，深市自2005年实施网络投票以来，截至2009年年底，主板和中小板共计实施网络投票1573次，召开股东大会8991次，平均占比17.50%。在实施网络投票的股东大会上，通过交易系统或互联网参与投票的投资者合计143.52万人，平均每个会议参与人数为920人，参与率1.94%。而对未实施网络投票的股东大会进行抽样统计显示，平均每个会议参与人数为8人，参与率仅达0.033%。由此可见，实施网络投票的股东大会中，小股东的参与率确实有所提高。另深圳证券交易所抽样统计显示，2008年未提供网络投票的股东大会否决率为2%，而提供网络投票的股东大会中，涉及股权分置改革的否决率为8.40%，其他临时及年度股东会议的否决率为19.86%，综合否决率为15.92%。[1]

2. 股东身份的网上确认

股东身份认证是指股东在进行参会登记及股东大会网络投票时如何核实该股东的身份，以确保参加投票的个人（或机构）是股东名册所载的相对应的股东。股东身份认证是股东大会网络投票实施方案的核心，也是难点所在。身份认证的目的是要在网络上确认投票人的身份，以保护投票人的利益。

在美国，选择以网络方式行使表决权的股东必须有电子邮件地址，拟制人名下的股东须向拟制人或中介机构（如Broadridge）完成登录作业，记名股东则向中介机构完成登录后方能通过网络行使表决权。投资人可能在一家以上证券商、银行完成网络投票，其登录的效力不仅适用于一家发行公司，而且适用于投资在此证券商、银行账户下买进的所有发行公司。只要投资人在此证券商、银行的账户维持有效，选择网络投票的适用期也将持续维持，除非投资人按照当初的管道取消登录。中介机构代公司寄出的股东大会资料中，

---

〔1〕 参见黎文靖、孔东民、刘莎莎、邢精平：《中小股东仅能"搭便车"么？——来自深交所社会公众股东网络投票的经验证据》，载《金融研究》2012年第3期。

在表决卡上印有个人认证号码及控制码。股东进行网络投票时,无须特别申请 CA(Certification Authority)认证,而是依照指示输入个人认证号码,以及中介机构所指定的控制码,以确认股东的身份。

日本的电子认证机制尚未普及,故现有的电子投票系统仅以账号、密码确认股东身份,并未实施电子认证。日本目前的电子投票系统由各股务代理机构各自建置,其主动将各自股东使用电子投票的账号、密码打印在表决权行使书或开会通知上,连同召集通知寄给股东。该账号及密码采用一人一组,每年更新,不同公司分别给号。股东选择电子投票时,可依表决权行使书上所载网页网址进入,并输入账号、密码使用。

我国台湾地区的电子投票系统如"股东 e 票通"采用 CA 凭证之认证方式,以进行位数签章,使输入的内容具有不可否认性。目前使用的 CA 凭证,有自然人凭证、网络银行凭证、证券商网络下单凭证、工商凭证、证券暨期货共用凭证、公开资讯观测站凭证、政府凭证等 7 种。自然人股东可采用自然人凭证、网络银行凭证、证券商网络下单凭证;法人股东可采用网络银行凭证、证券商网络下单凭证、工商凭证、证券暨期货共用凭证、公开资讯观测站凭证;保管银行、投信公司、信托业、发行公司、股务代理机构、证券自营商等,可采用工商凭证、证券暨期货共用凭证、公开资讯观测站凭证;政府基金,可采用工商凭证、政府凭证。

如前所述,中国网络投票主要通过交易所交易系统和互联网系统两种平台。交易所系统投票使用开户券商提供的渠道,比照买入股票方式,身份认证操作简便。本书将以深圳证券交易所的互联网投票系统为例介绍我国的股东身份认证。

为规范网络服务身份认证业务,保护投资者合法权益,深圳证券交易所于 2005 年 3 月发布《深圳证券交易所投资者网络服务身份认证业务实施细则》,后于 2016 年改为《深圳证券交易所投资者网络服务身份认证业务指引》,根据该指引,深圳证券交易所提供"深圳证券交易所投资者服务密码"(以下简称服务密码)及"深圳证券交易所数字证书"(以下简称数字证书)两种方式对投资者进行身份认证,投资者可任选。[1]

(1)投资者通过服务密码方式进行身份认证

在深圳证券交易所网站(www. szse. cn)及互联网投票系统(wltp. cninfo. com. cn)开设有"投资者服务专区""密码服务"栏目,为持有深圳证券账户的投资者提供服务密码的申请、修改、挂失等服务。

投资者申请服务密码,须先在上述"密码服务"栏目注册,再通过深圳证券交易所交易系统激活服务密码。投资者在"密码服务"栏目填写相关信息并设置服务密码,如果注册成功,系统将返回一个"校验号码",校验号码的有效期为7日。

投资者通过深圳证券交易所交易系统激活服务密码,比照深圳证券交易所新股申购业务操作,申报规定如下:①买入"369999"证券,证券简称为"密码服务";②"申购价格"项填写1.00元;③"申购数量"项填写网络注册返回的校验号码。

服务密码激活成功5分钟即可使用。

投资者遗忘服务密码的,可通过深圳证券交易所交易系统挂失,服务密码挂失申报的规定如下:①买入"369999"证券,证券简称为"密码服务";②"申购价格"项填写2.00元;③"申购数量"项填写大于或等于1的整数。

服务密码挂失5分钟后正式注销,注销后投资者方可重新申领。

拥有多个深圳证券账户的投资者申请服务密码,应按不同账户分别申请服务密码。

(2)投资者通过数字证书方式进行身份认证

数字证书是指由"深圳证券交易所身份认证系统"签发的、以USB-KEY等介质为载体的电子身份凭证。持有深圳证券账户的投资者,均可申请数字证书。

投资者可向深圳证券交易所或深圳证券交易所授权委托的数字证书代

[1] 参见深圳证券交易所股东大会网络投票系统平台:http://wltp. cninfo. com. cn/gddh_vote/vote/documents/sysIntroduce. pdf,最后访问日期:2019年1月16日。

理发证机构(以下简称代理发证机构)申请数字证书。

自然人申请数字证书需提交的材料:①数字证书申请表;②证券账户卡及复印件;③本人有效身份证明文件及复印件;④委托他人代办的,还需提供授权委托书、代办人的有效身份证明文件及复印件。

法人申请数字证书需提交的材料:①数字证书申请表。②证券账户卡及复印件。③境内法人需提供企业法人营业执照或注册登记证书及复印件(仅提供复印件的应加盖法人公章);境外法人需提供有效商业注册登记证明文件等,对于无商业注册登记证明文件的境外机构,其有效身份证明文件是指与商业注册登记证明文件具有相同法律效力的可证明其机构设立的文件,如基金注册文件、基金设立公告、基金与其托管机构签订的托管协议、托管机构对开户申请人身份的确认文件或境外开户代理机构对开户申请人身份的确认文件等;境外非法人机构比照法人办理。④经办人(授权代表)有效身份证明文件及复印件、法人单位的授权委托书。

投资者拥有多个证券账户的,可将多个账户注册到一个数字证书上。

投资者欲对数字证书进行更新、冻结、解冻、注销的,应持上文所述的相关文件到深圳证券交易所或数字证书代理发证机构办理。

3. 网络投票的基本程序

上市公司股东通过交易系统投票平台或者互联网系统进行投票,A 股股东、B 股股东、优先股股东、恢复表决权的优先股股东应当按照其股东类型及优先股品种分别进入对应的投票界面投票,对提交表决的提案明确发表同意、反对或弃权意见。《上海证券交易所上市公司股东大会网络投票实施细则》第 21 条规定,除采用累积投票制以外,股东大会对所有提案应当逐项表决。而《深圳证券交易所上市公司股东大会网络投票实施细则》第 21 条规定是允许设置总议案进行表决的,“对于上市公司为方便股东投票设置总提案的,股东对总提案进行投票,视为对除累积投票提案外的其他所有提案表达相同意见。”本书将参照深圳证券交易所的网络投票规则进行介绍。

深圳证券交易所的“股东大会网络投票系统”由深圳证券交易所的交易系统和互联网投票系统两部分组成。

(1)通过交易所交易系统的网络投票

通过交易系统可以选择以下两种方式进行网络投票。

一是通过证券公司交易终端网络投票专用界面进行投票。其程序为:①登录证券公司交易终端选择"网络投票"或"投票"功能栏目;②选择公司会议进入投票界面;③根据议题内容点击"同意"、"反对"或"弃权",对累积投票议案则填写选举票数。

二是通过证券公司交易终端以指定投票代码通过买入委托进行投票。深圳证券交易所交易系统对网络投票的股东大会设置专门的投票代码及投票简称,主板、中小板的投票代码为"36"+股票代码后4位,创业板的投票代码从"365000"起,按股票代码后四位顺序号编制。如股票代码为"300001",则投票代码为"365001";股票代码为"301001",则投票代码为"366001";投票简称为"××投票",投票简称由上市公司根据其证券简称设置;优先股网络投票代码区间为369501~369899,网络投票的简称为"××优投"。深交所在"昨日收盘价"字段设置该次股东大会讨论的议案总数。股东进行投票的具体规定如下:

①买卖方向为买入。

②在"委托价格"项填报股东大会议案序号。如1.00元代表议案1,2.00元代表议案2,依此类推。每一议案应当以相应的委托价格分别申报。对于逐项表决的议案,如议案2中有多个需表决的子议案,2.00元代表对议案2下全部子议案进行表决,2.01元代表议案2中子议案①,2.02元代表议案2中子议案②,依此类推。对于选举董事、由股东代表出任的监事的议案,如议案3为选举董事,则3.01元代表第一位候选人,3.02元代表第二位候选人,依此类推。

③对于不采用累积投票制的议案,在"委托数量"项下填报表决意见,1股代表同意,2股代表反对,3股代表弃权;对于采用累积投票制的议案,在"委托数量"项下填报选举票数。

④对同一议案的投票只能申报一次,不能撤单。

⑤股东大会对多项议案设置"总议案"的(总议案不包含累积投票议

案),对应的议案号为100,申报价格为100.00元。

(2)通过互联网投票系统的网络投票

股东通过互联网投票系统进行网络投票,需按照《深圳证券交易所投资者网络服务身份认证业务实施细则》的规定办理身份认证,取得“深圳证券交易所数字证书”或“深圳证券交易所投资者服务密码”后,股东登录互联网投票系统,经过身份认证后,方可通过互联网投票系统投票。

第一步:登录深交所互联网投票系统(http://wltp.cninfo.com.cn),在会议列表栏目选择要参加的股东大会。

第二步:进入该股东大会后,点击“登录”栏目,选择身份认证方式(数字证书或服务密码)进行认证。

第三步:通过身份认证后,进入会议网页,点击“投票表决”栏目。

第四步:填写表决意见,对每一个议案,点击“同意”、“反对”或“弃权”,对累积投票议案填写选举票数。

第五步:完成投票选择后,可预览投票结果(此时可修改),确认投票后点击“发送投票结果”按钮,完成网络投票。

4.网络投票中的几个特殊规则

(1)同一股东拥有多个账户投票的规则

上市公司根据证券登记结算机构提供的下列登记信息,确认多个股东账户是否为同一股东持有:①一码通证券账户信息;②股东姓名或名称;③有效证件号码。前述规定的登记信息,以在股权登记日所载信息为准。[1]

持有多个股东账户的股东,可以通过其任一股东账户参加网络投票。投票后,视为其全部股东账户下的相同类别普通股和相同品种优先股均已分别投出同一意见的表决票。

持有多个股东账户的股东,通过多个股东账户重复进行表决的,其全部股东账户下的相同类别普通股和相同品种优先股的表决意见,分别以各类别

[1] 参见《上海证券交易所上市公司股东大会网络投票实施细则》第20条。

和品种股票的第一次投票结果为准。[1]

(2)累积投票的规则

累积投票制(cumulative voting)是与直接投票制(straight voting)相对的一种股东投票方式。笔者曾提出建立我国的累积投票制,并主张我国不应再走强制主义的老路,许可主义因其灵活性恰可避免强制主义的一些问题。[2]我国《公司法》第105条规定,股东大会选举董事、监事,可以依照公司章程的规定或者股东大会的决议,实行累积投票制。所谓累积投票,是指出席股东大会的股东,对于采用累积投票制的议案,每持有一股即拥有与每个议案组下应选董事或者监事人数相同的选举票数。股东拥有的选举票数,可以集中投给一名候选人,也可以投给数名候选人。

根据相关规定,累积投票的规则主要包括:

第一,议案组的列示规则,即上市公司采用累积投票制选举董事、监事的,应当在股东大会召开通知公告中按非独立董事候选人选举、独立董事候选人选举、监事候选人选举分别独立列示议案组。[3]

第二,累积投票的投票规则,即股东应以每个议案组的选举票数为限进行投票。股东所投选举票数超过其拥有的选举票数的,或者在差额选举中投票超过应选人数的,其对该项议案所投的选举票视为无效投票。持有多个股东账户的股东,可以通过其任一股东账户参加网络投票,其所拥有的选举票数,按照其全部股东账户下的相同类别股份总数为基准计算。[4]

(3)集合类账户投票的规则

第一,集合类账户的范围。对此两大交易所的规定略有不同,深圳证券交易所规定的范围主要包括:①持有融资融券客户信用交易担保证券账户的证券公司;②持有约定购回式交易专用证券账户的证券公司;③持有转融通担保证券账户的中国证券金融股份有限公司;④合格境外机构投资者

---

〔1〕 参见《上海证券交易所上市公司股东大会网络投票实施细则》第22条。

〔2〕 参见王宗正:《从强行性规范到任意性规范——关于累积投票的公司法规范》,载《宁夏社会科学》2002年第2期。

〔3〕 参见《上海证券交易所上市公司股东大会网络投票实施细则》第11条。

〔4〕 参见《上海证券交易所上市公司股东大会网络投票实施细则》第23条。

(Qualified Foreign Institutional Investors, QFII);⑤B 股境外代理人;⑥持有深股通股票的香港中央结算有限公司;⑦证监会或本所指定的其他集合类账户持有人或名义持有人。[1] 而上海证券交易所规定的范围则包括:①持有融资融券客户信用交易担保证券账户的证券公司;②持有转融通担保证券账户的证金公司;③合格境外机构投资者(QFII);④持有沪股通股票的香港中央结算有限公司;⑤证监会和本所认定的其他股票名义持有人。[2]

第二,实际持有人意见的征集。考虑到香港中央结算有限公司作为深股通、沪股通股票名义持有人,有征求实际持有人的投票意见的需要,相关规则规定其行使表决权需要事先征求实际持有人的投票意见的,可以委托信息公司通过股东大会投票意见代征集系统(网址:www. sseinfo. com),征集实际持有人对股东大会拟审议事项的投票意见。[3]

第三,议案的表决。合格境外机构投资者(QFII)、证券公司客户信用交易担保证券账户、中国证券金融股份有限公司转融通担保证券账户、约定购回式交易专用证券账户、B 股境外代理人、香港结算公司等集合类账户持有人或名义持有人,通过互联网投票系统填报的受托股份数量计入出席股东大会股东所持表决权总数;通过交易系统的投票,不视为有效投票,不计入出席股东大会股东所持表决权总数。[4] 上海可以以交易平台与互联网两种系统进行投票,《上海证券交易所上市公司股东大会网络投票实施细则》第 15 条规定的证券公司、证金公司,作为股票名义持有人通过本所网络投票系统行使表决权的,需通过信息公司融资融券和转融通投票平台(网址:www. sseinfo. com)行使表决权,投票时间为股东大会召开当日的 9:15～15:00。[5] 考虑香港中央结算有限公司在网投系统、投票方式等方面具有一定特殊性,两大证券交易所的网络投票实施细则规定“其具体投票操作事项,由本所另行规定”,此规定即《香港中央结算有限公司参与深股通上市公司网络投票实

[1] 参见《深圳证券交易所上市公司股东大会网络投票实施细则》第 16 条。

[2] 参见《上海证券交易所上市公司股东大会网络投票实施细则》第 15 条。

[3] 参见《上海证券交易所上市公司股东大会网络投票实施细则》第 15 条。

[4] 参见《深圳证券交易所上市公司股东大会网络投票实施细则》第 18 条第 2 款。

[5] 参见《上海证券交易所上市公司股东大会网络投票实施细则》第 24 条。

施指引》和《香港中央结算有限公司参与沪股通上市公司网络投票实施指引》。

5. 股东大会议案表决结果的统计与查询

(1) 表决结果统计的基本规则

股东大会议案的最终表决结果采取“分别投票、合并统计”的原则。出席现场会议的股东根据现场股东大会的会议进程进行投票表决，参加网络通讯表决的股东在有效投票表决时间内自行投票，两者时间可以不一致；但在统计投票表决结果时，则应当根据现场投票和网络投票的结果，合并统计以确定议案的表决结果。为防止某些股东对议案表决结果的操纵，现行规则要求现场投票表决或网络通讯表决的结果不得早于合并统计结果前宣布。在正式公布表决结果前，上市公司及其主要股东、提供网络服务的运营商均对网络投票表决进展情况负有保密义务。

上市公司及其律师应当对投票数据进行合规性确认，并最终形成股东大会表决结果；对投票数据有异议的，应当及时向相关证券交易所和信息公司提出。

(2) 中小投资者的单独计票

股东大会网络通讯表决有助于提高股东大会对重大事项决策的代表性、有效性。为保障社会公众股股东的合法权益，《上市公司股东大会网络投票工作指引(试行)》还要求股东大会议案按照有关规定需要同时征得出席股东大会的社会公众股股东所持表决权的半数以上通过的，应单独统计社会公众股股东的表决权总数和表决结果。两大证券交易所《网投细则》规定上市公司股东大会审议影响中小投资者的重大事项时，对中小投资者的投票结果应当单纯统计并披露。为提高上市公司对中小投资者等出席会议及表决情况分别统计的效率和准确性，信息公司可以根据上市公司委托，提供相应的分类统计服务。[1]

(3) 几种特殊情形的计票处理规则

这主要涉及回避表决、承诺放弃表决、互斥议案和优先股的计票问题。

---

〔1〕 参见《上海证券交易所上市公司股东大会网络投票实施细则》第30条。

出现下列情形之一的,信息公司向上市公司提供相关议案的全部投票记录,上市公司应根据有关规定、公司章程及股东大会相关公告披露的计票规则统计股东大会表决结果:①需回避表决或者承诺放弃表决权的股东参加网络投票;②股东大会对同一事项有不同提案;③优先股股东参加网络投票。

(4)表决结果的查询

股东大会现场投票结束后第二天,股东可通过信息公司网站并按该网站规定的方法查询自己的有效投票结果。

(三)网络互动脱颖而出

1. 我国的电子论坛具备了电子股东论坛的基本形态

互联网技术的发展,也为股东知情权等权利的行使提供了极大的便利,于是各种电子论坛应运而生。目前在我国,上市公司、证券公司和证券市场中介机构的官方网站上一般都设有这种论坛,深圳证券交易所、上海证券交易所也以投资者教育的名义分别开通了“互动易”“上证 e 互动”。

以“互动易”为例,从其功能看,“互动易”功能主要包括投资者提问与公司管理层回复、公司信息服务两大类。投资者可通过“互动易”平台直接向上市公司提问,相关问题可以为咨询、投诉、建议等各类信息,上市公司则会在“互动易”平台上予以答复,而“互动易”将根据用户提交的问题,自动分发到对应的上市公司平台,并向上市公司董事会秘书发出短信,提醒其及时回复用户的问题。“互动易”还可将投资者与上市公司之间的提问及回复向投资者进行快速推送和分类整理,从而为投资者提供相应的信息服务。而“上证 e 互动”平台作为为加强市场各参与主体之间信息沟通而构建的便捷、集中的互动平台,提供了投资者直接向上市公司提出咨询和建议、实时查阅上市公司对其咨询和建议的反馈情况、参加在线访谈活动及关注其他平台用户、自动接收关注对象的最新信息等多项服务功能。此外,“上证 e 互动”平台还为沪市上市公司分别建立了公司专网,提供公司概况、公司公告、分红配股等公司资料及行情信息,鼓励上市公司通过平台,自主性进行未达到法定披露标准的信息发布,这也为投资者了解公司、分析公司、理性参与提供了充足的资讯和便利的渠道。“互动易”“上证 e 互动”从本质上说是一个电子论坛。

"互动易""上证 e 互动"为利用互联网技术给投资者与上市公司之间的沟通提供更为直接、快捷的渠道，帮助投资者将纷繁的市场信息化繁为简，使投资者与上市公司之间的互动交流、信息获取、信息鉴别更加容易。"由于电子信息的成本低，分配给股东的信息会增加。公告栏提供了股东为了某些专题讨论或个人股东无法实现的其他影响团结起来一个新的可能……允许他们通过增加信息的分配和采取集体行动较强的可能性，以改善现有的行使权利。"[1]虽然从目前运行来看，"互动易""上证 e 互动"主要服务于股东与公司之间进行互动，但是从技术上来看，两个交易所的电子论坛也可以满足股东之间进行交流的需要；虽然目前实际功能主要在于股东知情权与质询权的部分满足，但是从股东权利行使的角度看，"互动易""上证 e 互动"完全可以满足电子股东论坛所具有的表决权征集等功能。当然，这些功能的开发不是技术问题，需要监管者的建章立制。但是无论如何，"互动易""上证 e 互动"的出现，有助于股东了解公司状况、更多地参与股东大会，有助于股东充分行使其固有权利，调动股东参与公司治理的积极性，具有传统方式所不能比拟的优越性。"互动易""上证 e 互动"所代表的我国的电子论坛已经具备了电子股东论坛的基本形态。

2. 电子论坛的基本规则

如前所述，"互动易""上证 e 互动"是由证券交易所以投资者教育的名义进行探索的，目前并无相应的规则予以规制。2011 年 12 月 14 日，深圳证券交易所以方便日益增多的投资者更好地了解和使用各项功能为目的，出台了《深圳证券交易所"互动易"业务操作指南》。虽然名为"业务操作指南"，但是"指南"多多少少发挥部分"规则"的作用。以下关于电子论坛的规则主要以《深圳证券交易所"互动易"业务操作指南》为对象加以说明。

(1) 电子论坛的设置与运营

电子论坛的设置主体有很多，可能是上市公司，可能是证券公司，也可能

[1] Anatoli van der Krans, "The Virtual Shareholders Meeting: How to Make It Work?", *Journal of International Commercial Law and Technology*, 2007, Vol. 2, Issue 1.

是媒体尤其是经营有证券栏目的网络媒体。不同的设置主体具有各自不同的优势，但是便利性与中立性应当是立法者考虑电子论坛设立主体的一个主要标准。“互动易”是由深圳证券交易所于2011年11月12日推出的，其主网站的地址为http://irm.cninfo.com.cn。“互动易”各项网络服务的所有权、运营权归深圳证券交易所所有，由交易所授权深圳证券信息有限公司提供“互动易”的相关服务。[1] “上证e互动”也是由上海证券交易所主办的，由上证所信息网络有限公司运营，其网址为http://sns.sseinfo.com/。因此“互动易”“上证e互动”两个论坛都是由证券交易所举办的，而证券交易所是上市公司股票交易的统一场所，是我国上市公司股东大会网络投票的主要平台，也是负有对上市公司进行监管的市场主体。因此，由这样的机构来举办，由它们的网站经营者来负责股东论坛的设置与维护，亦应属最佳选择。毕竟投资人如欲知悉各家公司的公告信息时，可以随时进入交易所的网站浏览各家公司的公告，而在网站首页上即设有“互动易”“上证e互动”的栏目，投资人可以立刻选择进入自己关注的公司来得知有关信息，因此取得信息来得非常容易。在德国，原本立法当时，曾考虑由各公司自己的网页来经营股东论坛，但是立法当局最后决定由电子联邦公告来负责，应是考虑股东之意见交流纯粹是为股东间的沟通交流来服务，宜由中立第三人来负责较为妥当。[2] 而在由证券交易所运营的模式下，公司董事会对股东论坛所发表的各项内容，尤其是今后可能开发的各种邀请事项，将承受表述自己立场的压力，并且董事会对登录于股东论坛的各项内容及其理由没有影响力，并无可能掌握、阻止的能力，也正因如此，方能避免公司介入股东登录与发表的事情。

(2)股东论坛的注册与浏览

以“互动易”为例，其用户可分为浏览用户与注册用户两类。其中浏览用户并不需要注册，只需访问“互动易”网站就可以了，但是其功能相对有

---

[1] 参见《深圳证券交易所“互动易”业务操作指南》十(其他需要注意的事项)之(二)。

[2] 参见洪秀芬：《股东交流平台建立之探讨——以德国股东论坛为例》，载《兴大法学》2007年第1期。

限，主要包括浏览及查询信息、向上市公司提问、转发微博等功能。而注册用户需要登录注册成为注册用户，程序上相对复杂，但是其功能比浏览用户强大了许多。"互动易"为每一位注册用户提供一个独立的个人服务专区，注册用户除拥有浏览用户的所有功能外，还可拥有用户加关注、个性化信息定制、对上市公司回复评分等功能。注册的目的一般是确保没有滥用股东论坛，而且只需注册一次，以后都无须再次注册。注册需要使用登录者的个人邮箱，其主要目的是论坛经营者可以利用电子邮件发送注册密码给注册者要求其确认，另外一个功能是系统可以通过用户的注册邮箱将其定制的上市公司信息推送给用户。

股东论坛的注册程序为：投资者可以在"互动易"首页或公司专网首页的注册入口处进入注册页面，平台会弹出一个是否同意证券交易所"互动易"服务条款的文本框，投资者选择"同意"即可进入填写注册信息，注册信息包括用户名、昵称、密码、密码保护与手机号码等内容，登录者提交这些信息后可以登录注册邮箱激活账号。[1] 注册完成后，投资者即可以用户名与密码实现登录，浏览相关网页从而利用相应的功能。

(3)股东论坛的访问内容

股东论坛最主要的访问内容是向上市公司提问与信息服务。股东向公司提问的内容可以为咨询、投诉、建议等各类信息，[2]同时，用户可通过"互动易"平台查阅搜索各类信息。"互动易"平台为每位用户设置个性化定制主页，为每家上市公司设置统一规范的主页，因而其主要功能是可以满足股东行使知情权、质询权、建议权的需要。按照《德国股份法》第 127 条之 a 规定，股东登录论坛可以向其他股东提出邀请来共同或通过代理向股东提议、要求或提出对股东会议案表决权行使的建议。其中的提议，包括《德国股份法》第 126 条规定的向股东附理由提议反对董事会或监事会的建议，并将在股东会促使其他股东赞成他的反对提议；向公司提出要求，包括持股达 5% 的股东依《德国股份法》第 122

[1] 参见《深圳证券交易所"互动易"业务操作指南》二(注册"互动易"用户账号)。

[2] 参见《深圳证券交易所"互动易"业务操作指南》十(其他需要注意的事项)之(六)。

条第1项规定,可以以书面记名目的与理由,向董事会要求召集股东会。这就涉及股东的建议权与股东大会召集请求权的行使问题,我国《公司法》也有类似的规定。[1] 从技术上看,"互动易""上证e互动"这类平台也完全具备这样的功能,但是基于我国目前股东论坛作为公司与股东"沟通的渠道""信息获取、信息鉴别"[2]的目的,股东论坛无法发挥股东建议权与股东大会召集请求权行使方式的法定管道的功能,从当前股东论坛平台上也未见相关的信息。

向上市公司提问。投资者可以在"互动易"主网站页面或上市公司专网页面对上市公司进行提问并查看回复。投资者可以选择以浏览用户的身份提问,也可以登录后以注册用户的身份提问,提问前需填写上市公司的证券代码及选择问题类型,提问内容限制在200字以内。对于内容中含有中伤他人、辱骂性的、攻击性的、缺失事实依据的和违反当前法律的问题,纯粹询问股价或发泄情绪的问题,就同一问题重复提问且被投诉的问题将不予发布。投资者的提问由管理员审核通过后将发布到"互动易"主网站及上市公司专网的"最新提问"栏目,注册用户提问的也可登录个人服务专区查看自己的提问。"互动易"将根据用户提交的问题,自动分发到对应的上市公司平台,并向上市公司董事会秘书发出短信,提醒其及时回复用户的问题。上市公司对投资者提问的回复将发布到"互动易"主网站的"最新答复"栏目,同时也发布至上市公司专网的"最新答复"栏目,而注册用户向上市公司提问的也可登录个人服务专区查看回复。

提供信息服务。股东论坛的信息服务主要通过两个层面来提供:①使用信息查询功能。投资者在"互动易"的主要栏目的二级页面及个人服务专区都可以使用信息查询功能,信息查询主要包含以下几个查询条件:第一,查询日期区间,为了保障查询等待时间的合理,系统提供的最大查询区间为三个月;第二,问题类型,系统默认选项为"全部",点击下拉框有"投诉"、"咨询"、

[1] 参见《中华人民共和国公司法》第100、102条。

[2] 《深圳证券交易所"互动易"业务操作指南》一(深圳证券交易所"互动易"网站介绍)。

"建议"、"表扬"、"求助"及"其他"选项供选择;第三,检索条件,该条件中包含"按代码""按提问人""按内容",选择"按代码"时可在右边的"关键字"中输入公司代码查询,选择"按提问人"时可在右边的"关键字"中输入全部或部分提问人的用户名查询,选择"按内容"时可在右边的"关键字"中输入提问或回复内容中包含的文字查询。②对上市公司加关注及信息定制。"互动易"的加关注功能只开放给注册用户,注册用户登录后可在"互动易"首页对上市公司加关注。用户通过对上市公司加关注就可以定制到上市公司的最新答复、最新提问、最新资讯、公司公告、研究报告、大事记等信息,用户登录个人服务专区的"我关注的公司"便查看到这些定制的信息。

(4)股东论坛的信息安全

股东论坛的经营者应当通过组织化及符合当时科技水平的技术措施来保障,使登录事项在股东论坛的刊登期间保持不受破坏和完整性,以及其在任何时间依照它的来源被归类。此外,经营者应通过技术上的防范措施来确保,当股东论坛在错误功能出现时,其可立即得知,并能立即将错误排除。[1]

当然,因不可抗力、意外事故、技术故障及其他非证券交易所或证券信息公司所能控制的异常情况而导致系统不能正常运行,以及交易所或证券信息公司采取相应措施造成用户不能浏览或未能及时、准确推送相关信息的,举办者交易所及信息公司都不承担责任。[2]

(5)股东论坛的运行纪律

为了系统平台的正常运行,深圳证券交易所也规定了论坛用户应当遵守的运行纪律:遵守我国有关法律、法规、规章、规范性文件和交易所业务规则;遵守所有有关使用网络服务的网络协议、规定、程序和惯例等;不得为任何非法目的而使用网络服务系统;不得传输任何骚扰性的、中伤他人的、辱骂性的、恐吓性的、庸俗的、淫秽的、教唆他人实施犯罪行为等非法的信息资料;不得侵犯其他任何第三方的专利权、著作权、商标权、名誉权或其他任何合法权

〔1〕 参见德国《股东论坛规则》第 8 条第 1、2 项。

〔2〕 参见《深圳证券交易所"互动易"业务操作指南》十(其他需要注意的事项)之(三)。

益;不得利用系统平台进行任何损害交易所权益的行为;不得干扰或混乱网络服务;未经许可不得非法进入其他电脑系统。[1]

(四)股东大会视频会议积极尝试

1. 我国股东大会视频会议的发展历程

随着网络技术的迅猛发展与安全水平的大力提升,利用网络召开视频会议的条件逐渐具备,各种视频会议应时而生,包括股份有限公司的股东大会。事实上,早在2001年,在深圳就出现了数码网络的股东大会,并对股东大会的全程进行了现场路演。股东大会上,开通网上股东与公司管理层进行现场提问对话,还设计了一个网上投票系统,让公司不便到场的中小股东通过网络对公司的投资议案进行投票表决。[2] 这一实验为我国网络股东大会的推行提供了经验。另外,股东对此也倾注了广泛的热情,有40.77%的被调查者认为最好直播现场股东大会的情况,部分投资者建议对于讨论提案内容比较复杂的股东大会,同时在指定网站配合类似新股发行路演的方式对股东大会进行直播。[3]

2013年深圳证券信息有限公司首先开通了上市公司股东大会直播平台(见图3-2),从而使得股东大会视频会议成为可能。随着会议平台的成就,江苏证监局大力推动辖区上市公司采用视频方式召开年度股东大会。2013年2月18日,创业板公司松德股份首次以视频的方式召开了2013年第一次临时股东大会,全程直播股东大会。2013年4月18日,全国首家年度股东大会视频直播于中银绒业成功举行,11项议案获全部通过。此后,亿纬锂能(证券代码:300014)、珠江钢琴(证券代码:002678)、勤上光电(证券代码:002638)也召开了视频直播股东大会。上市公司股东大会直播平台的设置,开启了利用现代化网络技术召开股东大会并且使得公司信息公开透明的新篇章,有助于投资者在真正了解上市公司的基础上进行理性投资,也为我国网络股东大会制度的构建吹响了先锋号。

---

[1] 参见《深圳证券交易所"互动易"业务操作指南》十(其他需要注意的事项)之(四)。

[2] 参见刘俐、高宏娟:《网络为股东大会服务》,载《证券时报》2001年8月15日,第A03版。

[3] 参见苏梅:《上市公司股东大会网络投票研究》,天津大学2005年硕士学位论文,第47页。

图 3－2　深圳证券信息有限公司上市公司股东大会直播平台

2. 我国视频股东大会的个案展示

当前，我国视频股东大会的平台设置主要有两种模式：一种是利用自己开发或购买的平台，此往往为实力较强的网络媒体类公司所采用；另一种是利用第三方的平台，如深圳证券信息有限公司上市公司股东大会直播平台。目前所见我国的视频股东大会会议多采用后者。根据上市公司股东大会直播平台的统计，目前共有 18 个上市公司借助该平台实施了视频股东大会，以下将截取其中 3 个个案，了解我国上市公司视频股东大会之实施现状。

（1）松德股份 2013 年第一次临时股东大会

会议时间：2013 年 2 月 18 日上午 10：00；地点：中山市南头镇南头大道东 105 号松德机械股份有限公司二楼会议室；网络平台：深圳证券信息有限公司上市公司股东大会直播平台。

出席本次股东大会现场会议股东及股东代理人共 16 人（代表 17 个股东），所持有效表决权的股份数 60，762，270 股，占公司股份总额的 53.66%；通过网络投票参会的股东有 6 人，所持有效表决权的股份数 607，853 股，占公司股份总额的 0.5368%。股东大会现场会议由董事长郭景松先生主持，公司部分董事、监事、高级管理人员出席或列席本次会议。会议表决以同意股份数60,762,270股(占出席会议股东所持有表决权股份总数的99.01%)、反对股份数607,853股(占出席会议股东所持有表决权股份总数的0.99%)的系统结果通过了会议的全部议案。据统计,当日同步收看网络视频股东大会的投资者有3899名,并且股东大会的视频文件将一直挂在网上,投资者在任何时候都可以再点播、回放。投资者可以通过"互动易"平台向公司提出问题,公司管理层在视频股东大会现场作出解答。[1]

该次会议是我国视频股东大会的首秀,引起媒体的广泛关注。然而本次会议虽然有3000多名股东同步收看,但是未见场外股东与公司管理层的网络互动,也未见会议表决的过程与结果的公布的直播。

(2)江苏三友2013年年度股东大会

会议时间:2014年5月16日下午2:00;地点:江苏省南通市人民东路218号公司三楼会议室;网络平台:深圳证券信息有限公司上市公司股东大会直播平台。

出席本次股东大会现场会议的股东及股东授权委托代表共6人,代表股份数87,627,100股,占公司有表决权股份总数的比例为39.07%。通过网络投票的股东共2人,代表股份数110,301股,占公司有表决权股份总数的比例为0.05%。现场会议由董事长陆尔穗主持,公司董事、监事、其他高级管理人员出席或列席了本次股东大会现场会议。会议表决以87,627,100股赞成(占出席本次股东大会有效表决权总股数的99.87%)、110,301股反对(占出席本次股东大会有效表决权总股数的0.13%)的结果通过了会议的全部议案。

该次会议有以下特点:一是实现会议全程的网络直播,包括现场的表决情况、表决票的统计与结果公布在内;二是网络直播平台的网页同时设置了"我要投票""我要提问"两个栏目分别与网络投票系统、"互动易"平台链接,股东可以在跟踪现场会议的同时进行投票与提问;三是实现了登录"互动

[1] 参见《深交所首推上市公司视频股东大会》,载《上海证券报》2013年2月19日,第F04版。

易”网络平台的股东与公司管理层的交流，由公司工作人员选取了2位网络平台登录者询问公司董事长的2个问题，由公司董事长予以回答。应当说，除参加网络投票的股东数过少外，这是我国视频股东大会中信息技术利用较为成功的一次会议。

(3)富瑞特装2014年年度股东大会

会议时间:2015年5月18日上午9:30;地点:张家港富瑞特种装备股份有限公司会议室;网络平台:深圳证券信息有限公司上市公司股东大会直播平台。

参加该次股东大会现场会议的股东及股东代表共13人，代表股份35,152,907股，占公司总股本的25.8298%，参加网络投票的股东及股东代表共9人，代表股份6,377,809股，占公司总股本的4.6863%。现场会议由董事长邬品芳先生主持，公司部分董事、监事及高级管理人员出席或列席了本次股东大会。公司董事会秘书、独立董事、监事会主席与财务总监先后做了相关报告，出席现场的股东提出了若干问题，公司管理层予以回答。会议表决以同意股份数41,528,216股(占出席会议股东所持有表决权股份总数的99.9940%)、反对股份数2500股(占出席会议股东所持有表决权股份总数的0.0060%)的系统结果通过了会议的全部议案。

该次视频会议是纯粹的会议直播，并没有发挥网络平台的其他功能:既没有看到同步收看视频股东大会的股东情况的报道或者说明，也没有实现场外股东与公司管理层的网络互动，并且会议表决的过程与结果的公布没有予以直播。

从深圳证券信息有限公司上市公司股东大会直播平台上的资料看，我国视频股东大会利用网络技术的力度参差不齐。但是，总体上来说利用并不够充分，可以挖掘的领域仍有待于进一步拓展。另外值得注意的是，实行视频股东大会的公司数量偏少，利用深圳证券信息有限公司上市公司股东大会直播平台召开股东大会的公司只有18家，并且没有发现有一家公司两次以上利用该平台进行视频直播的案例。这反映了实行网络股东大会的意义并没有得到充分的认识、积极作用并没有充分地发挥、激励机制并没有真正地建立。但是无论如何,视频股东大会是网络时代我国上市公司股东大会的全新实验,与电子公告、网络投票不同的是,视频股东大会既是上市公司股东大会会议举行方式的一种革新,也是股东“出席”会议方式的一种变革,是互联网技术在股东大会中更深一层的运用,甚至可以说是传统股东大会在电子化条件下的一种发展与创新。[1]

3. 视频股东大会具备了网络股东大会的本质属性

(1)网络股东大会及其具体形式

所谓网络股东大会,顾名思义就是借助于网络而召开的股东大会。由于股东大会对网络的利用或者依赖程度不同,或者说,利用网络召开股东大会可以考虑的形式相当多,因而对网络股东大会的界定也有多种。但是,基本上因其为全部或仅部分在网络上举行而分为部分网络股东大会和纯粹的网络股东大会两种。

按照我国台湾学者林克敬的理解,纯粹的网络股东会又可称为虚拟的股东大会。因为这种股东大会并不存在传统之现场,所有与会人员的报告、质询、答复、审阅资料、投票等都是通过网络进行,所以又被称为在网络虚拟空间之股东大会。

部分的网络股东大会是指传统的现场股东大会仍然存在,但允许不可前往现场的股东经由网络参与股东大会,我们可称为混合式的网络股东大会或由网络所架构之股东大会。混合式的网络股东大会是指传统现场举行之股东大会继续维持存在,对于愿意采用上网线上出席股东大会之股东亦可用视频会议的方式上网参与股东大会,因此混合式的网络股东大会亦可称为线上股东大会。[2]

(2)我国的视频股东大会具备了部分网络股东大会的实质内容

我国上市公司的视频股东大会是否属于网络股东大会？两者是一种单纯的称谓区别,还是具有实质性的不同？如果存在差异性,其差距究竟在何

---

[1] 参见王宗正:《网络股东大会:中国实践与制度构建》,载《江海学刊》2017 年第 5 期。

[2] 参见林克敬:《利用网际网路召开股东大会之可行性》,载《公司法修正议题论文集》,台北,神州图书出版有限公司 2002 年版,第 217 页。

处？这有必要在分析我国视频股东大会实践的基础上进行基本判断。

从我国上市公司视频股东大会实施情况看，尤其是前述江苏三友2013年年度股东大会，能够巧妙地利用股东大会直播平台，将视频直播、网络互动、互联网投票三者加以有机结合，其运行已经非常接近于部分网络股东大会，或者说已经基本具备了部分网络股东大会的实质内容。

首先，我国的视频股东大会实现了股东的同步收看。会议议程全程通过直播平台现场直播，股东可以利用自己的电子设备，包括电脑与其他电子终端，登录相关网站如深圳证券信息有限公司上市公司股东大会直播平台，观看股东大会举行情况，并可以实现同步追踪。

其次，观看视频股东大会的股东可以通过"互动易"平台向公司提出问题，公司管理层可以在视频股东大会现场作出解答，从而实现了股东行使知情权、建议权、质询权等权利的行使。

再次，股东可以通过网络投票平台实现即时投票。股东可以根据会议进行情况，根据自己的判断，独立作出意思表示，并通过网络投票平台进行投票，从而实现股东表决权行使的需要。

最后，视频股东大会存在一个现场会议。公司董事长、相关高级管理人员和部分股东都按照规则出席现场会议，只是选择不出席现场会议的股东依网络视频的方式"参加"了会议，因此这与并不存在传统现场之完全虚拟股东大会不同，属于部分网络股东大会。

因此，我国的视频股东大会是一种"视频会议"+"电子表决"+"互动易"模式的部分网络股东大会，在今后很长一段时间里，这种模式应当成为今后我国上市公司股东大会发展的方向。[1]

当然，我国视频股东大会的平台设置有两种模式：一是利用中介机构的平台，如深圳证券信息有限公司上市公司股东大会直播平台；二是利用自己开发或购买的平台。前者属于租用，只需要支付一定数额的租金，成本相对

---

〔1〕 参见王宗正：《股东大会的"互联网+"：技术创新与制度回应》，载《社会科学研究》2017年第1期。

较低，前述江苏证监局推动的视频股东大会就是利用深圳证券信息有限公司上市公司股东大会直播平台召开的，而后者由于需要技术开发或者系统购买，需要支付较大的成本，因而往往为实力较强的网络媒体类公司所采用。

第二节 从规则到法律：我国股东大会电子化的必由之路

每一次技术的发展都会带来法律的变革或发展，但是，“通常，法律的变化要慢于社会的变化。经济结构、生活习俗、传统观念，甚至正义观念的变化一般都不会通过法律条文的变化反映出来”。[1] 我国现行《公司法》制定于1993年，鉴于当时我国的发展水平，尤其是信息化发展水平，《公司法》不可能以信息化为背景进行制度构建，而后虽然经过1999年、2004年、2005年、2013年与2018年的多次修改，但是信息化并非屡次立法修改之考虑目标。

一、我国《公司法》因应股东大会电子化的适应性判断

在公司实践中，有关股东大会的运营、股东表决权的行使、股东大会会议记录等文件的保存及公司信息的公示等的电子化，大部分在我国已经付诸实践。在这样一种形势下，《公司法》关于能否使用电子手段来处理公司事务规定的缺位无疑已不适应信息时代的发展，不能为公司事务提供法律上的支持和保障。第一，网络投票这一电子化的表决方式已经在我国的股份有限公司特别是上市公司中被普遍采用，但是这一方式是否符合我国《公司法》的规定尚有疑惑。第二，视频会议、电话会议这些新的会议召开方式已经在我国公司的股东会、董事会中出现，但是是否需要《公司法》加以确认与规范？第三，无纸化办公的普及使得公司的许多信息材料不是以传统的纸面形式而是以电子文档的形式而存在，公司信息资料的传送、披露已经普遍从传统的信件转变为以电子邮件、QQ、网站等电子化方式进行，而这些是否需要上升

---

[1] [美]埃尔曼：《比较法律文化》，贺卫方等译，三联书店1990年版，第11页。

成为法律尚不得而知。公司法有着对公司活动进行事前规制的一面,如果不对公司法进行修改以应对 IT 革命的发展,则不仅会给企业的活动造成障碍,也会对国民经济的发展产生负面影响。〔1〕当然这一切的判断,都必须建立在对我国《公司法》因应股东大会电子化进行适应性判断的基础之上。

(一)我国《公司法》因应股东大会电子化的现实积弊

我国《公司法》在 21 世纪以来的一次最大修正是 2005 年,虽然面对着信息技术的日益普及,但是公司法制信息化改革并未被纳入 2005 年《公司法》的修改内容中,但这并不排除客观原因,可能公司法其他的问题就已堆积如山,暂时无暇顾及,而最近的公司法修改也主要围绕着以降低门槛为主要目的的注册资本制度改革进行。因此现行《公司法》还没有一条能直接体现公司法制信息化精神的规定,我国《公司法》在因应企业信息化与股东大会电子化方面还存在很大的缺失。

从我国《公司法》的规定进行剖析,在因应股东大会电了化方面存在的缺失主要从以下几个方面得以体现。

1. 在公司文件上《公司法》的规定依然停留在"纸面"形式

前文已经指出,信息技术的发展使许多传统的纸面形式都已经被电子数据形式所替代,因此公司文件的电子化是最为简单便捷的工作。公司的股东大会涉及诸多的文件资料,如股东大会记录、会议议案、各种股东权利行使的请求书等,在传统技术条件下,这些文件都是以纸面为其形式,因此在《公司法》中存在许多关于纸面(书面)的条文。如《公司法》第 33 条第 2 款规定股东行使查阅权以书面形式请求,〔2〕第 37 条第 2 款规定的股东书面一致同意

〔1〕参见[日]田泽元章:《IT 化进程中的日本股份公司法修改》,载渠涛主编:《中日民商法研究》(第 3 卷),法律出版社 2005 年版,第 271 页。

〔2〕该款规定,股东要求查阅公司会计账簿的,应当向公司提出书面请求,说明目的。公司有合理根据认为股东查阅会计账簿有不正当目的,可能损害公司合法利益的,可以拒绝提供查阅,并应当自股东提出书面请求之日起 15 日内书面答复股东并说明理由。公司拒绝提供查阅的,股东可以请求人民法院要求公司提供查阅。

制度,[1]第102条第2款规定的临时提案的书面提交。[2] 那么,何为“书面”？书面是否包括数据电文在内？能否把股东大会实践中电子形式自然地理解成为“书面”？我国《合同法》已经以解释的方式将数据电文作为合同的一种书面形式,能否类推地认为这些条文中的“书面”包括了数据电文？回答是否定的。首先,《公司法》并没有类似于《合同法》第11条进行有关解释的规定,而结合此处几个法律条文的具体文字表述,按照文义解释和体系解释的方法只能将“书面”理解成为“纸面”。其次,正如前文所述,我国现行《公司法》制定于1993年,许多条文所规定的制度并不是后来新设的制度,其内容规定实际上就是当年的规定,并没有发生多大的改变,后来《公司法》的数次修改也没有采取类似于《合同法》的方法解决数据电文在公司法中的地位,这就说明在我国《公司法》中,该条文的含义包括对“书面”的解释并没有发生改变,而在1993年的《公司法》中,因应电子化不是它所能预见的。最后,从各国公司立法与我国其他立法来看,都是将电子形式作为与书面形式并列的一种形式,而不是包含在后者之中。因此不能将《公司法》相关规定中的“书面”理解成为包括数据电文在内。

除了前面众多直接存在的“书面”形式的规定外,还有一些规定虽然没有使用类似于“书面”这样的字眼,但是从解释上来说实际上也是建立在纸面的基础上的。例如,《公司法》第96条规定的公司文件的置备,[3]第107条规定的股东大会会议记录的制作与保存,[4]按照通常的解释,“置备”“保存”这些词语并不是绝对排斥电子化文件的,但是从体系解释来看,也只能理解为传统的对纸面形式的置备、保存,而不能涵盖电子化形式文件的存储。

---

[1] 该款规定,对前款所列事项股东以书面形式一致表示同意的,可以不召开股东会会议,直接作出决定,并由全体股东在决定文件上签名、盖章。

[2] 该款规定,单独或者合计持有公司3%以上股份的股东,可以在股东大会召开10日前提出临时提案并书面提交董事会。

[3] 该条规定,股份有限公司应当将公司章程、股东名册、公司债券存根、股东大会会议记录、董事会会议记录、监事会会议记录、财务会计报告置备于本公司。

[4] 该条规定,股东大会应当对所议事项的决定作成会议记录,主持人、出席会议的董事应当在会议记录上签名。会议记录应当与出席股东的签名册及代理出席的委托书一并保存。

还有一些规定是涉及签名的。签名的目的：一是确定签名人的身份；二是作为签名人对文件内容的一种认可方法。由于我国《公司法》有关文件资料是基于纸质载体，传统的签名必须依附于某种有形的介质，通常是在某种书面文件中亲手写下自己的名义、盖上自己的印章或者留下自己的指纹印记。但是对于电子化而言，如何进行签名、盖章？显然也是个问题。

当然，这里所说的有关规定依然停留在“纸面”形式，仅是就我国《公司法》规定的层面上而言，这并不意味其他法律文件包括证监会制定的规范性文件对电子形式的肯定是不合法。恰恰相反，这种肯定是有其法律依据的，对此下文将予以具体说明。

2. 在会议形式上《公司法》的规定依然停留在传统方式上

按照传统的会议模式，公司在某一地点（通常是公司住所地）召开会议，股东则前往该地点参加会议行使表决权从而形成公司决议。而在互联网时代，尤其是当下中国，视频会议已经成为一种技术不算复杂、实践中已经大量存在的会议形式，包括股份有限公司的股东大会。然而我国的《公司法》在会议形式上依然停留在传统的现场会议上，这最为典型的规定是关于“出席”会议的规定。如《公司法》第 103 条第 2 款规定：“股东大会作出决议，必须经出席会议的股东所持表决权过半数通过……”与前述“书面”的解释一样，并无相关法条对“出席会议”的含义作出明确的解释，这里的“出席会议”还是应该按照传统意义上的“出席现场会议”进行理解，股东必须亲自或委托他人到该会场出席会议并行使表决权等权利，从而形成公司之决议，实现股东民主。

3. 在会议程序上《公司法》缺乏关于电子化运行的具体规则

多媒体技术的广泛应用，再加上因特网的普及，股东会议的召开程序已经逐步实现电子化，在应用方面也日趋成熟。但是，《公司法》在应对股东会议电子化及股东行使权利电子化这一方面还是一片空白。另外，《公司法》对公司和股东发出通知、请求的电子化和公告制度的电子化也缺乏明确的规定，有许多规定也依然停留在过去的方式上。如《公司法》第 175 条第 2 款规定的公司分立决议的通知与公告[1]和第177条第2款规定的公司减资的通知与公告。[2] 这些规定都将公司公告的方式限定于报纸这一种媒介，实际上就没有了任何网络公告存在的余地。

（二）我国《公司法》为股东大会电子化预留了一定的空间

虽然并没有直接体现股东大会电子化精神的立法条文，但不可否认的是，《公司法》并不绝对排斥电子化，甚至可以说，《公司法》也为股东大会电子化预留了一定的空间，并使之成为可能，而这种“可能”通常是以以下方式实现的。

1. 通过对《公司法》规定的解释

法律解释是一定的解释主体根据法定权限和程序，按照一定的标准和原则，对法律的含义及法律所使用的概念、术语等进行进一步说明的活动。法律解释是将抽象的法律规范适用于具体的法律事实的必要途径，是寻求对法律规范的统一、准确和权威的理解和说明的需要，是弥补法律漏洞的重要手段，也是调节法律的稳定性与社会的发展变化之关系的媒介。法律解释是必然的也是必要的，《公司法》当然也要进行解释。事实上，《公司法》的许多规定是可以通过法律解释的方法实现对电子化的融合。如前所述《公司法》中大量的“书面”形式的规定，例如，《公司法》第33条第2款、第37条第2款、第151条。显然“书面”形式的规定，可以通过类似于《合同法》第11条的规定进行解释，将电子化的形式纳入“书面”形式。《合同法》第11条规定，“书面形式是指合同书、信件和数据电文（包括电报、电传、传真、电子数据交换和电子邮件）等可以有形地表现所载内容的形式”，这一规定就把电子化的形式也纳入了书面形式之中。当然简单地把电子化的形式纳入书面形式中也不是最恰当的做法，将电子形式独立规定才是其最终的选择。再如“出席会议”，《公司法》第103条第2款规定，股东大会作出决议，必须经出席会议的

---

[1] 该款规定，公司分立，应当编制资产负债表及财产清单。公司应当自作出分立决议之日起10日内通知债权人，并于30日内在报纸上公告。

[2] 该款规定，公司应当自作出减少注册资本决议之日起10日内通知债权人，并于30日内在报纸上公告。债权人自接到通知书之日起30日内，未接到通知书的自公告之日起45日内，有权要求公司清偿债务或者提供相应的担保。

股东所持表决权过半数通过。其也可以通过类似于《日本公司法》的规定,将"出席"扩大解释,将缺席现场会议而以电子投票的股东"计入"出席股东的表决权数,从而使得电子化的表决得到《公司法》的真正确认。

2. 通过《公司法》对公司章程的授权

现代公司是一种自治公司,这种自治公司在现代法治的框架下,通过遵法、守信、自律来充分享有自主、自由的权利,从而达致其利益最大化的目标。[1] 公司自治的主要手段就是公司章程的自治。公司的自治就是通过公司章程这一自治性的基本法律文件,支撑和保障公司内部股东会—董事会—监事会的构建,以及代表与代理制度的设计,并由此将公司股东的意思演化为公司的意思,实现公司的自我管理、自我约束,同时也实现公司的利益目标。[2] 公司章程是"公司自治王国"的宪章。

据统计,"公司章程"一词在2005年修改以前的《公司法》中出现了54次,而在修改后的《公司法》中则出现了80次。[3] 从我国《公司法》授权"由公司章程规定"的条文看,其涉及与电子化运行相关的内容主要有两方面:一是有关公司机关的运行规则。如《公司法》第119条第2款规定:"监事会的议事方式和表决程序,除本法有规定的外,由公司章程规定。"而对于有限责任公司,类似的规定则更多,如《公司法》第43条第1款规定:"股东会的议事方式和表决程序,除本法有规定的外,由公司章程规定。"第48条第1款规定:"董事会的议事方式和表决程序,除本法有规定的外,由公司章程规定。"第55条第2款规定:"监事会的议事方式和表决程序,除本法有规定的外,由公司章程规定。"根据这些规定,公司章程可以规定有限责任公司的股东会、董事会、监事会和股份有限公司的监事会实行电子化运行,从而实现这些公司机关的电子化的运营。二是有关公司通知与公告方法。如《公司法》第81条第11项授权公司章程规定"公司的通知和公告办法",则使得电子化的通

---

〔1〕 参见高鸿钧等:《法治:理念与制度》,中国政法大学出版社2002年版,第388页。

〔2〕 同上书,第417页。

〔3〕 参见刘俊海:《新公司法的制度创新:立法争点与解释难点》,法律出版社2006年版,第64页。

知与公告成为可能。而对于有限责任公司,《公司法》甚至就没有对此予以规定,在这种情形下,公司章程当然更加有权予以具体规定。因此,证监会对公司信息传送电子化的推动并不违背《公司法》,甚至可以说是有《公司法》的依据的。

3. 通过《公司法》对相关国家机关的授权

按照我国国家机关的职权设置,政府是法律的执行机关,因此我国法律规定中也经常有对相关国家机关,特别是各级政府及政府主管机关的授权性规定,《公司法》也不例外。如《公司法》第 128 条第 1 款规定:“股票采用纸面形式或者国务院证券监督管理机构规定的其他形式。”这种“其他形式”,实际上就是指电子化形式。这一规定授予了国务院证券监督管理机构股票形式的决定权,从而使得股票的电子化形式成为可能,也最终成为现实,特别是我国上市交易的股票,早就放弃了纸质形式实现了电子化。

当然,《公司法》为信息化预留了一定的空间,是指其并不排挤信息化,其可以通过某种方式实现与信息化的对接,而并不是意味着通过以上这些方式就可以实现信息化。事实上,这些方式对于实现信息化是远远不够的,其中有些方式,如对于“书面”形式的解释,也必须通过立法修改才能完成,因应真正实现电子化必须要进行公司法的修法,实现公司法的变革。

二、证监会的规则应对股东大会电子化的适格性判断

证监会在推动我国股东大会电子化上发挥了主导型的作用,但是这并不意味着符合上位法的规定,因此需要对证监会发布的业务规则进行法律适格性的判断。在分析相关条文的基础上,本书有如下几点基本判断。

(一)证监会对公司信息传送电子化的推动有其法律依据

应当说,证监会对公司信息传送电子化的推动并不违背我国法律的规定,甚至可以说是有《公司法》的依据的。首先是《电子签名法》,该法于 2004 年 8 月 18 日通过,自 2005 年 4 月 1 日起施行,被誉为中国信息化领域的第一部法律。根据该法第 2 条、第 4 条、第 5 条、第 6 条的规定,符合要求的数据电文可以被视为书面形式、视为原件、视为文件保存。这基本解决了公司运

行电子化中的公司电子文件、电子署名、股东身份确认、委托代理，以及电子文件传输的合法性、有效性、准确性问题，基本奠定了公司运营电子化的基础，也为证监会对公司信息传送电子化的推动提供了一个依据。但是，需要说明的是，《电子签名法》仅仅为公司运营电子化提供基础，它还需要《公司法》的最终确认，仅仅依靠《电子签名法》仍然无法满足电子化的需要，而在公司信息传送电子化的问题上，《公司法》恰恰准确地提供了这样的法律依据，那就是《公司法》第81条。根据《公司法》第81条第11项的规定，公司章程有权确定股份有限公司的“通知和公告办法”，这就说明只要公司章程确认，电子化的信息传送就是一种符合《公司法》要求的方法。对此，证监会完全可以通过对公司章程的指引来加以实现。

当然，虽然说证监会对公司信息传送电子化的推动有其法律依据，但是正如前文所述，这并不意味着不需要《公司法》的确认。

（二）证监会的相关规则并没有解决网络投票的法律依据

在我国规定股东网络投票的是证监会发布的《上市公司股东大会网络投票工作指引（试行）》和《上市公司股东大会规则》。《上市公司股东大会网络投票工作指引（试行）》对于网络投票的法律地位是这样规定的：上市公司股东或其委托代理人通过股东大会网络投票系统行使表决权的表决票数，应当与现场投票的表决票数，以及符合规定的其他投票方式的表决票数一起，计入本次股东大会的表决权总数。[1] 但是《上市公司股东大会网络投票工作指引（试行）》并没有解决网络投票的法律依据问题，网络投票是一种以股东不出席股东大会会议为前提的表决权行使方法，在我国《公司法》关于“股东大会作出决议，必须经出席会议的股东所持表决权过半数通过”[2]规定的面前，没有“出席会议”而行使的表决如何能够“计入本次股东大会的表决权总数”？而《上市公司股东大会规则》确立股东大会会议以现场会议为召开形式的同时，也肯定了网络投票作为辅助方式为股东参加股东大会提供的便

---

〔1〕 参见《上市公司股东大会网络投票工作指引（试行）》第8条。

〔2〕 《中华人民共和国公司法》第103条第2款。

利,并规定“股东通过上述方式参加股东大会的,视为出席”,[1]通过扩大解释“出席”的方式满足了《公司法》相关规定的要求。问题是,实行网络投票的股东是否“参加”了股东大会?“参加”与“出席”究竟有何区别?按照《现代汉语词典》对这两个词的解释,“参加”与“出席”是对近义词,参加是指加入某种组织或某种活动,出席是指参加会议或典礼等活动,二者基本上可以通用,并没有实质性的区别,只是适用场合有所不同而已,出席一般特指有发言权和表决权的成员参加会议。[2] 或者说,对于股东大会会议而言,之所以用“出席”而不是“参加”是由于词语搭配习惯而已,并不是因为二者本身有多大区别,无论是“出席”还是“参加”,原本都是指有人出现在会议现场。股东实行了网络投票行为,只能说他参加了投票活动,并不能说明他已经参加了股东大会。因此,基于“参加”与“出席”这两个词本身的含义,将网络投票作为“参加”股东大会,“参加”股东大会视为“出席”会议这一逻辑实际上是并不能成立的。当然,这一规定比起当初对通讯表决(实际上仅指书面投票)的处理显然高明了许多,在各上市公司的章程、股东大会的议程规则及上市公司的实践中,往往将通讯表决作为与召开现场会议相并列的股东大会召开方式。[3]

(三)以证监会的规章强制推行网络投票涉嫌违反《立法法》

在我国,强制性地要求公司“采用安全、经济、便捷的网络和其他方式为股东参加股东大会提供便利”的是2014年修改后的《上市公司股东大会规则》。该规则的制定主体是证监会,其文件性质应该属于部门规章。[4] 但是根据《立法法》第80条的规定,部门规章不得设定减损公民、法人和其他组织权利或者增加其义务的规范,不得增加本部门的权力或者减少本部门的法定

---

〔1〕《上市公司股东大会规则》(2006年)第20条第2款。虽然《上市公司股东大会规则》此后曾做过修改,但是这一规定未曾发生过变化。

〔2〕参见中国社会科学院语言研究所词典编辑室编:《现代汉语词典》(第6版),商务印书馆2013年版,第122、191页。

〔3〕参见王宗正《股东会通讯表决制度研究——兼评〈上市公司股东大会规范意见〉》,载《政治与法律》2004年第3期。

〔4〕根据《立法法》第80条的规定,证监会作为国务院具有行政管理职能的直属机构,可以根据法律和国务院的行政法规、决定、命令,在本部门的权限范围内,制定规章。

职责。诚如我国台湾学者在讨论通讯表决时所言之理由,“大法官会议第133号解释,涉及人民权利之限制,其处罚之构成要件及数额,应由法律定之。另行政程序法第158条第1项第2款亦规定,法规命令无法律之授权而剥夺或限制人民之自由权利者无效。”[1]由于股东大会网络投票在我国有关公司、证券法律中没有相应的规定,因此证监会以规章的形式强行要求公司出资租用由证券交易所或者证券登记结算机构开发的网络投票平台,应属增加上市公司的义务,其有违《立法法》之嫌。

三、实现股东大会的电子化需要进行公司法的改革

(一)由证监会来规定网络投票是基于法律规定缺失下的无奈之举

笔者认为,证监会以层级较低的规章形式来规范表决权行使方式等问题也是事出有因、实出无奈,而并非有意“违法”。根据我国《公司法》的规定,股份有限公司的股东只能亲自出席或者委托代理人出席股东会行使表决权,股东大会决议的通过是以“出席会议”的股东所持表决权的过半数或2/3为前提,而在网络投票中,股东行使表决权是以不出席会议为前提的,因此于法无据。

因此,《上市公司股东大会规则》并没有将网络投票作为会议召开方式,其第20条第2款规定,股东大会应当设置会场,以现场会议形式召开。上市公司可以采用安全、经济、便捷的网络或其他方式为股东参加股东大会提供便利。股东通过上述方式参加股东大会的,视为出席。第3款规定,股东可以亲自出席股东大会并行使表决权,也可以委托他人代为出席和在授权范围内行使表决权。从《上市公司股东大会规则》第20条的立法我们可以看出,该条第2款规定股东可以以网络方式“参加”股东大会,随后第3款规定,股东可以亲自出席股东大会并行使表决权,也可以委托他人代为出席和在授权范围内行使表决权。这种安排实际上是将网络方式作为股东“参加”股东大会的方式,而股东表决方式依然只有亲自行使与代理行使两种,网络更不是

[1] 台湾证券集中保管结算所股份有限公司:《股东会通讯行使决议权制度之研究》,2002年。

会议召开的形式。这就说明在我国现有《公司法》的前提下，网络投票等表决方式的实行有一个现实的法律障碍，那么修改法律关于股东表决权行使的规定，全面确立基于网络条件下的表决方式作为股东表决权的行使方式就显得十分必要了。

（二）股东大会电子化的基本框架应当由公司法进行构建

第一，在步入互联网时代的今天，电子形式已经不能再纳入书面形式的范畴，哪怕以扩大解释将电子形式纳入"书面"最终还得依靠法律而不是低层级的规章。将书面形式扩大解释为包括数据电文的《合同法》诞生于1999年，当时连电子商务法律中最为基本的《电子签名法》都尚未产生（该法制定于2004年），当然也不具备将电子形式作为一种独立形式的土壤，因此当时的这种扩大解释非但情有可原，更是值得褒奖的。在我国后来的许多立法中，电子形式逐渐脱离书面形式而独立为一种形式，如《民事诉讼法》第63条关于证据的种类就将电子数据单独作为一种证据形式而不是包含在书证之内。退一步说，将书面形式扩大解释为包括数据电文的是《合同法》，是法律而不是其他法规、规章。因此，通过《公司法》确立电子形式、电子文件是公司股东大会运行信息化发展的必然选择。

第二，网络投票作为互联网环境下股东行使表决权的一种有效方式，应当享有与亲自出席投票、代理人投票同等的地位，由法律来规定。我国传统的亲自出席行使、委托他人代理行使两种表决权行使方式都是由《公司法》规定的，而唯独网络投票是由证监会依其制定的规则来规范；而证监会规则的层次明显太低，并且在司法实践中能否被法院直接援引并作为裁判的依据也是很不明确的。其实质上并没有真正把电子表决作为股东行使表决权的一种方式，而这明显跟不上现实发展的需要。

第三，采用证监会的部门规章来规范的做法除涉嫌违反《立法法》与法律层级不高之外，还面临着适用范围窄的问题，因为《上市公司股东大会规则》仅适用于上市公司，而不适用于非上市公司。实际上我国许多非上市公司，尤其是非上市公众公司，其股东大会也面临上市公司同样的实践困境，但是网络投票对于这些公司的股东而言只能是一种奢望，法律上的障碍是他们面临的第一道门槛。

第四，我国上市公司股东大会电子化运行的规则需要上升成为法律。我国到目前为止的众多法律中，有大量的法律在其第1条开篇明义写明该法立法依据之一就是实践经验的总结，如《民法通则》第1条，[1]而类似《民法通则》这样的规定在我国是屡见不鲜的。这样的表述并不为过，而是符合我国立法工作的实际的，我国的立法就是相关实践经验的总结与提升，就是将各个地方、各个部门在各个领域范围内实践经验进行总结的结果。从这个角度看，能够促进我国各方面发展的、被实践证明是切实可行的经验，尤其是相对低层级的法律文件，就应该有能够上升为法律的可能性。证监会为推进上市公司股东大会的电子化制定了许多规则，虽然这些规则可能还存在这样那样的问题，但是许多规定经过了10多年的上市公司股东大会实验，并且随着实践的发展而不断地修改完善，是经受了实践检验的，也具备由制度上升为法律的必要性与可能性，理所当然应当成为我国公司法律的一部分。当然，并不是所有的这些规则都需要上升为法律，我国在推行股东大会电子化过程中还存在一些欠妥当的规则，也还存在规则的缺失。尤其是随着中国特色社会主义法律体系的形成、商事法律规范体系基本确立、商事司法实践体制逐步完善，不能再单纯地依靠立法者的修订法律或制定新法，商事法的体系建构必须向自治规则、司法判例、学说理论等加以开放。[2]

只有在公司法框架内明确地确立股东大会电子化制度，构建不同于传统方式的程序性要件，才能有效避免规章和规则由于颁布时间和立法主体不一致而造成的法律适用的混乱，确立起条文规范、权责明确、程序透明的股东大会电子化制度。[3] 我国著名商法学家王保树先生在其主持的《公司法》修改

---

〔1〕《中华人民共和国民法通则》第1条规定："为了保障公民、法人的合法的民事权益，正确调整民事关系，适应社会主义现代化建设事业发展的需要，根据宪法和我国实际情况，总结民事活动的实践经验，制定本法。"

〔2〕参见夏小雄：《从"立法中心主义"到"法律多元主义"——论中国商事法的法源建构逻辑》，载《北方法学》2014年第6期。

〔3〕参见王彦明、张彤：《论股东大会制度的改革：以现代信息技术为视角》，载《社会科学战线》2011年第6期。

建议稿中就提出引入股东大会通讯表决制度，遗憾的是2005年立法修改时并没有采纳。要规定股东大会电子化，必须通过修改法律来进行，而实际上我国台湾地区也就是通过修改“公司法”肯定了股东大会的电子化，从规则到法律，这是我国股东大会电子化的现实选择与必由之路。

第四章　股东大会电子化的法律实现与制度前瞻

经过了10多年股东大会电子化的历练,股东大会电子化的法制化已经在我国累积了坚实的实践基础,期间出台的大量规章制度为法制化的实现提供了充足的立法准备,而如火如荼的境外实践也为我国法制化的实现贡献了丰富的经验借鉴,我国股东大会电子化从规则到法律的路径可以说是水到渠成了。股东大会电子化的法律改革需要建立一套规则完备、程序合法的制度来推行,从电子化的过程性来看,它更面临着进一步发展的制度问题。

第一节　股东大会电子化的法律实现

实现股东大会电子化,需要国家以法律规定予以确认、证券监管机构以规章规则予以规范、证券交易所以自治规程予以引领乃至公司以其章程予以落实。从公司法层面来看,需要确立几个最基本的制度;当然,这些制度多不属于一种全新的创设,而更多属于实践规则的凝练与提升。

一、股东大会相关文件资料电子化的法律实现

(一)文件资料电子化的方法

文件资料电子化是股东大会电子化的前提与基础,也是最为简单便捷的工作,主要涉及三方面的问题:文件以电子方式所为的记录、储存与电子签名。

1. 电子文件

电子文件是我们日常的一种统称,其亦可称为电子信息、电子数据、电子记录,一般是指通过电子手段形成的各种信息。如果说在前信息化时代纸质记录是一种常态的话,那么在如今以电子方式进行记录是一种新常态,包括公司必须制作的各种报表、材料,当然也包括股份有限公司股东大会会议相关的文件资料。在日本,这种电子文件被称为“电磁记录”,《日本公司法》规定,股份公司必须制作的报表、材料都可以使用“电磁记录”。而所谓电磁记录,根据《日本公司法》第 26 条第 2 款括号内加注的规定,是指利用电子方式、电磁方式,以及其他无法用人的直觉识别的方式所制作的记录中,由法务省令规定用于电子计算机处理信息的记录。本条文中的“法务省令”就是《日本公司法施行规则》的第 224 条,根据该条文的规定,所谓“电磁记录”具体是指“记录于磁盘或类似的可确实记录一定信息之物的文件夹中的信息”,具体包括:利用“采用电磁方式的磁盘(软盘等)、磁带等”“采用电子方式的 IC 卡等”“采用光学方式的 CD-ROM、DVD-ROM 等”制作的 file 里保存信息形成的记录。在我国相类似的概念是《电子签名法》所规定的“数据电文”,根据《电子签名法》第 2 条第 2 款的规定,数据电文是指以电子、光学、磁或者类似手段生成、发送、接收或者储存的信息。根据这一规定,利用现有的电子、光学、磁技术的是电子文件,利用未来可预料的各种技术的也是电子文件。总之一句话,所有以无纸形式生成、发送、接受或者储存的各类信息都属于我国法中的电子文件。

2. 电子存储

文件总是需要以一定形式在一定的空间进行保存,按照我国《公司法》的规定,公司的相关材料应当置备(保存)于公司。分析目前我国《公司法》,需要置备或保存于公司的股东大会相关文件主要有:第 96 条规定的公司章程、股东名册、公司债券存根、股东大会会议记录、董事会会议记录、监事会会议记录、财务会计报告;第 107 条规定的股东大会会议记录、出席股东的签名册及代理出席的委托书;第 130 条规定的发行记名股票的股份有限公司应当置备的股东名册;第 165 条第 2 款规定的股份有限公司的财务会计报告。除此之外,《公司法》明确规定公司应当置备相关材料的条文还有:第32条,规定有限责任公司应当置备股东名册;第157条,规定公司发行公司债券应当置备公司债券存根簿;第61条、第194条第2款规定了一人有限责任公司股东决定的书面形式、外国公司分支机构的公司章程置备;等等。

但是电子文件的"置备"不同于传统纸面的保存,可以对保存的物理场所作灵活解释。从物理角度来看,比如信息本身保存于外包公司计算机的硬盘里,记载信息的硬盘是"电磁记录",因此"电磁记录"存在于外包公司。但是,如果股东通过电脑终端随时可以查阅记录于此的信息的内容,那也就可以解释为,在设置电脑终端的地方"保存"了该电磁记录。为什么呢?电磁记录的保存义务是作为股东等查阅请求的前提而规定的,在法律规定了保存义务的场所,处于随时可以查阅的状态,即可以说达到了保存的目的。即可以说,在设置电脑终端的地方能够履行对于查阅、抄写请求的同意义务即可。[1] 当然,随着全球数据量的突飞猛进,整个存储市场快速发展,电子存储日益成为一个更独立的专业问题,"云储存"应运而生,以这种新型方式所为的存储当然也属于电子储存的范围。

3. 电子签名

签名的目的不仅在于确定签名人的身份,更为重要的是作为签名人对文件内容的一种认可方法。传统的签名必须依附于某种有形的介质,通常是在某种书面文件中亲手写下自己的名义、盖上自己的印章或者留下自己的指纹印记。但是在电子交易过程中,文件是通过数据电文的传送来完成的,往往并不存在某种有形的介质,因而双方之间就无法利用电子数据来传递自己的亲笔签字,因而也就无法达到法律对于手书签名的要求。这就需要以电子签名这样的技术手段达到与手写签名相同的功能,因此公司电子文件的签名就成为公司电子化包括股东大会首要的法律问题。

公司中有大量的材料需要有关人员的签名,单纯从《公司法》的规定看

---

〔1〕 参见[日]田泽元章:《IT化进程中的日本股份公司法修改》,载渠涛主编:《中日民商法研究》(第3卷),法律出版社2005年版,第284页。

就不少。我国《公司法》明确规定下列材料需要签名或者签名、盖章:(1)公司章程;(2)股东书面决定书;(3)股东(大)会会议记录;(4)董事会会议记录;(5)监事会会议记录;(6)一人公司股东的书面决定;(7)公司股票;(8)公司债券;(9)认股书。

在电子化的情况下,股东对相关公司文件的确认需要电子签名法。法国于2000年3月通过了《证据法情报技术的适应化及电子签名法》,日本于2000年5月通过了《关于电子署名及认证法》。而我国,2004年8月28日,全国人大常委会通过了《电子签名法》,该法确立了可靠的电子签名具有与手写签名或者盖章同等法律效力的规则。根据这些规定,电子记录方式制作的材料的电子签名成为可能,签名人身份可以据此识别,附属电子签名的数据电文可以据此归属于签名人。

有学者指出,我国《电子签名法》有关电子签名的界定存在问题。[1]《电子签名法》第2条第1款规定:"本法所称电子签名,是指数据电文中以电子形式所含、所附用于识别签名人身份并表明签名人认可其中内容的数据。"这一规定表面上看也是遵循技术中性原则,但是《电子签名法》对电子签名事实上采取了最为狭义的立法模式,实质抛弃了技术中性标准,违背了私法自治原则,限制了功能等同法的运用。安全性较高的交易强制要求采取安全电子签名尚在情理之中,但大量的交易则往往不需要达到这种高度的安全性,标准的强制性提高势必导致交易成本不必要的提升,并提高了电子商务的准入门槛。《电子签名法》狭隘的电子签名立法模式势必成为正常交易的障碍。在电子签名被用于签署民事交易中的数据电文时,只要能够将数据电文归属于签名人,即使签名人所使用的电子签名不满足安全电子签名的条件,也应认为电子签名具有法律效力,数据电文能够发生效力。即使是出于对网络交易安全性的考虑,也不能成为限制私人间所使用的一般电子签名的效力的理由,私法自治原则应被遵循。[2]

---

〔1〕 参见郭明瑞:《21世纪民商法发展趋势研究》,科学出版社2009年版,第191页。

〔2〕 同上书,第192页。

不管如何，我国《电子签名法》的颁布，为公司相关材料的电子化扫除了障碍。公司只要事先将股东的签名输入公司系统并进行认证，就可以实现签名的有效性和安全性，从而确定电子文件的效力。只要保证电子文件的完整性、安全性，该电子签名认证上确认了签署人的身份，又证明了该公司文件的信息完整，即可将电子化文件视为该当事人亲笔签署的文件。电子签名的认证标准在《电子签名法》上都有相应的规定，并且该法也对数据电文进行了详细的规定，只要将该制度运用于公司文件，使得实现公司进行电子化的改革有了较好的制度基础。

（二）相关文件资料电子化的公司立法选择

《电子签名法》不独为股东大会，也为公司整个事务管理中相关文件资料的电子化打下了坚实的制度基础。对于《公司法》而言，主要的工作就是对此予以确认。

1. 需要电子化的文件资料范围

（1）与股东大会相关的文件资料

从我国《公司法》的相关规定来看，与股东大会相关的文件资料主要包括三个方面：一是会议记录，如《公司法》第 107 条规定的股东大会会议记录，当然还包括第 90 条规定的股份有限公司创立大会的会议记录；二是权利证明书，如《公司法》第 106 条规定的股东代理出席股东会议的授权委托书；三是权利行使书，如《公司法》第 102 条第 2 款规定的少数股东提出的临时提案书。

（2）其他文件资料

不仅是股份有限公司股东大会的规则，股份有限公司的其他制度，甚至包括有限责任公司的制度，其文件资料也都有电子化的必要性，因此就《公司法》对电子化的确认来说，涉及的法律规定范围远比股东大会要广。本书根据我国《公司法》的规定，将之分为以下 6 类：一是章程、名册类，主要涉及我国《公司法》第 11 条、第 23 条、第 76 条等规定的公司章程，第 32 条、第 130 条规定的股东名册，第 157 条规定的公司债券存根簿。二是会议记录，主要涉及我国《公司法》第 37 条第 2 款规定的有限责任公司股东书面决议书，第 41 条规定的股东会会议记录，第 48 条、第 112 条规定的董事会会议记录，第

55 条、第 119 条规定的监事会会议记录。三是商业账簿、会计报表,主要涉及《公司法》第 33 条规定的会计账簿,第 33 条、第 62 条、第 96 条、第 134 条、第 145 条、第 164 条、第 165 条等规定的财务会计报告,第 173 条、第 175 条、第 177 条规定的资产负债表及财产清单。四是公司发生基础性变更时要求的合同书类,主要涉及《公司法》第 173 条规定的合并协议,还可以把第 78 条第 2 款规定的发起人协议等纳入。五是权利证明书,主要涉及《公司法》第 31 条规定的出资证明书,第 112 条规定的董事代理出席董事会会议的委托书等。六是权利行使书,主要涉及《公司法》第 71 条规定的股东对外转让股权时请求其他股东同意的请求书,第 83 条规定的发起人认股书与第 85 条规定的认股人认股书,第 102 条第 2 款规定的少数股东提出的临时提案书,第 151 条规定的请求监事会或者董事会提起诉讼的请求书。

2. 相关文件资料电子化的具体立法模式

需要指出的是,虽然说涉及相关文件资料电子化的条文非常多,但是并不意味着这些条文都与电子化不相容,从而需要进行相应的立法修正。实际上许多概念本身是中性的,并不必然与纸质载体相联系,如有关的“记录”“证明书”等,所以《公司法》并不需要对此加以改变。

就电子化的立法而言,主要涉及《公司法》中众多“书面”的规定,实质就是如何确立电子形式等同于书面形式的地位。对此,有两种模式可以选择:第一种模式是以法律解释的方法,将电子化的方式视为书面形式。这种模式的基本方法就是《电子签名法》的方法,只要参照《电子签名法》第 4 条的规定,把符合要求的数据电文“视为”书面形式即可。第二种模式是以立法确立的方法,将电子形式作为与书面形式相并列的一种独立形式。这种模式的基本方法有二:一是将《公司法》涉及书面形式的条文逐条式加上电子方式;二是设置一个概括性条文统率有关电子方式的规定。

相比较这两种模式,在电子化的目的达成度方面并没有多大的区别,因此都是可行的方案。但是,以法律解释的方法将电子方式“视为”书面形式,意味着电子化依然不是法律行为的一种独立形式,其本质上是隶属于书面形式的。由于二者在处理书面与电子的规则方面存在本质的区别,那么在法律制度的设计上也必须考虑其存在的差异,因而在很大程度上也就无法实现统一规则的设定。正因如此,各国在制度设计上,包括公司法制电子化的制度设计上都是区分书面形式和电子方式而分别予以规定的。在信息化高度发展的今天,面临着也许比纸质数量更多、应用更广泛的电子文件,法律不可能再视而不见地将两种相差迥异的方式统一作为书面形式来对待。如果说制定于中国信息化初期 2004 年的《电子签名法》将电子方式"视为"书面形式是情有可原的话,那么在信息化快速发展的今天,再这样对待就是一种漠视甚至无视了。所幸的是,我国学界与业界已经敏锐地发现了电子方式与书面形式相比的特殊性与差异性,新近的一些立法已经改变了将电子方式"视为"书面形式的做法,甚至更进一步将电子方式再进行区分,如 2012 年修正后的《民事诉讼法》第 63 条即分别确立了视听资料、电子数据两种非纸质的证据形式。有趣的一个现象是,《民事诉讼法》并没有使用《电子签名法》中的"数据电文",而是另辟蹊径地用了"电子数据"这一概念,笔者认为后者显然更为符合国人用词习惯。

以立法确立电子形式作为一种独立形式的模式显然可以克服前述规则差异的问题。前文提到,这种模式采用的方法有两种,但是就立法技术而言,又可以分出三种方式:一是列举式的立法,即将《公司法》涉及书面形式的法律条文逐条式添上电子方式的规定;二是概括式的立法,设置一个概括性条文统帅有关电子方式的规定;三是例示式的立法,或称混合式的立法,既有概括性的规定,又有具体列举的条文。从理论上分析,一般认为,第一种方式可能因过于抽象而导致具体适用上难以把控,第二种方式可能因为列举的不足而导致挂一漏万的情形,第三种方式则是最佳的方式,既因为有列举的规定而可以避免过于抽象,又基于概括的规定而可以避免挂一漏万。日本在公司法独立立法之前就是属于第三种模式,《日本商法》第 33 条之二第 1 款就给"电磁记录"做了界定,而后在其他相关条文中又不厌其烦地加以具体的规定。这种方式可以为我们所借鉴,一方面,《公司法》可在其总则部分规定公司制作的报表、材料都可以使用电子数据;另一方面,在涉及书面形式的具体条文中加上电子方式的适用,当然在其具体法律适用上可以采用"准用"相关规定的方法,以避免法律规定过于烦琐的弊端。

二、股东大会会议通知与公告电子化的法律实现

(一)股东大会会议通知的电子传送

1. 相关制度中的“电子方式”

(1)日本法的“电磁方法”

根据《日本公司法》第2条第34项括号内加注的规定,电磁方法是指由法务省令规定的使用电子信息处理组织的方法,以及其他利用信息通信技术的方法。这一定义与平成12年(2000年)法律第126号,即《IT书面一括法》修改的旅行业法等法律所使用的定义,以及《关于电子消费者合同以及电子承诺通知的民法的特例的法律》所使用的定义相同。

《日本公司法施行规则》第222条具体规定了以下三种类型的电磁方法。

第一,利用电子邮件发信的方法。即“发信者通过连接发信者使用的电子计算机与受信者使用的电子计算机的电信线路向受信者发信,使该发信内容记录于受信者使用的电子计算机中的文件夹的方法”(第222条第1款第1项第1目)。

第二,进入网站阅读和下载的方法。即“发信者使用的电子计算机文件夹中记录的信息内容通过电信线路供受信者阅读以及供受信者将该信息记录于受信者使用的电子计算机中的文件夹的方法”(第222条第1款第1项第2目)。

第三,交付磁盘等的方法。即“在磁盘或类似的可确实记录一定信息之物的文件夹中记录信息,并交付受信者的方法”(第222条第1款第2项)。

但是,利用电话听发声音、利用传真收发信息等没有利用电子计算机,因此不是电磁方法。[1]

(2)美国法的“电子传输”

美国法关于“电子传输”的规定可以以《特拉华州普通公司法》和《美国

[1] 参见张凝:《日本股东大会制度的立法、理论与实践》,法律出版社2009年版,第250页。

示范商事公司法》为例。

《特拉华州普通公司法》于2000年做了一次重要的修改，该次技术修订的中心特点是授权公司许多行动可以以“电子传输”的方式。在修正案之前，“电子传输”这个术语只在《特拉华州普通公司法》第212(c)项出现，即“允许股东委任代理人传递信息，或者授权许可电报、海底电报或其他的电子传输方式”。虽然“电子传输”这个术语已经被广泛地理解并被广泛地适用于各种各样的电子传输代理中，但第212(c)项并没有对它加以界定。

新修订的第232(c)项规定的一个重要不同在于，它规定了可以适用于整部《特拉华州普通公司法》的“电子传输”的定义：“电子传输”是指各种形式的通信联络，它并不直接包括文件的物理传输，它必须表现为记录的形式，可由收件人加以保存、检索、审查，并可由收件人通过一个自动程序直接转载为书面形式。

这个定义有意地将“电子传输”的外延加以拓宽，而且必须要理解好有关“传输并不直接包括文件的物理传输”的含义。对于无纸化的传输能称其为“电子传输”，它必须表现为一种记录，该记录必须满足两个条件：一是可以由收件人予以保存、检索和审查；二是可以由收件人通过一个自动的程序直接转载。因此，该术语包括了像“传真传输”“电子邮件”“网站公告”“数据磁带”“光碟”，以及类似于海底电缆和电报这样旧的技术方式，所有这些都符合这个法定的定义。[1]

在《特拉华州普通公司法》第232条对“电子传输”的定义既有与修订后的《美国示范商事公司法》第1.40条的相同之处，也包含了不同之处。第1.40条将“电子传输”界定为“任何适合于保存、检索、审查信息的传递程序，并不直接包括文件的物理传输”。对第1.40条的注释陈述了该定义“是被广泛地加以诠释，并包含了不断变化的电子传输方法，包括计算机之间通过调制解调器的电子传输以及通过磁带或计算机磁盘对数据的存储和传输”。注释取

〔1〕 James L. Holzman and Thomas A. Mullen, “A New Technology Frontier for Delaware Corporations”, 4 *Delaware Law Review*, 2001, pp. 55, 60.

消了“电子传输”术语中对特定传输形式的界限,但是这个注释并没有包括语音邮件和其他类似的不能自动提供数据印刷或打印的信息传递方式。虽然特拉华州的修正案没有采用示范公司法典的定义或官方的评论,但按照特拉华州法规,语音邮件也并不能成为“电子传输”方式,除非它在一个技术平台上表现为“通过一个自动的程序可以直接转化为文件形式”的记录。[1]

(3)我国台湾地区的“电子方式”

我国台湾地区“公司法”也有使用“电子方式”的规定,然而究竟指什么,“公司法”没有明确,而有关主管机关尚未有明文之规定。

依学者陈锦旋对“电子方式”的理解,其范围或方式并非单一,举凡因特网、电话语音、视讯等均属之。[2]

学者刘连煜认为,其所谓“电子方式”,依“立法”理由说明系指“依电子签章法规定之电子方式”,从我国台湾地区现行“电子签章法”第 9 条、第 10 条观之,以网际网络、语音电话或 touch tone 电话进行表决,应无疑问。但如以“视频会议”进行表决,解释上似仍有争议。[3]

2. 我国股东大会通知发送可采用的电子方式

正如本书前面阐述的,我国目前的《公司法》还没有一条能直接体现公司法制信息化精神的规定,当然也没有“电子方式”的规定,因此我国有关公司立法并不可能为股东大会的电子方式作一界定,甚至也没有“电子方式”的用语。当然,《电子签名法》对于数据电文的界定可以成为一个基本判断标准。

(1)电子邮件应是当前电子传送的主要方式

电子邮件在人们的日常联络中被广泛利用,已经成为不可或缺的通信工具,2006 年 7 月 1 日中国互联网络信息中心发布的《第十八次中国互联网络发展状况统计报告》显示,2006 年我国网民当年收到的电子邮件将超过 100

---

〔1〕 James L. Holzman and Thomas A. Mullen, “A New Technology Frontier for Delaware Corporations”, 4 *Delaware Law Review*, 2001, pp. 55, 60.

〔2〕 参见陈锦旋:《公开发行公司股东通讯行使股东会议决权之法制与实务》,载《现代公司法制之新课题——赖英照大法官六秩华诞祝贺论文集》,台北,元照出版公司 2005 年版,第 310 页。

〔3〕 参见刘连煜:《公司法制的新开展》,中国政法大学出版社 2008 年版,第 105 页。

亿封，电子邮件已经成为人们办公的必需工具。

电子邮件作为一种重要的电子通信工具，在我国法律生活中越来越受重视。如《合同法》第 11 条，明确了电子邮件作为“数据电文”的一种从而成为合同的一种形式。《行政复议法实施条例》明确规定，申请人书面申请行政复议的，可以采取当面递交、邮寄或者传真等方式提出行政复议申请。有条件的行政复议机构可以接受以电子邮件形式提出的行政复议申请。[1] 而最高人民法院《关于涉外民事或商事案件司法文书送达问题若干规定》也规定，除本规定上述送达方式外，人民法院可以通过传真、电子邮件等能够确认收悉的其他适当方式向受送达人送达。[2]

电子邮件作为公司发送信息、股东接收信息的工具在各国公司中大量地存在。许多国家和地区都允许使用电子邮件进行股东表决或传输文件。如美国《特拉华州普通公司法》即规定，“若利用电子邮件，直接传送至股东同意接受通知的电子邮件地址”，可以成为有效的通知。另外，日本、我国台湾地区的规定中也都肯定了电子邮件作为电子传送的方式。

发送电子邮件的方式在我国上市公司股东大会中也是常见的一种通知方式，我国甚至出现了以发送电子邮件进行投票表决，如原《中远航运股份有限公司股东大会议事规则》第 12 条就规定了以电子邮件方式传送通讯表决票。电子邮件应是当前电子传送的主要方式。

(2) 电子化传送的其他方式

除电子邮件外，交付磁盘、拷贝文件、利用有关网站阅读与下载都应当属于电子化的传送方式。但是在信息化高度发达的今天，鉴于股份有限公司股东大会的现状，采用交付磁盘、拷贝文件这类利用有形载体的方法显然在效率性、便捷性与普及化方面存在明显的缺点，尤其是股东众多而又分散各地的上市公司，用交付磁盘、拷贝文件的方法进行信息传送还真不如用传统的邮寄信件的方法，因此两种虽都属于电子化的传送方法，但是在实务上恐怕难以实现。相

[1] 参见《中华人民共和国行政复议法实施条例》第 18 条。

[2] 参见最高人民法院《关于涉外民事或商事案件司法文书送达问题若干规定》第 10 条。

比较而言,利用有关网站阅读与下载却是一个较好的方法,它通过引导股东进入指定的网站阅读或下载相关的信息,从而实现信息传送的目的。但是,公司必须事先发布一个通知,告知股东进入指定的网站,并按照通知规定的或者预先约定的方法阅读与下载。如果没有这样的通知,股东无从知晓公司在发布通知,如果无须告知股东特定的登录或阅读路径,任何人都可以随意进入阅读甚至下载,那么此时已经不再是“通知”,而已经成为公告了。

关于传真、电传、电报方式。《电子签名法》虽然没有具体规定数据电文的具体形式,但是应当明确的是,传真、电传、电报肯定属于《电子签名法》所规定的数据电文的方式。按照一般的理解,目前对于数据电文接受最为广泛的当属联合国国际贸易法委员会在《电子商业示范法》中对数据电文的定义:“数据电文系指经由电子手段、光学手段或类似手段生成、储存或传递的信息,这些手段除包括但不限于电子数据交换、电子邮件、电报、电传或传真。”学者也根据对《电子商业示范法》的分析及对以后技术发展的考虑,认为产生数据电文的手段除包括电子数据交换、电子邮件、电报、电传、传真外,也包括其他可能出现的新的技术手段。[1]

但是,也有学者认为,数据电文的外延在包括电子数据交换和电子邮件或以后出现的新型电文之余,没有必要再将电报、电传、传真视为数据电文加以处理。[2] 对此,笔者表示赞同。应当指出的是,虽然在基础技术上基本相同、交付手段上具有非物理性的特点,但是电报、电传、传真与电子数据交换、电子邮件仍然有本质上的区别。前者运用的最后结果必然是有纸质文件出现的,而电子数据交换、电子邮件却未必,“纸”产生与否的差异,以及技术与流程的不同使电报、电传传真和电子数据交换、电子邮件等对应的具体规则在实体法与诉讼法上都存在差异。[3] 在日本,利用电话听发声音、利用传真

---

〔1〕 http://unpan1.un.org/intradoc/groups/public/documents/APCITY/UNPAN017028.pdf. 2006-1-21. 转引自房绍坤、于海防:《论数据电文制度的涵义及表意基础》,载《甘肃政法学院学报》2008年5月总第98期。

〔2〕 参见房绍坤、于海防:《论数据电文制度的涵义及表意基础》,载《甘肃政法学院学报》2008年5月总第98期。

〔3〕 同上。

收发信息等没有利用电子计算机,因此不是电磁方法。[1] 虽然我国《公司法》不需要规定具体的电子方式,但是实践中也确实没有必要将电报、电传、传真作为电子化的具体方式。

(二)电子公告

公告也是一种常见的告知方式,其最大的好处是可以使不特定人得以知晓公告的信息。电子公告实现了应对信息化高度发展的广泛性,使便捷的公告方法得以更好落实。但是,作为一种公告方法,公司如果要选择电子公告作为其公告方式,应当在章程中对此作出规定。

1. 何为"电子公告"

电子公告是一种特殊的互联网信息服务,其服务的内容是电子公告服务提供者为用户利用互联网空间发布信息。按照《日本公司法》的规定,电子公告是指通过电磁方法,使不特定多数人处在能够接收所提供的公告信息内容的状态的措施,并且采用了法务省令所规定的方法(《日本公司法》第2条第34项、《日本公司法施行规则》第223条)。而按照原中华人民共和国信息产业部《互联网电子公告服务管理规定》第2条第2款的规定,电子公告服务是指在互联网上以电子布告牌、电子白板、电子论坛、网络聊天室、留言板等交互形式为上网用户提供信息发布条件的行为。

根据《公司法》第81条第11项之规定,公司章程可以规定公司的通知与公告办法,作为章程的规定,只要记载或记录将电子公告作为公告方法的意思即可。另外,在章程已记载了以电子公告为公告方法意思的情况下,还可规定因事故或其他不得已之事由而造成不能使用电子公告进行公告时,将采用其他的公告方法,如报刊。当然,在公司章程记载时,只要在章程中记载或记录采用电子公告作为公告方法的内容即可,不需要在章程中记载公告用网址(Uniform Resource Locator,URL)。由于编辑网页的需要,有些时候不得不更改URL。如果把URL作为章程规定的事项,则每次变更URL都需要通

[1] 参见张凝:《日本股东大会制度的立法、理论与实践》,法律出版社2009年版,第250页。

过股东会特别决议变更章程,对公司来说是个很大的负担。[1]

公司以电子公告进行公告时,有必要对股东等公示其情况,故根据《日本公司法》的规定需要进行登记。登记事项如下:(1)章程对公告方法有规定时,按其规定。(2)章程规定公司以电子公告为公告方法时,①以电子公告就应公告的信息内容,不特定多数人为接收该信息内容的提供,须对法务省令所规定的必要事项进行登记。②发生无法以电子公告进行公告的事故时,章程规定了使用官报或日报进行公告的,同样须对此规定进行登记。因此,公告用的 URL 就是属于登记事项。

对于上市公司,《上市公司股东大会规则》第 51 条规定,公告或通知篇幅较长的,公司可以选择在证监会指定报刊上对有关内容作摘要性披露,但全文应当同时在证监会指定的网站上公布。此所谓指定的网站即是我国上市公司法定的电子公告网站。

2. 应进行公告的期间

我国《公司法》《证券法》对公告日期的规定,主要有以下两种情形:第一种情形是只规定予以公告,而对于公告日期没有作任何规定,也就是说既没有规定起始日,又没有规定截止日。如《公司法》第 85 条规定,"发起人向社会公开募集股份,必须公告招股说明书",此处没有关于公告期间的任何规定,那么是不是意味着公司可以任意进行公告呢?实践中并不是如此的。《上市公司信息披露管理办法》第 11 条第 2 款对此作出了补充性的规定,根据该条规定,公开发行证券的申请在得到证监会的核准之后,发行人公告招股说明书的时间是"证券发行前",这实际上就对起始日作出了具体规定。再如《公司法》第 165 条规定了公开发行股票的股份有限公司公告其财务会计报告的义务,同样也没有规定具体时间。但是《上市公司信息披露管理办法》第 20 条规定,"年度报告应当在每个会计年度结束之日起 4 个月内,中期报告应当在每个会计年度的上半年结束之日起 2 个月内,季度报告应当在每

[1] 参见[日]田泽元章:《IT 化进程中的日本股份公司法修改》,载渠涛主编:《中日民商法研究》(第 3 卷),法律出版社 2005 年版,第 300 页。

个会计年度第3个月、第9个月结束后的1个月内编制完成并披露”,这一规定解决了公告的起始日问题。第二种情形是只规定了起始日,但是没有规定截止日。如《公司法》第102条规定,召开股东大会时,“发行无记名股票的,应当于会议召开三十日前公告会议召开的时间、地点和审议事项”;又如《公司法》第173条规定,“公司应当自作出合并决议之日起十日内通知债权人,并于三十日内在报纸上公告”。这两个条文都规定了公告的起始日(会议召开30日前或作出合并决议之日起30日内),而没有规定公告的截止日。这种不规定截止日或者说公告持续期间的方式对于传统纸质媒体来说,并不存在很大问题,因为通过报刊进行公告时,只要进行一次,从此时起经过一定期间后,就会产生行使权利的终期或始期到来的法律效果。但是对于以电子方式进行公告的,公告的持续时间就成为一个重要的问题,因为电子公告不像纸质公告那样持久,如果不规定一个具体的持续时间,删除信息是分分钟的事情,对于广大的股东来说,屏幕上的一闪而过与根本没有公告并无什么差别。

综上所述,必须采取使不特定多数人处在能接收信息状态的措施,所以有必要采取该措施的截止时间就成了问题。从解释上看,我国《公司法》第102条规定的公告的截止日至少应当在会议召开日期之后,类似于公司的财务会计报告,法律应当明确规定其电子公告的连续公告期间,以便于股东真正了解公司的经营与财务情况。日本股份公司通过电子公告进行公告时,根据《日本公司法》第940条之规定,按照以下四项所列公告的区分,在该各项规定日前的期间,不间断地通过电子公告进行公告,这一方法值得我们借鉴。

(1)根据该法的规定,在特定日期的一定期间前须公告的公告,在该特定日期之前。如在进行简易吸收合并的情况下,《日本公司法》第785条第3款规定,消灭公司须在发生法律效力20日前,向其股东通知进行吸收合并等的决定和存续公司等的商号及住所。第4款规定,下列情形下,依前款规定的通知,可以公告代替:①消灭股份公司等为公开公司的情形;②消灭股份公司等已接受第783条第1款的股东大会决议对吸收合并等的传入的情形。

(2)依《日本公司法》第 440 条第 1 款规定的公告(进行公司决算报告的公告)时,在同款年度股东大会闭会日后经过 5 年之日前。

(3)在公告所规定的期间内可陈述异议的公告,在该期间经过之日前。如对于不能提交股票者的异议催告程序的公告,《日本公司法》第 220 条规定,股票发行公司依其请求,可向利害关系人公告如有异议可在一定期间内提出,该期间不得少于 3 个月。

(4)前三种公告以外的公告,在该公告开始后经过 1 个月之日前。如《日本公司法》第 849 条规定的公司为追究董事责任提起诉讼,或收到诉讼告知情况下的公告;第 706 条第 2 款规定的公司债管理人就公司全部债的支付进行缓期情况下的公告。此类公告,须在公告开始后经过 1 个月之日为止的期间进行。

不仅如此,对于电子公告而言,由于存在海量的信息,哪怕存在一定的存续时间,采取用其他信息来覆盖电子公告信息也是分分钟的事情,因此在网站首页持续时间的长短应当有规定的必要。

3. 电子公告的平台选择

电子公告的平台选择一般有两种方法,一是由法律性文件直接规定,二是由公司章程自由确定。

(1)法定平台

法定平台多数是针对于公众公司网络平台的要求,其原因主要在于这类公司的公众性质,以便不特定多数股东的访问与信息的获取。而此类平台的设置多具有官方背景,如德国的电子联邦公告网站,该网站的经营者是联邦公告出版社和联邦司法部,是联邦行政机关、法院、各类商业登记事项或法定公告事项的发表、公告指定所在。[1] 我国上市公司股东大会公告的电子平台也是证券监督管理机构指定的网站,所谓指定的网站,分别是上海证券交

---

〔1〕 参见洪秀芬:《股东交流平台建立之探讨——以德国股东论坛为例》,载《兴大法学》2007 年第 1 期。

易所的官方网站（www. sse. com. cn）和深圳证券交易所下属的巨潮资讯网（www. cninfo. com. cn），以及作为创业板信息披露的五家网站：巨潮资讯网（www. cninfo. com. cn）、中证网（www. cs. com. cn）、中国证券网（www. cnstock. com）、证券时报网（www. secutimes. com）、中国资本证券网（www. ccstock. cn）。

（2）利用公司自己的网站

随着信息技术发展，我国已经有大批的企业建立了自己的网站，访问者进入网站阅读和下载应当是一种便捷的电子化方式。根据中国互联网络信息中心发布的《2013 年下半年中国企业互联网应用状况调查报告》，截至 2013 年 12 月，全国 41.7% 的企业建立了独立的企业网站，同时有 18% 的企业利用电子商务平台建立了网店。企业的从业人员规模越大，建立独立的企业网站、开设网店的比例就越高，7 人及以下规模的企业建立网站、开设网店的比例分别仅为 21.1% 与 10.3%，而 100 人及以上规模的企业建立网站、开设网店的比例分别在 60% 左右和超过 1/4。[1] 2013 年企业网站的域名使用情况和建立独立网站/网店的企业比例分别如图 4－1、图 4－2 所示。

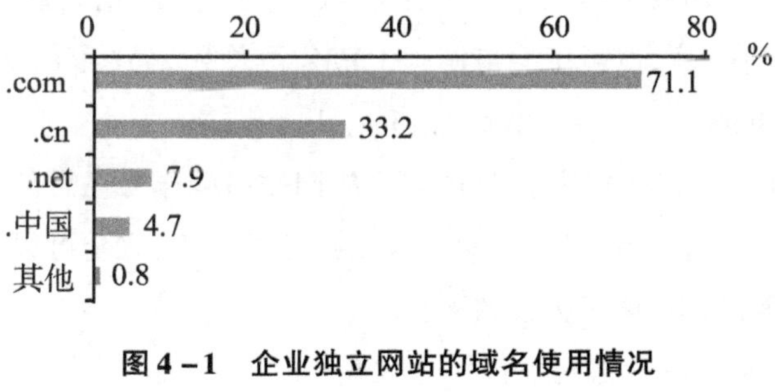

图 4－1　企业独立网站的域名使用情况

[1] 参见《2013 年下半年中国企业互联网应用状况调查报告》，载中国互联网络信息中心：http://www. cnnic. net. cn/hlwfzyj/hlwxzbg/hlwqybg/201403/P020140310340922635594. pdf，最后访问日期：2014 年 3 月 10 日。

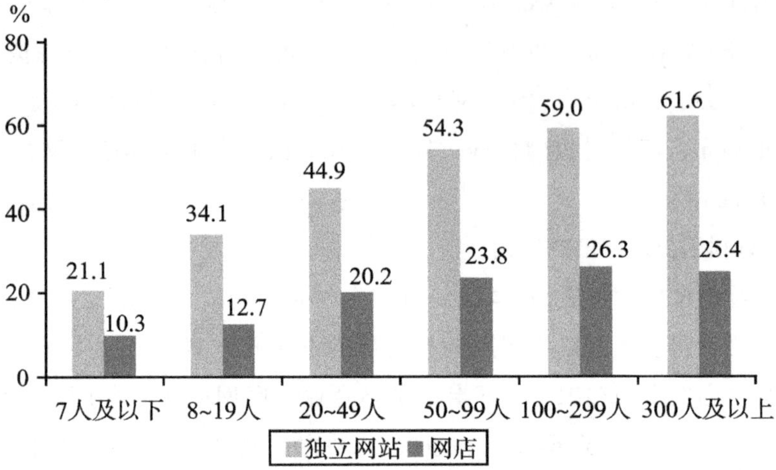

图4－2　建立独立网站/网店的企业比例

在这些企业中，上市公司建立网站的比例最高。由中国上市公司网站评选活动组委会抽调专业人员，对截至2013年8月31日前在深、沪两地上市的2467家上市公司的官方网站，逐家进行了体验式访问。同时，按照组委会工作组确定《中国上市公司网站评价体系》中涉及的10大项30多个指标，专业人员对访问网站逐项体验计分并建立评价数据库。根据调查，有网及可登录网站公司2339家，占当年参与调查上市公司总数2467家的94.81%。与上一年度同期93.66%相比，增长1.15%。[1]

当然，对于上市公司而言，公司自己的网站只能作为任意的公告平台而不能作为法定公告平台。但是，对于非上市公司来说，完全可以以章程规定以本公司的网站作为电子公告的平台。

（三）股东大会信息电子传送的程序

股东大会信息的电子传送程序主要是在技术层面，但是也涉及法律问题，当然这主要体现在“通知”而非“公告”上。

---

〔1〕 参见《2013中国上市公司网站调查报告》，载证券时报网：http://news.stcn.com/2013/1230/11042944.shtml，最后访问日期：2014年3月10日。

1. 对方的同意

(1)接收者的同意是先决条件

对通知、请求等进行电子化处理时,原则上收信人的同意是电子化的条件,[1]这样规定是因为考虑到所谓的数字鸿沟问题。从我国现状看,虽然我国目前的数字鸿沟正在缩小,但是实际差距依然巨大。因此有的人不能适应利用电子方法发送通知等,或者在多种多样的电子方法中,有些人无法适应某些方法。出于对接收信息一方的保护,法律应当要求接收信息一方的同意,尤其是对于股东一方。

(2)同意的程序

对于取得同意的程序,日本法规定由政令进行规定。而日本的相关政令对限制转让股份的同意转让请求,以及公司的不同意通知、股份转换请求、股东会召集通知规定了取得同意的程序。其具体的程序是:①必须事先向对方说明所使用的电磁方法的种类及内容,以书面或电磁方法取得对方的同意;或者,②股东即使已经表示同意,仍然可以以书面或电磁方法表示不接受以电磁方法发送通知。撤回同意之后也可以再次表示同意。[2]

对于前文所说的向对方说明的"电磁方法的种类及内容",政令又委托给法务省令加以规定。电磁方法的"种类"实际上就是《日本公司法施行规则》第 222 条具体规定的三种类型的电磁方法,即利用电子邮件发信的方法、进入网站阅读和下载的方法及交付磁盘等的方法。

(3)对公司等拒绝同意的限制

如前所述,采用电子方法发送通知、请求等,需要取得对方的同意,原则上股东可以自由决定是否同意,公司也可以自由决定是否同意股东等接受以电子方法发送通知、请求等。

但是如果采用电子方法发出请求的股东是同意公司利用电子方法发送股东会召集通知的股东,那么按照《日本公司法》的规定:①公司在一定的期

---

〔1〕 参见[日]田泽元章:《IT 化进程中的日本股份公司法修改》,载渠涛主编:《中日民商法研究》(第 3 卷),法律出版社 2005 年版,第 288 页。

〔2〕 同上书,第 289 页。

间内,即该同意对象之股东大会的开会日所在的营业年度的决算期后召开的定期股东大会结束为止的期间;②只要没有正当的理由,公司就不能拒绝股东提出的请求的电子化。

对于公司拒绝同意的限制是基于公平的观点。这里所说的正当事由是指:①股东提出的电子方法太特殊,从系统上公司难以应对;②股东发送过来的电子邮件(包括附件)经公司计算机病毒检测系统检测,认定包含病毒的可能性很大,等等。[1]

(4)事后同意与概括性同意

如前所述,原则上需要事前取得同意,但是未经同意采用电子方法提供相关材料之后,对方事后表示同意的,作为已经取得同意加以处理应该没有问题。

在某一个特定的时间,对于将来召开的股东大会采用电子方法发送召集通知统一征求股东同意的,只要不存在损害股东的可预见性等特别的事由,可以这样做。[2] 前文已经提过,股东随时可以撤回同意,撤回同意后也可以再次表示同意。

除了股东大会的召集通知,公司所发出的全部通知都事先统一取得股东同意,这在法律上并没有理由认定为不合法。但是公司需要明确每个利用电子方法发送通知的情况,逐个取得股东的同意。[3]

2. 生效时间

(1)到达主义与发信主义

关于公司向股东等发出的通知、催告等发生效力的时间上,存在两种主张,即到达主义与发信主义。大陆法系与英美法系也存在严重对立。大陆法系采取到达主义,即意思表示应于到达相对人时生效;所谓"到达",是指意思表示已进入受领人的控制领域,并在通常情况下可以期待受领人能够知悉

---

〔1〕 参见[日]田泽元章:《IT化进程中的日本股份公司法修改》,载渠涛主编:《中日民商法研究》(第3卷),法律出版社2005年版,第289页。

〔2〕 同上书,第290页。

〔3〕 同上。

意思表示内容的客观情况。而英美法系采取发信主义，即意思表示于表意人向相对人发出时生效。

根据《日本民法》的规定，其采用的是到达主义，而《日本商法》修正了《日本民法》所采用的到达主义原则实质上采用了发信主义。[1] 我国《合同法》第16条第2款规定："采用数据电文形式订立合同，收件人指定特定系统接收数据电文的，该数据电文进入该特定系统的时间，视为到达时间；未指定特定系统的，该数据电文进入收件人的任何系统的首次时间，视为到达时间。"也就是说，因为我国采取"到达主义"，所以该数据电文的到达时间即为意思表示的生效时间。

（2）收信人地址

日本于2001年修改《日本商法》后，除"住址"之外，又引入了"（告知公司的）收信人地址"这个概念。公司在向股东等发送通知等的时候，向"收信人地址"发信即被拟制为到达，具体地说，给电子邮件地址发邮件等。但需要注意的是，由于"收信人地址"有可能被蠕虫邮件或计算机病毒等非法目的利用，为防止此类非法目的及其他个人隐私问题，日本法没有要求把收信人地址作为股东名册的记载或记录事项。

（四）公司信息电子传送错误及其后果

与普通信息传送可能发生错误一样，通过电子化的手段进行信息传送也可能产生同样的问题。信息传送错误有多种表现形式，但是就其根源来说，无非归结于传送者的原因，接收者的原因，或者是传送通道的原因三种。电子化的传送虽然在表现形式上与普通传送存在不同，但是也还是可以按此进行区分的。

1. 由于发送者的过失而导致的传送错误及其后果

发送者的过失可能的表现有两个，一是未予发送，二是张冠李戴。这两种情况导致的结果都是共同的：文件无法传送给接收者，相当于信息传送行

---

〔1〕 参见［日］田泽元章：《IT化进程中的日本股份公司法修改》，载渠涛主编：《中日民商法研究》（第3卷），法律出版社2005年版，第290页。

为的不存在，从而不能产生预期的法律效力。但是不具有预期的法律效力并不代表不会发生相应的法律后果，如果信息是由股东发送的，那么其后果就是股东没有行使相应的权利。如股东向公司股东大会提出提案，但是由于填写了错误的电子邮箱而导致公司并没有接收到该邮件，这与股东根本没有提出提案的效果是一样的，如果错过了规定的时间，则会导致该股东就该次会议而言提案权的丧失。但是，如果是公司将股东的电子信箱错误记录而导致会议通知无法传送到股东，由此导致的后果应当由公司来承担：股东可以要求公司再次发送，或者根据《公司法》第22条第2款的规定，提起股东大会决议撤销之诉。有学者认为，不仅如此，还应当判断是否影响了法定多数决的表决要件从而导致极其不公正的决议，并以日本判例为例予以说明提起撤销之诉的条件。[1] 笔者认为，《公司法》第22条第2款规定股东有权提出股东大会决议撤销之诉仅仅是从保障股东救济权的角度来说的，也就是说法院并不能依此即可撤销股东大会决议，但是是否影响了法定多数决的表决要件从而导致极其不公正的决议，应当是法院判决撤销股东大会决议的要件，而并非股东提起诉讼的条件，否则对于保障股东的诉权是极其不利的。前述日本判例也认为因为对一部分股东通知遗漏，公司未能及时弥补使不公正的决议案通过，造成股东重大损失的，应当判决取消股东会议决议，而并非针对股东提起股东大会撤销之诉讼。

2. 由于接收者的过失而导致的传送错误及其后果

接收者过失的根源应该就发生在地址提供上，要么提供了错误的邮箱地址，要么就是更换了邮箱地址而没有及时告诉对方，对此其责任当然应由接收者自己承担。如果接收者是股东，无法参加股东大会、无法行使表决权，这种后果当然由股东自己承担。问题在于如果是公司的原因导致股东发送的电子邮件没有到达公司，导致股东权利行使的愿望落空，应如何予以补救？例如，某一位持有3%股份的股东，欲在某次股东大会上行使提案权，但是由于公司更换了电子邮箱地址没有及时通知而导致该股东按照公司原来的邮

---

〔1〕 参见房绍坤、姜一春：《公司IT化的若干法律问题》，载《中国法学》2002年第2期。

箱地址发送了提案,显然公司无法接收到该邮件,而该股东的提案权也就无法实现。对此,能否根据《公司法》第 22 条第 2 款的规定提起股东大会决议撤销之诉呢?根据《公司法》第 22 条第 2 款的规定,提起股东大会决议撤销之诉的理由有两种情形,一是会议召集程序、表决方式违反法律、行政法规或者公司章程,二是决议内容违反公司章程。因此判断是否能够提起撤销之诉的关键就在于股东提案是否属于股东大会召集程序的问题。客观地说,股东提案权的行使与召集程序并非没有关系,股东大会召集程序的一个重要内容即是会议通知,通知即涉及议案的准备,而议案首先来自提案,包括股东的提案。但是就股东大会召集程序本身而言,主要涉及会议召集权人、召集事由(条件)、召集通知和召集效力等具体问题。[1] 股东提案权虽与股东大会的召集程序存在某种联系,但是其并非召集程序本身,因此股东无法因为公司的原因而提起撤销之诉。虽然如此,并非意味着股东就没有任何救济的途径,他完全可以以公司侵犯股东权为依据提起直接诉讼。

3. 由于传送通道的原因而导致的传送错误及其后果

传送管道的原因一般包括两种:一种是网络传输错误,如计算机程序或者自动化手段中的功能失误;另一种是系统侵入,例如,因外在技术手段窃取或篡改公司的通知文件、因病毒感染使输送的文件内容完全消除等。[2] 在发生传输错误或系统侵入的情况下,法律通常设定一定的责任承担规则,这种规则就是过错推定原则。按照这种原则,若发生传输错误或系统侵入造成了股东的损失,如果公司不能证明自己没有过错,那么公司就应当承担相应的法律责任。《日本商法等一部分改正的法律案要纲中间试案》说明中指出,由于公司自己设计的操作系统失误而造成股东权利无法实施直至损失的情况下,公司应承担责任。由于传送通道的原因而导致的传送错误,之所以依照过错推定的原则来确定公司的责任,其主要理由在于:公司运营电子化

〔1〕 参见赵志钢:《公司治理法律问题研究》,中国检察出版社 2005 年版,第 74 ~76 页。
〔2〕 参见房绍坤、姜一春:《公司 IT 化的若干法律问题》,载《中国法学》2002 年第 2 期。

涉及多重环节、大量技术甚至公司的商业秘密,因此要求一个不了解这些情况的股东来证明公司的主观过错是相当困难的;而对于公司而言,因为它有相关的专业人员,对电子化运营的各个环节是十分熟悉的,由其证明传输错误或系统侵入的原因显然要比普通的股东来得容易得多。按照过错推定原则的基本规则,如果公司不能证明自己没有过错,则公司应对因此而造成的后果承担法律责任,公司若想免除责任,就须证明传输错误或系统侵入是非因其过错而系外因造成的。[1] 例如,修正后的《英国公司法》第369条中规定,由于股东使用的通信回线及因特网故障等外在原因而使公司文件、通知等未能传输成功,或者公司电子系统遭受侵袭,公司给予了相当的注意而无法避免时,公司不承担法律责任。[2]

(五)通知与公告电子化的立法选择

1. 确立会议通知电子化的法律地位

关于股东大会通知的电子方式传送,关键问题就是如何使该电子方式的通知能完整复制原件并在效力上等同于传统的书面通知。[3]

(1)规定电子化的会议通知方式

根据证监会《上市公司股东大会规则》第51条的规定,上市公司股东大会的通知与公告实际上被合二为一了,都变成了在指定报刊刊登信息。这种将公告与通知两种完全不同的行为按照完全相同的方式进行处理是并不妥当的,因为公告针对的是不特定人,而通知针对的是特定人,法律对此加以区分的目的就是要求对两者采取不同的方式进行告知,上述做法应当予以改变。当然对于股东人数众多的上市公司,传统的纸质邮件方式确实给公司带来不少的人力成本与经济成本的支出,但是通过我国《公司法》确立电子方式传送通知的法律地位,规定公司可以运用电子方式向股东发送会议通知,这既可以使公司以低成本达到会议通知的目的,又可以改变以损害股东权利

---

〔1〕 参见房绍坤、姜一春:《公司IT化的若干法律问题》,载《中国法学》2002年第2期。

〔2〕 同上。

〔3〕 See Delaware Code Annotated /Title8. Corporations/Chapter 1. General Corporation Law/Subchapter Ⅶ. Meetings, Elections, Voting and Notice, 228 (d)(2), https://www.lexisnexis.com/ap/auth.

为代价换取效率与效益的弊端。至于具体的电子方式,《公司法》可以无须规定,由公司章程予以具体规定,在实践中电子邮件应该是一种最为常见的方法。当然对于上市公司来说,证券监督管理机构或者交易所可以在其颁布的业务规则中提出要求,除普通的以邮件地址发送电子邮件的方法外,向投资者证券交易账户发送通知应当是一个更为便捷的方法。

(2)电子通知应以收信人的同意为要件

之所以以收信人同意为要件是考虑到有的人不能适应利用电子方法发送通知等,出于对接收信息一方的保护,法律应要求在采用电子方法时应得到接收信息一方的同意。对此,我国一些法律实际上已经考虑到了,如《民事诉讼法》第87条关于诉讼文书送达的规定即是如此,其规定人民法院可以采用传真、电子邮件等能够确认其收悉的方式送达的前提是"经受送达人同意"。《日本公司法》第299条第3款也将其条件设定为"得到股东的同意"。对于未作事先同意的股东,可在股东大会召开之前的一定时间内请求以电子方式提供应记载于行使表决权的书面载体上的内容,董事应立即向股东以电子方式进行交付。[1] 应注意的是,征得股东同意还应明确具体的方式,因为在多种多样的电子方式中,有些人可能无法适应某些方式或在获得信息上增加难度。如相较于电子邮件,股东在事先不知道将有股东大会召开的情况下是不太可能随时关注公司在相关网络上的信息发布,即如果仅仅在网页上公布,不能保证每个人都能收到通知。因此事先还得征得股东对于具体方式的同意。

2. 以会议通知电子化为基础实现信息传送的电子化

除了会议通知外,股东大会与公司运营需要实现众多信息的电子化,因此在股东大会会议通知电子化的基础上,法律应当同时实现其他信息传送的电子化,当然在立法技术上可以采用"准用"的方法予以解决。为此,主要涉及《公司法》的以下条文:第106条规定的股东委托代理人出席股东大会会议

---

[1] 《日本公司法》第302条之四对此时间的规定为1周,参见《日本公司法典》,崔延花译,中国政法大学出版社2006年版,第143页。

时传送授权委托书;第 112 条规定的董事委托其他董事代为出席董事会会议时传送委托书;第 151 条规定的股东行使股东代表诉讼时所需的"书面请求";第 173 条规定的公司合并时、第 175 条规定的公司分立时和第 177 条规定的公司需要减少注册资本时公司应履行的对债权人的通知;等等。

需要指出的是会议决议的送达问题。股东大会通过了会议决议,仅说明股东大会"已经形成"公司意思。但是会议记录或决议只有送达董事会、公司股东及潜在投资者后,才产生实质拘束力,才发生意思表示的法律效果。在此意义上,会议决议的送达是股东大会会议决议制度的重要组成部分。[1] 我国《公司法》未明确规定会议决议的送达规则,根据《证券法》和《上市公司章程指引》的规定,上市公司应当以公告送达方式,向股东或潜在投资者告知会议决议形成的事实,《公司法》可以予以吸收,明确电子送达的法律规则。

3. 确立电子公告的法律地位

(1)可以电子化的公告范围

我国《公司法》规定的公司公告主要有:第 85 条规定的股份有限公司招股说明书、第 90 条规定的股份有限公司创立大会召集、第 102 条规定的股份有限公司股东大会召集、第 134 条规定的股份有限公司发行新股、第 154 条规定的公司发行债券、第 165 条第 2 款规定的公开发行股票的公告财务会计报告、第 173 条规定的公司合并、第 175 条第 2 款规定的公司分立、第 177 条第 2 款规定的公司减少注册资本和第 185 条规定的公司清算。《公司法》第 185 条规定:"清算组应当自成立之日起……并于六十日内在报纸上公告……"《证券法》除在第 64 条规定了与《公司法》类似的公告要求外,还要求公司公告中期报告、年度报告、临时报告,《上市公司信息披露管理办法》还规定了季度报告。对于公司的这些"公告",除可以采用登载于官报、日刊报纸的方法外,还可以利用因特网进行公告,即把公告内容登载于用以公告的网页,使不特定多数的人处于能够查阅,使他们处于能够得到公司提供应

---

〔1〕 参见叶林:《股东会会议决议形成制度》,载《法学杂志》2011 年第 10 期。

公告内容之信息的状态。[1] 如前所述,为保障股东信息的获取和知情权的满足,法律还应当根据不同公告内容的实际情况分别规定电子公告需持续的时间。

(2)区分公司类型规定不同的电子公告

电子公告应在何种平台发布？这是电子公告涉及的另外一个问题。按照《证券法》第 70 条的规定,依法必须披露的信息,应当在国务院证券监督管理机构指定的媒体发布,而《上市公司信息披露管理办法》第 6 条规定,上市公司及其他信息披露义务人依法披露信息,应当将公告文稿和相关备查文件在中国证券监督管理委员会指定的媒体发布。对于非上市公众公司,《非上市公众公司监管指引第 1 号——信息披露》规定可以在非上市公众公司信息披露网站(nlpc. csrc. gov. cn)、公共媒体或者公司网站,也可以选择公司章程约定的方式或者股东认可的其他方式。当然,对于其他公司,则由其公司章程予以约定。

三、电子股东论坛的法律实现

从目前电子商务和网络实践看,我国已经具备作为电子股东论坛的网络设施,[2]因此电子股东论坛的建立并不是问题,相比而言,其法律实现依然需要一些问题的解决。

(一)电子股东论坛法律实现的主要方式

从比较法视角看,电子股东论坛法律实现的主要方式有两种:美国模式与德国模式。

1. 美国以证监会制定规则为其方式

美国的公司法的绝大部分内容是由州法律(state law)规定的,但规制公众公司代理权征集行为(proxy solicitation)的规则却是由 SEC 制定的,被称为联邦代理规则(federal proxy rules),由于美国的公众公司持股比例较为分

---

〔1〕 参见[日]田泽元章:《IT 化进程中的日本股份公司法修改》,载渠涛主编:《中日民商法研究》(第 3 卷),法律出版社 2005 年版,第 299 页。

〔2〕 参见赵金龙:《股东民主论》,人民出版社 2013 年版,第 283 页。

散,股东大会的投票几乎都要通过代理权征集的过程才能实现。因此,股东在州法下的选举权的行使势必会受到联邦代理规则的制约。美国电子股东论坛的法律规制即是 SEC 于 2008 年在《美国 1934 年证券交易法》授权制定的规则中增订的 Rule14a－17 电子股东论坛制度,也即由证券监督管理机构制定的规则实现。该规则于 2008 年 2 月 25 日生效,其主要内容包括:(1)股东或公司认为适当者,股东、公司或代表股东或公司之第三人得设置、维护或经营电子股东论坛,以促进股东彼此间或股东与公司的交流。依据第 14 条(b)项和(c)项规定,该论坛必须遵守联邦证券法规,包括《美国 1934 年证券交易法》第 14 条(a)项及其相关规则、其他联邦法、州法和公司管理文件。(2)股东、公司或代表股东或公司之第三人,不因他人于其所设置、维护或经营之电子股东论坛中提供之陈述或信息而负联邦证券法规相关责任。但于该论坛中提供该陈述或信息之人,不在此限。(3)因信赖 Rule240. 14a－2(b)(6)而参与电子股东论坛者,于Rule14a－2(b)(6)之豁免期间经过后,仍得进行征求,但须依据本规则进行。

2. 德国的“公司法＋行政命令”模式

与美国不同,德国对于电子股东论坛的法律规制是以“公司法(《德国股份法》)＋联邦司法部的行政命令”为其方式的。在法律层面,德国联邦议会于 2005 年 9 月通过《企业完整与撤销权现代化法》,依此法案,于《德国股份法》中增订第 127 条之 a,使股东或股东协会可在公司进行公告之“电子联邦公告”的股东论坛中邀请其他股东共同或通过代理来行使权利,并授权联邦司法部就股东论坛之外在形式及其他细节,尤其是对邀请、指引、费用、涂销期限、涂销权利、滥用情况及阅览以行政命令来规范。

3. 我国应由证券监督管理机构制定规制来实现股东论坛的法律化

第一,我国已经存在大量实质意义上的电子股东论坛,这些论坛需要相应的规则加以规制。这些论坛在我国实际生活中的俗称有“股东吧”“股吧”等,一般包括 BBS(Bulletin Board System)和聊天室。BBS 也称为社区,投资者可以在其中提出或者回答问题,我国上市公司、证券公司和证券市场中介机构的官方网站上,一般都设有这种股东论坛。聊天室是社会个人就某项特定主题的内容进行在线交流的场所,聊天室可以让很多同时登录网络的投资者在线进行文字的交流,聊天室可以使参与者就某些话题进行即时性的讨论。目前我国许多主流网站都开辟了相应的股票聊天室,比如新浪、搜狐等门户网站,都开辟了相应的股票或者证券聊天室。[1] 正如前文所述,以“互动易”“上证 e 互动”为代表的我国的电子论坛已经具备了电子股东论坛的基本形态。但是除“互动易”外,在笔者登录的众多论坛中,很少能够找到论坛开设者设置的论坛规则,实践运行中也存在许多不规范之处,实在有予以规制的必要。

第二,电子股东论坛的法律实现无须公司法层面的规定。从电子股东论坛的功能来看,在推动股东与公司之间、股东与股东之间的交流和沟通方面,以及股东行使权利的集体行动方面,电子股东论坛具有其独特的优势。如电子股东论坛的存在,使得分散单个的股东可以以论坛为中心结成联盟,共同支持提高公司价值的提案并可同时排除那些质量较低或者成本较高的提案,另外,电子股东论坛也可以服务于委托书的征集。笔者认为,股东与公司之间、股东与股东之间交流的电子化只需通过信息传送电子化的立法即可(见本节第二部分),而实现其他权利的电子化行使即可实现电子股东论坛的其他功能(委托书征集将在本节第四部分阐述),因此对于电子股东论坛无须在公司法或者证券法层面上进行专门的规定。

第三,我国电子股东论坛宜由证监会制定规则进行规制。电子股东论坛主要适用于公众公司,因此由证监会制定规则是适宜的。一个有效的路径是在《深圳证券交易所“互动易”业务操作指南》的基础上加以改进与提升。如前所述,2011 年 12 月 14 日,深圳证券交易所以方便日益增多的投资者更好地了解和使用“互动易”各项功能为目的,出台了《深圳证券交易所“互动易”业务操作指南》,该业务操作指南在一定程度上发挥了“规则”的作用。但是一则由于“互动易”仅仅用于股东与公司之间的交流而其他功能未能予以开发,二则在于证券交易所缺乏必要的权威性致使该业务操作指南缺乏相应的

[1] 参见冯果等:《网上证券交易法律监管问题研究》,人民出版社 2011 年版,第 192、323 页。

法律效力,因而以《深圳证券交易所"互动易"业务操作指南》为基础,经过较长时间的实践后,应将实践证明有效的规则上升为证监会的电子股东论坛规则,从而实现对电子股东论坛的规范与推进。

(二)电子股东论坛的设置

1. 股东交流平台应具备的条件

要使股东交流平台发挥预期功能,则该平台的建立应至少具备以下条件。[1]

(1)利用容易。股东交流平台之设置,对登录股东及阅览人等应具备利用便利性,且双方借由该平台之指引,应可进一步作为互动式的意见交流及股东之联合行使权力。

(2)使用成本低廉。就阅览人而言,应无须交纳费用就可阅览平台内所登录之内容,但就登录者而言,则可向其收取一定合理费用,以作为平台维护管理所需,且可避免恶作剧之登录;但是对登录者收取之费用也不可过高,否则有碍于股东利用平台的意愿。

(3)使用资格限制不应过严。任何人都可以自由阅览该平台内所登录的内容,但若要在平台内进行登录,则需具备所登录内容时在该公司的股东身份,毕竟该平台的设置目的是使股东有进行交流的管道,使其能利用平台来对其他股东提出表决权或其他权利行使的建议,因此登录者应具备该登录内容所涉及之公司股东身份。

(4)平台应中立不受公司或他人控制。在股东交流平台所登录的内容,不应受公司或他人控制而可以被销除,否则无法达到平台设置目的。若公司或他人可以控制平台所登录的内容,则股东利用平台请求其他股东共同行使权利,这可能受公司经营者或他人之阻碍,而无法通过平台将意见传达出去。

2. 可供作为电子股东论坛的平台范围

可供股东以电子方式进行交流的平台主要包括以下几种。

---

[1] 参见洪秀芬:《股东交流平台建立之探讨——以德国股东论坛为例》,载《兴大法学》2007 年 5 月第 1 期。

(1)公司网站。建立股东交流平台首先可能会考虑公司自己的网页,实际上已有许多公司在其网页设有为股东服务的区块。其原因在于:①多数公司都有自己的网站,如果在既存网页上再加上股东交流的栏目并非难事,建置成本并不高;②由公司自己提供交流平台,对股东而言,信息获得非常便利,不论是其阅览其他股东建议还是自己向其他股东提出建议都很便利;③使用成本很低廉,甚至公司可能会为股东提供免费的服务。

(2)公司信息的集中公开平台。一般是由证券交易所建立,属于公司信息披露的法定平台。各国(地区)证券交易所多建有这样的平台。在我国台湾地区,该平台被称为公司资讯观测站,2002 年 8 月 1 日正式启用公开,发行公司依规定应办理信息披露事项,完成相应资料之传送后,即视为已依规定完成公告申报,如此可简化并节约公开发行公司信息披露作业及成本,另可提供投资人便捷的查询。

(3)证券投资人及期货交易人保护中心网站。2014 年 12 月 5 日,我国成立中证中小投资者服务中心有限责任公司,负责公益性持有股票、基金、债券和期货等品种,以投资者身份,行使表决、提案、建议、质询等权利,推动各类市场主体参与持股行权和维权;组织整合各方力量,构建中小投资者调解服务平台,受中小投资者委托,提供调解、和解服务;为中小投资者自主维权提供代理权征集服务,为合法权益受损害的中小投资者提供公益性法律支持,为维护中小投资者合法权益以股东身份提起诉讼。类似该类机构的网站也可以作为股东交流平台。

(4)其他网络交流平台。除前述方式外,尚有其他方式可作为股东交流所应用,如 BBS、网络聊天室、博客等。股东或第三人可自行架设 BBS,在系统中以不同的公司作为主题,提供各公司股东讨论区,且 BBS 站可提供使用者收发电子邮件功能,以此来互相联络如何共同行使股东权。至于网络聊天室,这是一种即时互动的网络沟通工具,并不适合作为股东向其他方分散四处之股东持续性地传达信息之用。而博客可让使用者随时随地上网更新记录的内容,而内容可以是资料交换、商业网页、正式文件、日记或感想等,其中还有回复功能,可让阅读者在此直接发表自己的意见,博客的使用很简单,只需登录系统,即可开始输入要发表的内容。

3. 我国可作为电子股东论坛之平台

以前述四个标准观察上述四种平台,使用便利性与成本低廉性都应该不是问题,至于是否需要对使用资格进行限制,在技术上也不是困难的事情,因此就上述四种平台而言,都可满足这些条件。但是从电子股东论坛的设置目的来看,尤其是从作为股东通过互相联络共同行使股东权的功能来看,平台的中立不受公司或他人控制这一条件就显得非常重要了。从这个条件来看,由公司网页自行建立股东交流平台,虽然使用方便且成本低廉,但毕竟是由公司控制该平台,因此如有不利于公司和公司经营者之股东提议时,公司极有可能将其销除,使其无法通过平台传达给其他股东知道,从而减损平台作为股东间意见交流及促进股东共同行使权利的功能,故不宜由各公司自行经营。至于BBS站、网络聊天室与博客,往往是由第三方负责管理,若管理者因个人利益考量,有可能对其他使用该平台的股东所发表的意见或建议予以删除,致使无法达到股东交流平台应中立的要求;此外,BBS等平台作为股东沟通桥梁也不是很有效率,因为网络信息庞杂,股东要在网络上某个BBS站搜寻到跟自己所投资有关的其他公司股东所发表的建议,此信息征集本身就会费事,从而使股东交流平台的功能降低。投资人保护中心网站虽然符合中立的要求,但是由于其旨在统筹执行投资人之保护事宜,而非为资讯公开及交流而设立,因而也不宜由其网站管理者来负责经营建置股东交流平台。

公司信息的集中公开平台应为理想之选择。其原因在于:第一,其为公开发行公司信息公开之法定平台,可以披露公司之各项资讯,且已为一般投资大众所熟悉,由该类网站管理者来负责股东交流平台之设置与维护应属最佳选择。第二,各公司股东交流平台集中于单一网站,对投资分散同时成为多家公司股东的投资人,亦可节省获取信息的成本。第三,该类平台往往便于股东身份的确认。因为股东身份确认关乎确保电子股东论坛的中立性和公信力,建立身份确认程序,能够确保追查滥用电子股东论坛问题,而在股东身份确认中,电子股东论坛经营者并不掌握股东名册,后者属于公司机密为公司所有,因此股东身份确认必须由公司配合才能运行。因此由证券集中保管机构设立或者参与设立的平台来作为电子股东论坛应为理想的选择。在我国,由深圳证券交易所、上海证券交易所分别开通的“互动易”“上证 e 互动”应是最佳选择。只是目前“互动易”“上证 e 互动”的主要功能是服务于股东与公司之间的互动,要进一步开发满足股东之间进行交流的需要、股东集体行动的需要等功能。

(三)电子股东论坛制度的基本内容

1. 股东论坛的注册与浏览

根据前述电子股东论坛平台条件之使用资格限制,任何人都可以自由阅览该平台内所登录的内容,但若要在平台内进行登录,则需具备所登录内容时在该公司的股东身份。基于此,可以借鉴“互动易”的用户分类方法,即将用户分为浏览用户与注册用户两类。浏览用户不需要注册,其功能主要包括浏览及查询信息、向上市公司提问等功能。而注册用户需要登录注册,但是是否必须具有股东身份?按照德国的规定是必须具备股东身份的,因为平台设置的日的是使股东有进行交流的管道,使其能利用平台来对其他股东提出表决权或其他权利行使的建议。但是“互动易”似乎没有这种要求,其注册信息包括用户名、昵称、密码、密码保护与手机号码等内容,[1]因此是否为某一上市公司股东并不重要。其原因应该是方便其设置的主要目的是方便公司与股东之间的交流,并不具备股东论坛通常具有的共同行动功能,而注册的目的一般是确保没有滥用该论坛而已。但是从真正发挥电子股东论坛功能的层面看,类似“互动易”的平台应当拓展其功能,注册用户也应当具备公司股东身份。

2. 股东论坛的主要功能

股东论坛的主要功能有二:一是公司与股东之间的交流,二是股东与股东之间的交流。目前“互动易”等平台的功能主要是向上市公司提问与信息服务。股东向公司提问的内容可以为咨询、投诉、建议等各类信息,[2]可以

---

〔1〕 参见《深圳证券交易所“互动易”业务操作指南》二(注册“互动易”用户账号)。

〔2〕 参见《深圳证券交易所“互动易”业务操作指南》十(其他需要注意的事项)之(六)。

满足股东行使知情权、质询权、建议权的需要;信息服务主要是通过两个层面来提供的:一是使用信息查询功能,二是对上市公司加关注及信息定制。但是目前“互动易”等平台是没有第二项功能的,股东之间互相交流的渠道并不畅通。按照《德国股份法》第127条之a的规定,股东登录论坛可以向其他股东提出邀请来共同或通过代理向股东提议、要求或提出对股东会议案表决权行使的建议,而这种邀请一般是需要以股东之间的互相交流为前提的。因此,一方面需要增加“互动易”等平台股东之间交流的版块,另一方面需要在规则中明确股东向其他股东邀请来共同或通过代理向股东提议、要求或提出对股东会议案表决权行使建议的规定,真正发挥股东论坛应有之功能。至于股东通过股东论坛从事征集委托书事宜,将在下文予以阐述。

3. 邀请事项的变更、撤回与撤销

股东提出邀请的内容应当允许登录者自行变更与主动撤回。依照德国《股东论坛规则》第6条第1项、第2项的规定,论坛中之登录事项的变更必须由登录者进行,且登录事项之撤销亦可由登录者在任何时间内进行,即登录者个人需承担其所未登录内容正确性的责任。当然,论坛的运营者在规定情形下也可以将邀请事项予以撤销。如德国《股东论坛规则》第3条第2项规定,对登录者之股东或者股东协会资格产生怀疑,限期要求其提出证明而未提出者,应立即将登录事项撤销;第3条第4项规定,经营者经由登录者注册之电子邮件向其寄送登录及其后登刊之确认通知,而通知不能送达被退回时,应立即涂销登录事项;第3条第5项规定,滥用股东论坛之邀请,应立即涂销,但于可疑情况下应事先询问登录人;第5条第1项规定,登录内容中所指引参照的网页违反设计规定或网页内容有滥用者,可将登录事项涂销;第6条第3项规定,登录事项须在刊登后维持三年可供阅览,之后涂销;第6条第4项规定,未缴费者登录事项立即取消。[1]

---

〔1〕 参见洪秀芬:《股东交流平台建立之探讨——以德国股东论坛为例》,载《兴大法学》2007年5月第1期。

4. 股东论坛的运行纪律

如遵守我国有关法律、法规、规章、规范性文件；遵守有关使用网络服务的网络协议、规定、程序和惯例等；不得为任何非法目的而使用网络服务系统；不得传输任何骚扰性的、中伤他人的、辱骂性的、恐吓性的、庸俗的、淫秽的、教唆他人实施犯罪行为等非法的信息资料；不得侵犯其他任何第三方的专利权、著作权、商标权、名誉权或其他任何合法权益；不得干扰或混乱网络服务；未经许可不得非法进入其他电脑系统。[1] 在此基础上设定违反规则的相应后果，包括撤销有关信息、由相关机构追究法律责任等。

四、股东电子表决权的法律实现

从各国（地区）制度与实践观之，股东电子表决权主要涉及两方面的内容，一是表决权的电子委托行使，二是电子投票，而对于前者，关键问题是股东委托书征集制度的确立。

（一）我国立法应确立电子委托书征集制度

股东委托书征集是指公司董事会、独立董事或部分股东将载有必要事项的空白表决权授权委托书交付其他有表决权的股东，劝诱该股东授权自己行使其表决权的民事行为。[2] 股东委托书征集主要在以下两种情况下发生：一是在筹备召开股东大会之前，为了使股东大会的参会人数达到会议召开的法定最低值，或者为了使某项议案的支持率达到或超过法定比例，董事会进行股东委托书征集；二是部分股东为了获得足够的表决权使自己的主张得以实现，向其他股东进行股东委托书征集。当部分股东与董事会就某个事项意见相左而双方本身都没有权力决定这一事项时，或者双方为了争夺对公司的控制权时，就容易出现针锋相对的“股东委托书竞夺”。虽然说由于我国《公司法》并没有对股东大会出席股东数有最低的要求，第一种情形发生的概率不高，但是实践中第二种情形是较为广泛地存在的。相对于股东委托书征集

---

〔1〕 参见《深圳证券交易所“互动易”业务操作指南》十（其他需要注意的事项）之（四）。

〔2〕 参见刘素芝：《我国征集股东委托书法律制度的实证分析》，载《法学评论》2007 年第 1 期。

的丰富实践，我国相关的立法是与之不匹配的，急需进行制度上的构建。

1.《公司法》应当明确承认委托书征集

《公司法》第106条规定，股东可以委托代理人出席股东大会，代理人可以在股东授权的范围内行使表决权。该法律条文为股东投票权代理的行使提供了法律依据，为我国建立完善的委托书征集制度奠定了基础。股东委托书征集以表决权的代理为基础，其本质上是一种民事代理行为，[1]但是又具有不同于表决权代理的特点：第一，在表决权代理中，只要具有完全民事行为能力的人都可以作为代理人，但股东委托书征集主体特定，必须是与公司存在利益关系的人；第二，传统的表决权代理行为一般是由被代理人主动提出的，股东委托书征集则由征集人主动发起，在委托征集结束后，成功的征集人掌握了对公司的控制权，这种控制权的取得对征集人来说是巨大的潜在利益。因此，作为调整公司股东大会制度的基本法，《公司法》应当在第106条股东委托授权参加股东大会的规定中明确允许进行委托书征集，[2]从而为股东电子委托书征集制度奠定公司法基础。

2.《证券法》应规定电子委托书征集的原则性问题

股东委托书征集一般适用于上市公司或公开发行的公司。上市公司一般股权分散，股东人数众多，需要征集者集团性地对被征集者进行劝诱。而对于有限公司而言，其股东人数较少且股权集中，即便需要将表决权委托给他人行使，也不需要"征集"这样的形式。就我国公司实际而言，委托书征集制度比较适合于股东人数众多的股份公司，特别是上市公司，而且因为委托书征集是在证券市场上进行的，所以委托书征集制度（包括电子委托书征集制度），被规定在《证券法》而不是《公司法》更为合理。[3] 就境外相关制度而言也是如此，如《美国证券交易法》和我国台湾地区"证券交易法"。从规定的内容上看，证券法（或证券交易法）主要对电子委托书征集作出原则性

[1] 参见罗培新：《股东会委托书征求制度之比较研究》，载《法律与科学》1999年第3期。

[2] 参见赵金龙：《股东民主论》，人民出版社2013年版，第261页。赵教授认为，公司或者股东都可以进行征集，但是公司由于公司就自己股份不享有表决权，公司自身不得担任本公司股东的代理人，因此公司自身能否成为征集主体是有疑问的。

[3] 参见赵金龙：《股东民主论》，人民出版社2013年版，第261页。

规定，包括明确电子委托书征集的法律效力、电子委托书征集的基本原则，以及授权适当的主体制定电子委托书征集制度实施细则。如我国台湾地区“证券交易法”第25－1条规定，公开发行股票公司出席股东会使用委托书，应予限制、取缔或管理；其征求人、受托代理人与代为处理征求事务者之资格条件、委托书之格式、取得、征求与受托方式、代理之股数、统计验证、使用委托书代理表决权不予计算之情事、应申报与置备之文件、资料提供及其他应遵行事项之规则，由主管机关定之。

3. 应由证监会制定电子委托书征集的具体细则

虽然我国目前在法律层面并未建立专门的委托书征集制度（当然也包括电子委托书征集），但是在各种规范性文件中已经有了相关的一些规定。如1993年国务院发布的《股票发行与交易管理暂行规定》第65条规定，股票持有人可以授权他人代理行使其同意权或者投票权，但是任何人在征集25人以上的同意权或者投票权时，应当遵守证监会有关信息披露和作出报告的规定；证监会于2002年发布的《上市公司治理准则》第10条规定，上市公司董事会、独立董事和符合有关条件的股东，可向上市公司股东征集其在股东大会上的投票权，投票权征集应采取无偿的方式进行，并应向被征集人充分披露信息；证监会于2005年发布的《上市公司股权激励规范意见（试行）》第36条规定，独立董事应当就股权激励计划向所有的股东征集委托代理投票权；证监会于2006年发布的《上市公司章程指引》第78条规定，董事会、独立董事和符合相关规定条件的股东可以征集股东投票权；证监会于2006年发布的《上市公司股东大会规则》第20条规定，股东可以亲自出席股东大会并行使表决权，也可以委托他人代为出席和在授权范围内行使表决权。此外《上海证券交易所上市公司治理指引》第6条规定，任何机构或个人可以依法向股东征集代理投票权，投票委托书征集应采取无偿的方式，投票委托书征集者应向被征集者提供充分的信息，并向上海证券交易所备案；2002年证监会深圳证券监管办公室曾发布《上市公司征集投票权操作指引》，其是对委托书征集制度完善的一项有益尝试。总结上述这些规定我们可以看出，尽管相关规范性法律文件对征集代理投票权进行了零星的规定，但是这些文件的法律效力层级较低,并且规定的内容比较宽泛,缺乏具体条文予以细化。一般来说,委托书征集立法分为两个层次:首先是立法机关的立法,其基本内容是对委托书征求制度作出原则性规定,包括对相关主管机关制定细则的授权。其次是证券监管机构制定的委托书征集规则,如美国 SEC 的 Ruler 149 和我国台湾地区证管会的"公开发行公司出席股东会使用委托书规则",从我国境内实际情况看,由证监会制定委托书征集(包括电子委托书征集)细则是必要的,也是合适的。

4. 电子委托书征集制度的基本内容

(1)电子股东委托书征集之界定

对委托书征集概念的界定直接决定行为人是否需要承担繁重的信息披露义务,是否会受监督单位的严格审查,以及是否要承担突如其来的被诉风险。目前美国、日本及我国台湾地区针对股东委托书征集的界定基本上都是采取先概括定义再反面排除的方式。换句话说,制度层面先确定一个概括性的定义将可能被认为是委托书征集的行为都纳入概念的范围。如我国台湾地区"公开发行公司出席股东会使用委托书规则"第 3 条将其界定为"以公告、广告、牌示、广播、图文电视、信函、电话、发表会、说明会、拜访、询问等方式取得委托书借以出席股东会之行为";此外,还通过反面列举的方式将不宜被作为委托书征集的行为排除在外。这样的模式有两个好处:一是所有与委托书征集行为有联系的行为都将被纳入法律的调控范围内,行为人都有负担信息披露义务的可能性,以及违反相关法律义务而承担法律风险的可能性,提高了行为人的违法风险成本;二是反向列举的方式为行为人提供了明确的指引,清晰告知其什么样的行为不属于委托书征集行为,消除了概括定义方式可能带来的模糊性。[1] 我国境内可以采纳此种立法模式。

基于一般委托权征集的鉴定,电子委托书征集可以作如下界定:通过网络请求股东向自己或他人进行投票权授权委托,或者请求股东不向他人签发投票权授权委托书,或者请求股东撤销其已作出的投票权授权委托。此外,

---

〔1〕 参见刘杨:《股东委托书征集法律制度研究》,西南政法大学 2015 年硕士学位论文。

对股东某些行为应当予以豁免,主要是由立法明确规定:股东通过网络公开发布其投票意向、投票理由或是对现任管理层决策提出异议等行为不属于电子委托书征集。[1]

(2)电子委托书征集之主体

电子委托书的征集主体与普通委托书征集主体并无二致,因此统一考察委托书征集主体即可。从理论和实践来看,关于委托书征集主体的资格有一大争论是,委托书征集者是否应限于股东。特别是在征集者中,公司的董事、监事、高级管理人员是否可以成为委托书的征集者,颇有争议。因为公司的管理层一旦作为委托书征集者,极有可能利用委托书征集来巩固自身的管理地位和自身权益,与公司利益无关甚至直接冲突,从而与委托书征集的初衷背道而驰。

根据《美国证券法》与《美国 1934 年证券交易法》的规定,尤其是《美国 1934 年证券交易法》中,关于代理权征集制度的核心条款第 14(a)条规定:"任何个人利用邮寄或者任何州际交往手段或工具或者全国证券交易所的任何工具或其他方法,违反委员会为维护公共利益和保护投资者利益制定的必要或适当的规则和规章,征集或者允许他人利用自己的姓名来征集关于依据本法第 12 节登记的任何证券(豁免的证券除外)的委托权、同意或者授权,应属违法。"由此可见,美国只禁止非法征求委托书,对征集者的资格并无限制,无论是在野派还是公司管理层、非股东都可以征求委托书,也不管其持股数量多寡和持股时间长短。我国台湾地区"证券交易法"第 25 - 1 条的规定并没有明确征集者的资格问题,因为该条只是提出"公开发行股票公司出席股东会使用委托书,应予限制、取缔或管理",但是同时又授予委托书征集者的资格条件由"主管机关定之",这就为相关机构的具体条件设定提供了法理依据。而根据我国台湾地区"公开发行公司出席股东会使用委托书规则"第 5 条的规定,征集者必须是该公司的股东。然而,并非所有的股东都具备委托书征集的资格,其还必须符合最低持股比例及最短持股时间。其第 5 条规

[1] 参见赵金龙:《股东民主论》,人民出版社 2013 年版,第 262 页。

定,“委托书征求人,除第六条规定外,应为持有公司已发行股份五万股以上之股东。但股东会有选举董事或监察人议案,征求人应为截至该次股东会停止过户日,依股东名簿记载或存放于证券集中保管事业之证明文件,持有该公司已发行股份符合下列条件之一者:一、金融控股公司、银行法所规范之银行及保险法所规范之保险公司召开股东会,征求人应继续一年以上,持有该公司已发行股份八十万股或已发行股份总数千分之二以上。二、前款以外之公司召开股东会,征求人应继续六个月以上,持有该公司已发行股份八十万股或已发行股份总数千分之二以上且不低于十万股”。第 6 条规定,“继续一年以上持有公司已发行股份符合下列条件之一者,得委托信托事业或股务代理机构担任征求人,其代理股数不受第二十条之限制:一、金融控股公司、银行法所规范之银行及保险法所规范之保险公司召开股东会,股东及其关系人应持有公司已发行股份总数百分之十以上,并符合下列条件之一:(一)依金融控股公司法第十六条第一项、第三项,银行法第二十五条第三项、第五项,保险法第一百三十九条之一第二项、第四项规定向本会申报或经本会核准者。(二)合于同一人或同一关系人持有同一金融控股公司已发行有表决权股份总数超过一定比率管理办法第十条、同一人或同一关系人持有同一银行已发行有表决权股份总数超过一定比率管理办法第十条或同一人或同一关系人持有同一保险公司已发行有表决权股份总数超过一定比率管理办法第十一条规定者。二、前款以外之公司召开股东会,股东应持有公司已发行股份符合下列条件之一:(一)持有公司已发行股份总数百分之十以上。(二)持有公司已发行股份总数百分之八以上,且于股东会有选任董事或监察人议案时,其所拟支持之被选举人之一符合独立董事资格”。美国之所以采取宽松的立法,是因为美国公司的股东与董事会在展开委托书征集之后会面临更为严苛的信息披露程序,因此在实际操作中,征集人一般都会在证券市场上购买大量的公司股票,在成为公司股东后再展开委托书征集。我国台湾地区之所以采取严格的规制,是因为其上市公司股东利用委托书征集争夺公司控制权频繁,为了防止委托书征集制度被扭曲,才考虑设置如此多的规范将委托书征集的主体限制在较小的范围内。

关于我国股东委托书的征集者资格，前述证监会发布的《上市公司治理准则》规定的征集者为上市公司董事会、独立董事和符合有关条件的股东，《上市公司章程指引》也将征集者限定为董事会、独立董事和符合相关规定条件的股东，但是正如前所述，电子委托书征集的原则性规定应由《证券法》（或者《证券交易法》）来加以规定，因此不妨将此规定上升到证券法层面来加以确认。至于何为“符合有关条件”和“符合相关规定条件”的股东，有关法律法规并没有作出明确的规定。2014 年 10 月 20 日，证监会发布修订后的《上市公司股东大会规则》在原先的规定上增加了有关公司不得对征集投票权提出最低持股比例限制的条款。[1] 此规定说明股东的持股数并不是限定条件，这是为了使小股东也具有征集的主体资格，也多一项表达自身诉求保护自身权益的有效工具，更为 2014 年 12 月 5 日我国成立的中证中小投资者服务中心有限责任公司的自主维权职能提供制度基础。另外，股东持股时间也不应该成为我国的限定条件，将征集主体限制在股东范围之内且课以持股时间及数量的限制，实际上是减弱了股东大会制衡董事会的能力，这有违委托书征集法律制度的立法目的。“限制征求人必须为股东之规定，其执行结果极有可能使股东委托书沦为当权董事、监事长期把持公司权位之工具。”[2] 笔者认为，不妨从消极资格的角度去理解。可以明确规定什么样的行为人不能作为征集主体，以防止具有不当目的的人介入公司正常运行，损害公司及股东的正当权益。我国台湾地区《公开发行公司出席股东会使用委托书规则》就明确规定了有以下情形之一者不得作为征集者：(1) 曾犯“组织犯罪防制条例”规定之罪，经有罪判决确定，服刑期满尚未逾 5 年者。(2) 因征求委托书违反“刑法”伪造文书有关规定，经有罪判决确定，服刑期满尚未逾 3 年者。(3) 曾犯诈欺、背信、侵占罪，经受有期徒刑 6 个月以上宣告，服刑期满尚未逾 3 年者。(4) 违反“证券交易法”“期货交易法”“银行法”“信托

---

〔1〕《上市公司股东大会规则》(2014 年修订) 第 31 条第 4 款规定：“公司董事会、独立董事和符合相关规定条件的股东可以公开征集股东投票权。征集股东投票权应当向被征集人充分披露具体投票意向等信息。禁止以有偿或者变相有偿的方式征集股东投票权。公司不得对征集投票权提出最低持股比例限制。”

〔2〕赖英照：《证券交易法逐条释义》(第 2 册)，台北，三民书局 1991 年版，第 112 页。

业法”“金融控股公司法”及其他金融管理法规，经受有期徒刑6个月以上宣告，服刑期满尚未逾3年者。(5)违反第10条之一规定，经金融监督管理委员会处分尚未逾3年者。(6)违反本规则征求委托书其代理之表决权不予计算，经判决确定尚未逾2年者。

(3)股东委托书征集的信息披露

我国目前除《股票发行与交易管理暂行条例》第65条规定的被授权人拥有25人以上的代理投票权应当履行信息披露义务以外，只有深圳证券监管办公室制定的《上市公司征集投票权操作指引》对股东委托书征集信息披露有所规定，其第4条规定，征集者应与投票委托书一同提供相应的说明材料、投票委托材料，委托投票材料中至少有以下内容：(1)征集者必须明确表明自己对每一表决事项的投票态度；(2)每一表决事项的提名者；(3)表决事项之间是否存在相互关系或互为条件；(4)征集者、公司董事、经理、主要股东等相互之间，以及与表决事项之间的利害关系。需要指出的是，该指引不具有法律效力，因此可以说目前我国尚没有专门立法对委托书征集的信息披露作详尽的规定。在委托书征集频繁发生的今天，急需就委托书征集信息披露的必要内容、真实意图、关联交易等问题作出细致的规定。如果征集主体所披露的有关征集基本信息、征集目的、关联交易信息等存在重大的虚假、遗漏、误导，导致被征集人基于非真实信息而授予其表决权，进而对公司或被征集人造成损失的，即构成股东委托书征集中的虚假陈述。目前我国尚未有针对委托书征集中虚假陈述的专门立法，但有对其他方面虚假陈述的立法，可以为委托书征集中的虚假陈述制度的建立提供借鉴。如2005年修订的《证券法》第69条为证券市场上各种主体设定了法律责任及规制原则，2003年最高人民法院出台的《关于审理证券市场因虚假陈述引发的民事赔偿案件的若干规定》也规定了虚假陈述的类型和构成。

(4)强制征集事项

《上市公司股权激励规范意见(试行)》规定，独立董事应当就股权激励计划向所有的股东征集委托代理投票权，所以“股权激励计划”为强制征集事项，但其他文件并没有作出类似规定。证监会曾于2004年在《公开征集上市公司股东委托代理投票权试点意见》中要求上市公司对可能导致公司控制权转移、重大关联交易等重大事项，必须征集代理投票权。要求特定事项必须征集代理投票权，在一定程度上有利于公众股东的利益保护和对公司治理的参与。

(5)委托书的记载内容

相关文件对委托书的格式及内容做了相应的规定，主要包括书面形式、签署、是否有表决权、对每一项议题赞成与否的态度、代理人是否可以独立意思表示等。但这些都是针对代理投票权的一般性规定，而不是针对某一议题的委托书的具体规定，针对某一议题的委托书还应当载明待决事项，以及待决事项和征集者的利害关系等内容。为此，我国台湾地区的相关规定有其参考价值：①对于当次股东会各项议案，逐项为赞成与否之明确表示；与决议案有自身利害关系时并应加以说明。②对于当次股东会各项议案持有相反意见时，应对该公司有关数据记载内容，提出反对之理由。③关于董事或监察人选任议案之记载事项：第一，说明征求委托书之目的。第二，拟支持之被选举人名称、股东户号、持有该公司股份之种类与数量、目前担任职位、学历、最近3年内之主要经历、董事被选举人经营理念、与公司之业务往来内容。如系法人，应比照填列负责人之资料及所拟指派代表人之简历。第三，征求人应列明与拟支持之被选举人之间有无相关规定所定利用他人名义持有股票之情形。第四，征求人及委任股东，其自有持股是否支持征求委托书书面及广告内容记载之被选举人。④征求人姓名、股东户号、持有该公司股份之种类与数量、持有该公司股份之设质与以信用交易融资买进情形、征求场所、电话及委托书交付方式。如为法人，应同时载明公司或商业统一编号及其负责人姓名、持有公司股份之种类与数量、持有公司股份之设质与以信用交易融资买进情形。⑤征求人所委托代为处理征求事务者之名称、地址、电话。⑥征求取得委托书后，应依股东委托出席股东会，如有违反致委托之股东受有损害者，依有关规定负损害赔偿之责。⑦其他依规定应揭露之事项。

(二)《公司法》应明确规定电子方式为股东表决权的行使方式

将电子表决从规则规范上升为法律规范、确立电子方式为股东表决权行使方式,是我国《公司法》因应股东大会电子化的一个必要选择。《公司法》应当将确立电子方式作为股东行使表决权的一种方式。至于其与目前上市公司广泛使用的网络投票之关系,电子方式应当包括后者。虽然网络投票在今天甚至在今后,都将是最重要的电子表决方式,但是《公司法》不宜直接使用这一称谓。其主要原因在于网络投票范围相对过窄,包容性并不强,并不一定能够适应信息技术的今后发展,甚至也不能涵盖现今广泛使用的电子邮件。当然这并不意味着要抛弃"网络投票",从上市公司的层面看,现行的网络投票是最优的选择。

1. 电子表决法律实现的关键在于解决"出席"的问题

(1)问题解决的两种模式

前文曾指出,电子表决(网络投票)在我国存在的主要法律障碍就在于《公司法》第103条第2款要求决议的通过必须经"出席"会议的股东所持表决权的过半数或者2/3以上赞成。因此,确立以缺席投票为特点的电子表决的法律地位,关键就在于如何解决以电子方式行使表决权股东的"出席会议"的问题。从其实现路径看,基本上有两种方法可供选择:一是日本的"计入"模式。根据《日本公司法》第312条第3款的规定,依第1款规定以电磁方法行使的表决权数,计入出席股东的表决权数。二是法国的"视为"模式。《法国商法典》第225-107条(2001年5月15日第2001-420号法律)规定,如公司章程有规定,在计算参加会议的法定人数与多数票时,通过可以鉴别音像的视听或电讯方式参加股东大会的股东,视为出席会议。我国台湾地区"公司法"也采用这一做法,其第177条之一第2款规定,前项以书面或电子方式行使表决权之股东,视为亲自出席股东会。此两种模式在解决电子表决的法律效力上有相同的效果,但是从解释上说两者也存在区别。按照"计入"模式,就股东以电子方式所进行表决的议案而言,该股东当然可以计入出席会议股东,并可以按照他的意思表示计算赞成、反对或者弃权数,但是对会议的临时动议或者修正案,该股东是否可以计入出席会议股东?法律是并不明确的,因此在日本,学界对此问题一直存在"缺席说""弃权说"的学术分歧,对此,下文将予以详细分析。而"视为"模式则不存在这样的问题,既然已经视为“出席”会议,那么无论对于议程中原先设定的议案,还是就临时动议或者修正案,以电子方式行使表决权的股东都应当计入出席会议股东,不可能存在某些议案算“出席”而其他议案却不算“出席”的情形。

(2)我国立法应选择之模式

就我国公司法应如何解决以电子方式行使表决权股东的“出席会议”问题而言,前述两种模式都是可以选择的方案。从前文分析可知,两种模式的区别主要存在于允许临时动议或者提出修正案的立法中。根据我国《公司法》第102条第2款的规定,股东大会不得对会议通知中未列明的事项作出决议,因此,我国股东大会不允许具有实体内容的临时动议,而根据《上市公司股东大会规则》第34条的规定,上市公司股东大会不允许有对修正议案的决议,如有对议案的修正即视为新的提案并不得在该次会议决议。因此,我国上市公司的股东大会是不存在临时动议与修正案的,从这个角度来说,两种模式的区别就不大了。但是,笔者认为,“视为”模式是一个较为现实的选择。其一,在于《公司法》第102条第2款与《上市公司股东大会规则》第34条并不排斥非上市公司股东大会对修正案的决议,“视为出席会议”在逻辑上比较能够解决制度空白问题,不会引起不应有的歧义。其二,在于我国的习惯,“视为出席会议”实际上在我国上市公司股东大会的规则中已经存在很长的时间了,因此以公司法“视为出席会议”的方法确立电子方式的法律地位,实乃我国股东大会实践尤其是《上市公司股东大会规则》规定提升为法律的“从规则到法律”之路。

(3)特殊情形下“出席”的认定

在我国,股东参与网络投票被视为“出席”。有疑问的是,当出现以下两种情形时就有可能产生争议:[1]一种情形是登录了网络投票平台但是并没有进行投票的股东算不算“出席”会议?对于现场会议,这种情形的答案应该是毫无疑问的,但是电子表决是否登录了平台就算作“出席”呢?根据《深圳证券交易所2014年9月前的上市公司股东大会网络投票实施细则》的规

〔1〕 参见黄韬:《股东网络投票:制度安排与现实效果》,载《清华法学》2008年第6期。

定,股东未按照交易所规定进行投票申报的,视为未参与投票。[1] 根据这个规定,"未参与投票"不应算作"出席"会议。另一种情形是当股东大会有多项待表决事项时,若有一股东通过网络投票系统只对其中一项或部分事项进行了"赞成"、"反对"或者"弃权"的意思表示,那么对于其未表态的事项,该股东是视为"出席"并推定为"弃权"还是认为其不构成"出席",进而导致同一次股东大会的各表决事项拥有不同的"出席"股东数呢?由于《公司法》规定的缺位,这个问题目前只得到了交易所的技术性解决,沪、深证券交易所发布的实施细则规定,股东仅对股东大会多项议案中某项或某几项议案进行网络投票的,视为出席股东大会,纳入出席股东大会的股东所持表决权数计算,对于该股东未表决的议案,按照弃权计算。

2. 电子表决的立法设计应当根据公司类型区别对待

在我国当前,电子表决的方式是网络投票,其适用对象是上市公司,但是对于其他股份有限公司,尤其是非上市公众公司股东人数众多、股东分居各地的情况广泛存在,客观上有实行电子表决保护股东表决权的必要,因此立法应当将电子表决适用于所有的股份有限公司。然而,不同的公司对于电子表决的需求是存在区别的,因而不分青红皂白统一的做法并不妥当,根据实际情况区别对待应是我国立法的选择。

(1)电子表决的适用原则上应遵循公司的意思自治

一般而言,电子表决存在的意义在于克服普通股东出席股东大会与行使表决权的困难,其适用多见于股东人数众多、股权分散、股东分居各地的公司,尤其是股票公开交易的公众公司。但是客观上存在众多的公司,各种公司之间的实际情况也各不相同,对许多公司而言是好的对其他人并不总是合适的。而强制适用规范不允许各方调整他们运行的环境以满足不同私人的需要,这样就会"阻止能满足各方特别需要的、增加他们共同福利的安排"。[2] 基于公司自治的法理,应由公司根据其实际需要选择是否适用,因

---

〔1〕 该规定 2014 年 9 月修订后被删除。

〔2〕 [加]柴芬斯:《公司法:理论、结构和运作》,法律出版社 2001 年版,第 246 页。

此电子表决的公司入法应当使用任意性规范,这也是各国公司法的基本选择模式。任意性规范又有推定适用规范与许可适用规范之分。前者是一项法律原则上是适用的,除非受其管辖的人选择不适用它,因而它是一种"缺省的"或"补充的"条文。而许可适用规范正相反,它只有受其影响的人选择适用它时,才能起到管辖的作用。两者相比较,后者更加符合公司自治的原理,"当法律规范只能迎合一小部分公司参与者的需要时,它就应该是许可适用而不是推定适用",[1]鉴于我国股份有限公司中非公众公司数量极大,许可适用规范应为我们所选。

然而,谁有权选择适用电子表决呢?这是许可适用规范所必须回答的问题。对此,有以下三种立法例可予以借鉴:一是董事会享有独断的决定权,如《韩国商法》,其第368条之四第1款规定,经董事会的决议,不出席股东大会的股东可以以电子方式行使表决权。二是由公司章程规定,如《法国商法典》,其第225-107条第2款规定,如公司章程有规定,在计算参加会议的法定人数与多数票时,通过可以鉴别音像的视听或电讯方式参加股东大会的股东,视为出席会议。三是公司章程与董事会都有权确定,如《德国股份法》,其第118条第1款规定,章程可以规定,或者授权董事会规定,股东不在现场而且没有代理人也可以参加股东大会并全部或者部分通过电子通讯方式行使其全部权利或者个别权利。基于电子表决主要目的是对股东参与的激励,以及我国公司立法对授权章程规定的偏好,我国《公司法》可授权公司章程规定。

(2)一定范围内的公司有强行适用电子表决的必要

许可适用规范的特点是只有有权选择的人选择适用它时,才能起到管辖作用,因此立法的效果就要看究竟有多少公司会选择适用。我国台湾地区"公司法"于2005年6月修订时增订第177条之一与之二条文,引入电子表决,然而其实际效果差强人意。据统计,2006年仅有台湾总合股务资料处理股份有限公司(该公司即为我国台湾地区电子表决平台提供者)1家,2007年

---

〔1〕［加］柴芬斯:《公司法:理论、结构和运作》,法律出版社2001年版,第283页。

增加了台湾期货交易所变成 2 家,2008 年再多了集保结算所成为 3 家,而到 2009 年又仅有自己使用自家公司所设置的电子表决平台。[1] 在我国台湾地区,公司为何不愿采用电子表决?学者分析其可能原因有两方面:一是投票平台问题。公司要实施电子表决,则必须利用多种平台,如果由公司自行设立,不但增加股东大会开会成本,其客观性容易受到质疑;如果委托第三人处理,虽然成本较低,但是公司须将股东名册交由平台从而可能造成名册外流,现任经营者当然不愿承受有任何股东名册外泄之可能而有利于对手争夺经营权。二是电子表决的实施也会导致公司经营者无法再有效利用征求委托书来影响或操控股东大会议案及选举结果,因此公司自愿采用电子表决的极为少数。[2]

我国上市公司股东大会的实践也有类似之处。2004 年 12 月,证监会发布的《关于上市公司股东大会网络投票工作指引(试行)》,首次明确规定我国上市公司股东大会可以采用网络投票表决方式,之后的《上市公司股东大会规则》延续了这一风格。《上市公司股东大会网络投票工作指引(试行)》的出台主要是为了落实《关于加强社会公众股股东权益保护的若干规定》的要求:"股东大会议案要求同时征得社会公众股股东单独表决通过"的情况下,上市公司"必须"提供网络投票。因而,在我国进行股权分置改革的背景下,那几年网络投票的数量是相当可观的。但是随着改革的逐步完成,原先的非流通股都已经变成了流通股,需要流通股单独表决的前提逐渐消失,实际上我国通讯表决的适用已经完全取决于公司的选择。因此,这导致实践中许多公司一旦完成股权分置改革后,即完全抛弃采用网络系统方式让股东进行投票,网络投票的适用实际上受到很大限制。究其原因依然在于我国上市公司并没有采用网络投票的动力:我国并没有类似于别的国家或地区的股东大会"定足数"的要求,并且股东大会网络投票需要上市公司承担费用。

"当个人无法有效地保护他们自己的利益的时候。当人们处于压力之

---

[1] 参见洪秀芬:《公司表决权制度之变革——公司法修正草案关于电子投票及董监事选举制度之评析》,载《月旦法学杂志》2010 年 6 月总第 181 期,第 68 页。

[2] 同上。

下，缺乏商业经验或在判断什么样的安排最适合他们有困难时……当某一特定的公司参与者不可能作出明智和有意义的排除适用的决定时，法律规范就应该是强制性的。"[1]2011 年，我国台湾地区"公司法"进行修订，于第 177 条之一第 1 项增订但书之强制性规定，授权证券主管机关于必要时强制要求公司采用电子投票方式。其立法理由是："现行条文第一项规定，公司召开股东会时，得采行书面或电子方式行使其表决权，系由公司自由选择，惟甚少公司采用。鉴于近年来上市上柜公司之年度股东会日期，有过度集中现象，致使股东无法一一出席股东会行使其表决权，影响股东权益甚巨，且电子投票平台已由证券主管机关协助业者建制完成，为落实电子投票制度，鼓励股东参与公司经营、强化股东权益之保护"，因而必要时应强制要求公司采用电子投票方式。无独有偶，鉴于电子表决对于鼓励股东积极参与股东大会、提升公司治理的意义，为切实保护我国上市公司中小投资者利益，2014 年修改后的《上市公司股东大会规则》也强制性地提出"应当"采用安全、经济、便捷的网络和其他方式为股东参加股东大会提供便利。

有一个问题是，什么范围的公司应当强制适用电子表决？我国台湾地区是由证券主管机关根据"公司规模、股东人数与结构以及其他必要情况"而定。在其第 177 条之一第 1 项增订但书后，我国台湾地区证券主管机关"金融监督管理委员会"于 2012 年 2 月 20 日以金管证交 1010005306 号函令，要求实收资本额达一百亿元新台币以上，且前次停止过户日股东名簿记载股东人数达一万以上的上市（柜）公司召开股东会时，应将电子方式列为表决权行使管道之一。2013 年 11 月 8 日，"金融监督管理委员会"以金管证交 1020044212 号函令，进一步将实收资本额从一百亿降低为五十亿。此后，2013 年股东大会常会共计有 120 家公司将电子方式列为表决权行使方式之一，其中 114 家属于强制适用，而 2014 年预计将会更多。[2] 如前所述，我国股东大会实践中也存在网络投票的强制适用，其适用的公司范围限于上市公

---

〔1〕［加］柴芬斯：《公司法：理论、结构和运作》，法律出版社 2001 年版，第 256 页。

〔2〕参见洪秀芬：《电子投票制度对股东会运作之影响——比较法下的视野》，载《华冈法粹》2014 年 6 月总第 56 期，第 41 页。

司,鉴于《立法法》“部门规章不得设定减损公民、法人和其他组织权利或者增加其义务的规范”的要求,为强化对上市公司股东尤其是中小股东权益的保护,应于《公司法》第四章第五节“上市公司组织机构的特别规定”增设规定,要求上市公司股东大会强行适用电子表决。

(三)股东电子表决的具体规则

1. 电子表决的行使期间

(1)确定电子表决行使期间应考虑的因素

电子表决作为股东表决权的行使方式,主要关系到两方面的利益:一是股东行使表决权的便利性;二是公司股东大会决议的效率性。因此,在确定电子表决行使期间时,应当考虑两方面的因素:第一,有利于中小股东有效行使表决权是确定行使期间的首要因素。其原因就在于,电子表决既然是为克服股东参与股东大会行使表决权的欠便利性,那么满足股东行使表决权的需要是对其制度具体设计的首要因素。基于此,尽可能延长股东的电子表决期间,尽可能使得股东获得更为充分的资讯,避免因为网络或者事务繁忙而失去行使表决权的机会。第二,股东大会会议运行的有效性的因素。表决权是一种共益权,股东表决权的行使关系到公司决议的形成,如何避免过于匆忙有效形成决议也是股务作业应当考虑的一个因素。基于此,表决权行使期间又不能过长以致影响到表决结果的统计和决议的最后产生。

(2)电子表决的开始时间

何时可以行使表决权?对此多数立法例未作规定,因为表决权行使通道不一样,整齐划一的做法并不可取,所以授权各自分别规定是明智的,尤其是对于那些租借中介机构进行投票的,中介机构股务作业程序的有序运行是一个重要的考虑因素。基于此,我国上市公司实践中,网络投票的开始时间不是由上市公司自己来决定的,也不是由中介机构自己确定,而是由证监会与证券交易所来共同确定(当然此中介机构并非独立于证券交易所)。根据《上市公司股东大会规则》的规定,网络投票的开始时间不得早于现场股东大会召开前一日下午3:00,并不得迟于现场股东大会召开当日上午9:30,于是上海、深圳两个证券交易所分别以《上海证券交易所上市公司股东大会网络投票实施细则》《深圳证券交易所上市公司股东大会网络投票实施细则》规定了利用不同系统进行投票的具体时间。其中对于利用交易所交易系统进行表决的开始时间都是统一的规定，那就是交易所的交易时间，即早上9:30开始。但是对于利用互联网系统进行投票的，两个交易所作出了不一样的规定，深圳证券交易所的规定是股东大会召开前一日下午3:00，而上海证券交易所的规定则是股东大会召开当日的9:15。

(3)电子表决的结束时间

与开始时间相比，结束时间更为关键、更受关注，因为结束时间无论与股东表决权的行使还是公司决议的产生关系更为密切。2005年我国台湾地区“公司法”增订的第177条之二规定，股东以书面或电子方式行使表决权者，其意思表示应于股东会开会前5日前送达公司。对此学者认为其规范之电子投票属于事先通信投票制度。[1] 这样规定是基于给予公司充裕服务作业时间的考虑，但是似乎未能充分考虑电子信息传送的讯速与方便，这一规定等于全盘否定了电子投票的功能与意涵。[2] 学者认为，以目前的科技，以电子方式行使表决权，于意思表示送达公司之同时，应可马上同步完成计票作业，故就以电子方式行使表决权而言，似无给予公司长达5天之股务作业时间之必要。[3] 因此，就立法论言，以电子方式行使表决权的截止期限，应有使其更接近股东会闭会日之宽裕空间。[4] 2011年6月，我国台湾地区再次修正“公司法”，就第177条之二第1项关于股东以书面或电子方式行使表决权者，其意思表示应送达于公司之期限，自股东会开会“五”日前，修正为“二”日前，根据其修正说明，原因在于外资股东系通过保管银行行使股东权利，外资股东之意思表示，实务上约在股东会开会5日前送达公司，甚至前2

[1] 参见洪秀芬：《公司表决权制度之变革——公司法修正草案关于电子投票及董监事选举制度之评析》，载《月旦法学杂志》2010年6月总第181期，第66页。

[2] 参见冯震宇：《公司证券重要争议问题研究》，台北，元照出版公司2005年版，第49页。

[3] 参见刘连煜：《股东书面及电子方式投票》，载《台湾本土法学杂志》2005年7月总第72期，第154页。

[4] 参见林国全：《2005年公司法修正条文解析》(下)，载《月旦法学杂志》2005年10月总第125期，第260页。

日始能送达，而依照原规定，常造成外资股东的意思表示无法被纳入。对此修订，许多学者认为，这一规定过度迁就股务作业的实务需求，有过于保守之倾向，因为他们认为“只要在股东会结束前之最后时刻(如结束前之一个小时)，其意思表示以电子方式即时送达公司(或中介机构)即可”。[1] 也可考虑将法条文字修正为“股东会当日”甚或“股东会各该议案做成决议前”。[2] 当然，理想上说可以各该议案付诸表决前为以电子方式行使表决权之意思表示送达期限，此次修正虽然未臻理想，但已较修正前有所进步，应基本上予以肯定。[3] 相比之下，日本法上，电子投票系统使用截止时间，法律上规定为股东会前一日晚上12时，但是实务上公司会规定一个较早的时间点，一般是股东会议召开前一日下午5时。而在实践中，电子表决的行使期间截止于股东会议召开前一日晚上12时。[4]

根据我国《上市公司股东大会规则》，网络投票结束时间不得早于现场股东大会结束当日下午3:00，两大交易所的上市公司股东大会网络投票实施细则也都统一规定为会议当天下午的3点整。德国2009年5月修改后的《德国股份法》与我国的规定比较接近，该法也允许股东以视讯会议方式出席股东大会行使表决权，股东对于股东大会各项议案，可以与股东大会现场同步即时进行远程电子投票。与前文我国台湾地区规定的事先投票不同，我国与德国都认可股东的即时投票，即时投票能够充分利用电子技术的即时性，使得股东能够根据股东大会现场会议的进展情况，在充分了解会议相关信息的基础上，随时有针对性表达自己对议案的赞否意见，使股东更为便利参与股东大会，行使股东权利，落实股东积极主义。

---

〔1〕 刘连煜:《股东书面及电子方式投票》，载《台湾本土法学杂志》2005年7月总第72期，第154页。

〔2〕 林国全:《2011年公司法修正条文简析》，载《台湾法学》第2011年6月总第185期，第12页。

〔3〕 参见林国全:《以电子方式行使表决权后亲自出席股东会股东之表决权》，载《台湾法学》2012年5月总第200期，第155页。

〔4〕 参见台湾证券集中保管结算所股份有限公司研究报告:《股东会通讯行使决议权制度之研究》，第20、38页。

2. 电子表决对临时动议或修正案的处理

由于进行电子表决的股东并不能事先知晓有修正案或临时动议的存在，更不可能知道修正案或临时动议的内容，根据其所投表决票的记载，无法判断股东的意见，因此如何处理临时动议或原议案的修正案，成为电子表决面临的一大难题。

(1)临时动议

何为“临时动议”？法律多未予以界定，而学界也众说纷纭。日本学者认为，临时动议是指就修正股东会之议案及与股东会进行有关之事项，向股东会之与会者提出请求表决之意思，并将其分为实质的临时动议(对原议案为修正之临时动议)和程序的临时动议(对议事程序提出之临时动议)；按照这种观点，临时动议包含了修正案，或者说修正案属于实质的临时动议。我国台湾地区学者林国全认为，临时动议是指原未列于股东会召集通知，而于股东会开会时始提出之议案。[1] 而王志诚则认为，临时动议性质上属于议事运作动议，系指股东于会议进行中偶发对议事运作之提案，借以请求股东会决议之提案。[2] 笔者认为，理解股东大会的临时动议，关键把握三点：一是临时，是并未列入股东大会召集通知中的事项，因此，修正案不应属于临时动议；二是动议，即提出议案，此议案既包括实体内容的议案，也应当包括程序动议；三是应属股东大会职权范围之内，非属于股东大会职权内的提议，应由有权机关处理，而不能由股东大会决议。

根据我国《公司法》第102条第2款的规定，股东大会不得对会议通知中未列明的事项作出决议，因此我国股东大会不允许就实体内容进行临时动议。然而我国法是否允许程序动议呢？按照公司机关职权划分的一般规则，公司股东大会是由董事会召集、董事长主持，对于处理议事程序所生之程序问题应由董事会与主持人来处理。《上市公司股东大会规则》第42条规定，

[1] 参见林国全：《2005年公司法修正条文解析》(下)，载《月旦法学杂志》2005年10月总第125期，第256页。

[2] 参见王志诚：《股东之一般提案权、特别提案权及临时动议权》，载《月旦法学杂志》2010年10月总第185期，第221页。

召集人应当保证股东大会连续举行,直至形成最终决议。因不可抗力等特殊原因导致股东大会中止或不能作出决议的,应采取必要措施尽快恢复召开股东大会或直接终止本次股东大会,并及时公告。这一规定也意味着终止会议等议事程序的决定权一般情况下应当归属于会议召集人(一般情况下就是公司的董事会)。但是,这并不意味着我国不存在程序动议。如股东大会开会时,如果会议主持人违反了股东大会议事规则使会议无法继续,该如何处理?根据《上市公司股东大会规则》第 27 条的规定,经出席股东大会有表决权过半数的股东同意,可以重新推举一人担任会议主持人。还有第 37 条规定的股东大会对议案进行表决时计票人与监票人的推举问题,按照规定应当推举两名股东代表参加计票和监票,那么在这种情况下,计票人与监票人如何推举,习惯上应当是由全体股东进行表决。因此在我国,虽然不允许实体内容的临时动议,但是应由股东大会决议的"程序动议"确实是存在的。

对于程序动议,日本通说认为并非通讯投票效力所及,换言之,对于程序动议,并无法以通讯投票方式为表决权之行使。[1] 由于程序动议是关于股东会会议进行之事项,应该仅由现实出席股东会会议之股东表决决定,因此就程序动议,通常而言,电子表决不算入出席会议表决权数。在我国,《上市公司股东大会规则》第 27 条也是规定经"现场"出席股东大会有表决权过半数的股东同意,因此这很明确地排除了非现场(主要就是通过网络投票)的股东表决权,在计算"定足数"时也当然将网络投票股东排除在外。我国台湾地区"公司法"第 177 条之一第 2 项也是以弃权处理,只是根据我国台湾地区的实践,股东大会存在有实体内容的临时动议,虽然学者以为临时动议有突袭通讯投票及其他未出席股东的效果,从而会影响股东参与股东会的权益,另外允许临时动议可能会架空股东提案权制度,提出要求限缩甚至禁止临时动议的观点,其行政部门于 2014 年 1 月 9 日通过的"公司法"修正草案也提出采用书面或电子方式行使表决权的议案"不得以临时动议"提出,但

---

〔1〕 参见林国全、刘连煜:《股东会书面投票制度与证券集中保管》,台北,元照出版公司 1999 年版,第 64 页。

是这最终并没有成为法律。因此，在我国台湾地区，无论是实体内容的临时动议还是程序动议，对于电子方式行使表决权的，都以弃权论处。

(2)修正案

明确了临时动议，修正案的界定就容易多了。修正案是指股东大会开会时提议变动已列入股东大会召集通知议案之内容，称为"原案(之)修正案"。[1] 换言之，原议案内容往往代表提案者的意见，出席者对该议案，常常是虽未完全赞同，也不至于全然反对，其意见之反映，便是提出修正动议，针对已列入议程中决议事项，尤其是董事会之提案，提议就原议案内容作修正或补充，使原议案更为完备，更为众人所接受。在我国，根据《上市公司股东大会规则》第34条的规定，上市公司股东大会不允许有对修正议案的决议，如有对议案的修正即视为新的提案并不得在该次会议决议，这一规定有利于公司经营管理层操控会议以保证会议的顺利进行。但是《公司法》并没有排斥非上市公司股东大会对修正案的审议与决定，实践中应该是大量存在的，因此我国《公司法》在确立电子表决的同时有必要对如何处理修正案作出规定。

对于修正案，理论上有三种态度：一是视为缺席，因为股东对于未记载于表决票上的修正案并无任何意思表示可言，因此应一律以缺席，即不出席处理；[2]二是对原案表示赞成的为反对，反对原案的视为弃权；三是均视为弃权，因为依书面投票行使表决权之效力，仅及于表决票所记载之议案，而不及于修正案，因此应按弃权处理。[3] 日本学者末永敏和认为应视为弃权，[4]我国学者王保树认为，不能笼统地推定以通讯形式进行表决的股东的意思，只能依具体议案具体分析。[5] 日本通说采"股东意思拟制说"，亦即股东在表

---

〔1〕 林国全：《2005年公司法修正条文解析》(下)，载《月旦法学杂志》2005年10月总第125期，第256页。

〔2〕 参见[日]宫谷隆：《注册会社法》(5)，有斐阁1987年版，第641页。

〔3〕 同上。

〔4〕 参见[日]末永敏和：《现代日本公司法》，金洪玉译，人民法院出版社2000年版，第119页。

〔5〕 参见王保树：《股份公司组织机构的法的实态考察与立法课题》，载《法学研究》1998年第2期。

决权行使书面上明示其赞成原案的意思者,应可拟制其意思为反对修正案。相反地,股东在表决权行使书面上明示其反对原案或弃权的意思者,因无从由此推论该股东对修正案的赞否态度,应以弃权处理。[1] 公司收到表决票,就意味着持有表决票的人参加了会议,已经成了股东大会定足数的构成部分。根据各国(地区)的规定,股东大会定足数一旦形成,对整个会议过程都是有效的。而且从股东的意思表示的情形看,电子表决的股东对其修正动议如果认为缺席,与股东试图参与股东大会的意思相违背,[2] 因此视为缺席的观点并不妥当。从理论上分析,如果临时动议是对原议案内容的修正,则至少表明在这一问题上电子表决股东的立场,不能一概地认定为弃权,因此应结合临时会议对议案的修正情况,客观地判断电子投票者的真实意思,具体进行处理。但是从实际效果上看,"股东意思拟制说"与"弃权说"的结果是一样的。因为拟制说除了股东对原议案明示赞同拟制为默示反对外,均视为弃权,而弃权等同于实质反对,其结果是两种观点均将电子表决的股东以反对处理。"视为弃权",虽未必符合以电子方式行使表决权股东之真意(该股东若有机会表达意见,可能会同意该原案之修正),但自其相对较能保障以电子方式行使表决权股东权益之角度观之,或可谓系妥适之处理,[3] 我国台湾地区"公司法"第 177 条之一第 2 项以"弃权"论处应为现实的选择。

3. 电子表决对多重投票的处理

引入通讯表决后,股东行使表决权的方式有如下几种:一是出席会议行使表决权,二是通过代理人进行投票,三是电子投票,在有的国家和地区还有书面投票(当然我国实践也并不排斥)。如果股东同时使用几种方式行使表决权,这就发生如何处理的问题。

(1) 相同方式的重复

以相同方式重复行使表决权,包括委托代理与委托代理、电子方式与电

---

〔1〕 参见[日]宫谷隆:《注册会社法》(5),有斐阁 1986 年版,第 445 页。

〔2〕 参见梁上上:《论股东表决权——以公司控制权争夺为中心展开》,法律出版社 2005 年版,第 74 页。

〔3〕 参见林国全:《2005 年公司法修正条文解析》(下),载《月旦法学杂志》2005 年 10 月总第 125 期,第 257 页。

子方式、书面方式与书面方式。此问题在于以纸质方式如书面投票、书面委托书行使表决权时，较少发生重复的现象。但是对于电子方式来说，由于电子表决在期限前可以无限制为之，较易发生多次重复行使的问题。我国台湾地区“公司法”第 177 条之二第 1 项规定，除非声明撤销之前的意思表示，否则以最先送达者为准。而日本法中，同一议案先后为不同的意思表示时，以最后者为准。但是日本学说为避免因认定问题对公司产生不必要的负担，允许可以依董事会决定处理之方式，否则通说均以后到者为准，而先前的电子表决则视为撤回。相比较而言，以后到者为准的观点较为符合电子表决即时性的特点，也体现了立法对当事人意思表示的尊重。[1]

(2)不同表决方式之间的重复

首先，书面投票与代理出席重复或电子表决与委托代理出席重复，即同一股东对同一议案同时有委托出席与通讯表决，且二者内容相矛盾时，对此根据我国台湾地区“公司法”的规定，凡是未在法定期间内声明撤销之前的意思表示，均以原来的行使为准。此种过于倾向公司实际股务处理程序的方便，而忽视了股东真正意思，甚至忽视了增订书面或电子投票的立法意旨，以及亲自出席股东大会的重要性，导致可能无法落实股东积极主义之立法原意，而招致了学者“最新意思表示不如先前意思表示、直接行使不如间接行使”的批评。[2] 日本法原则上以股东最新意思表示为准。学者认为，在书面或电子投票之后，又以委托书委托代理人出席，当代理人出席时，则原先书面或电子投票视为撤回，而以代理人所行使的表决权为准，于此情形下不得以章程加以限制。[3]

其次，电子方式与书面方式重复时，我国台湾地区处理规则也是坚持未撤销则以原先为准的观点。日本法并未明订书面投票与电子投票优先采决顺序之处理规范，学说见解各有不同。第一种观点认为以后到者为准，但是

---

〔1〕 参见杜怡静：《E 化环境中关于股东权行使之比较研究——以书面及电子投票为中心关于股东行动主义之理论与实践》，载《政大法学评论》2013 年 6 月总第 13 期，第 276 页。

〔2〕 同上书，第 277 页。

〔3〕 参见[日]江头宪治郎：《株式会社法》(第 2 版)，百斐阁 2008 年版，第 316 页。

股东在书面形式后改变心意而以电子方式修正,电子方式却先于书面形式到达,如果以后到者为准则可能违反股东的真正意思。第二种观点是通说,原则上以后到者为准,但是在行使期间前股东有自由撤回、更改的权利,考虑到两者传输速度不一样,因此在重复行使时,不以到达公司的时间为准,而以股东最后发出的信为准。那么,是否允许公司作事先的规定?以实行电子方式行使股东会议决权制度之发行公司为例,该公司于开会通知书上明载,若同时以书面或电子方式行使议决权者,不论其送达日先后一律以电子方式行使议决权之内容为准;采用电子方式行使议决权者,则以最后行使日之内容为准。[1] 像这样事先向每个股东明确说明采取一定的标准加以处理的,只要这些标准不是过度限制股东的表决权,应该没有什么妨碍。[2] 但是也有观点认为,先进行的投票与后进行的投票内容不同的,可以认为股东已经撤回先前的投票,后面进行的投票作为有效行使表决权,不允许公司事先规定处理标准。[3]

(3)不亲自出席与亲自出席的重复

已依通讯方式行使表决权的股东,欲撤回或修正其表决权之现实,或者不愿再委托他人出席,其最基本的方式即是出席股东大会。因为通讯表决的目的在于使不出席股东大会的股东,也可以通过通讯方式行使表决权,但是通讯表决毕竟不是股东行使表决权的理想方式,其与亲自出席股东大会会议相比,存在许多的缺陷,委托他人代理也有类似的问题存在。如果股东出席股东大会,其通讯表决权的行使与他人的代理出席,则无继续存在的意义。因此,应该认定亲自出席会议有撤回通讯行使表决权的效果。日本学说也认为,此时书面投票、电子投票或委托书代理制授权视为撤回,以亲自出席为准。

我国台湾地区的处理规则比较复杂,其"公司法"第177条之二第2项规

〔1〕 参见台湾证券集中保管股份有限公司:《股东会通讯行使决议权制度之研究》,2002年。

〔2〕 参见田泽元章:《IT化进程中的日本股份公司法修改》,载《中日民商法研究》(第3卷),法律出版社2005年版,第298页。

〔3〕 同上。

定:股东会以书面或电子方式行使表决权后,欲亲自出席股东会者,应于股东会开会前一日,以与行使表决权相同之方式撤销前项行使表决权之意思表示;逾期撤销者,以书面或电子方式行使之表决权为准。2011 年 6 月修正后,“开会前一日”变成了“开会二日前”,其修正理由是股东于股东会开会前一日撤销前意思表示,股务作业处理上时间甚为紧迫。对此,学者认为,以书面或者电子方式行使表决权的股东,“视为”出席会议属于“拟制亲自出席”,而逾期撤销以书面或电子方式行使表决权为准,则形成“拟制亲自出席”优于“真正亲自出席”的效果。本次修正,将撤销期限再提前一日,使得“立法”屈服于不具有充分说服力之实务需求现象,更显严重,对于这样的修正“实难苟同”。[1]

(4)我国的实践与选择

我国在实践中对多重投票的处理有一个变化的过程,如上海证券交易所 2004 年发布的《上海证券交易所上市公司股东大会网络投票实施细则》第 4 条规定,股东大会股权登记日登记在册的所有股东,均有权通过股东大会网络投票系统行使表决权,但同一股份只能选择一种表决方式。如果同一股份通过现场和网络重复进行表决,以现场表决为准。虽然没有对其他方式之间的重复行使作出规定,至少说明该实施细则采用现场表决优先的规则,是值得肯定的。但是 2006 年修正后的《上海证券交易所上市公司股东大会网络投票实施细则》第 4 条则规定,同一股份通过现场、网络或其他方式重复进行表决的,以第一次投票结果为准。这一修改是针对以往股改表决中所出现的种种“投票门事件”而来的,被认为有利于防止网络投票中各种“改票事件”的发生。[2] 笔者认为,2006 年《上海证券交易所上市公司股东大会网络投票实施细则》的这一修改并不妥当,其只强调公司管理的需要,而忽视了股东的真正意思,即使该意思与原来表达不一致,也允许股东修正自己意思的自由,

---

〔1〕 参见林国全:《以电子方式行使表决权后亲自出席股东会股东之表决权》,载台北,《台湾法学》2012 年 5 月总第 200 期,第 156 页。

〔2〕 参见皮海洲:《网络投票 再说爱你不容易》,载网易:http://www.163.com,最后访问日期:2006 年 9 月 14 日。

将股东改变自己的决定作为“投票门”事件对待实际上是将管理与监管的问题推到股东身上。如果修改《上海证券交易所上市公司股东大会网络投票实施细则》是以牺牲股东的权利为代价的，那么这种修改就不算是正确的。另外，需要注意的是，“投票门事件”的发生症结何在？是谁透露了股东投票的信息？如果是投票的股东，透露自己的投票信息是他们的应有权利，改变自己的投票意向也是他们的应有权利，如果担心改票而规定“以第一次投票结果为准”，那可是用错了药。这是因为：第一，这本来就不是病，股东通过沟通决定自己该如何投票原本就是法律所提倡的，本书在阐述电子股东论坛时已经予以说明；第二，股东完全可以在其正式投票前说明自己的投票意向来征集他人的劝诱。如果并不是投票之股东泄露了股东投票之信息，那更是打错了板子，因为根据《上市公司股东大会规则》第38条的规定，投票所涉及的公司、计票人、监票人、主要股东、网络服务方等相关各方对表决情况均负有保密义务。因此，我们一方面要恢复现场表决的优先地位，另一方面采用后到者优先的原则确立重复投票的处理规则。当然，并不是说对于投票方式的改变不能设置规则，考虑到通讯投票结果到达公司后股东再选择以出席会议行使表决权确实给公司带来一定的麻烦，《上市公司股东大会规则》可以给予一定的限制。

（四）股东电子表决行使的瑕疵及其后果

由于网络障碍等问题未能及时传输、网页设计错误无法行使表决权、因病毒感染使传输的内容完全消失及被他人篡改，或者系统故障导致股东不能通过网络进行有效表决等，都属于电子表决行使的瑕疵。我国股东大会网络投票的实践中，就发生过许多由于技术问题而带来的纠纷。首都旅游股份有限公司网络投票期间，就曾出现大量人员于同一时点浏览点击结算公司网站，导致上网拥堵、登录缓慢的情况。另一例子是，南京股民黄翔于2004年12月22日“首旅股份”股东大会投票当天，由于中国证券登记结算有限责任公司网站出现严重技术故障，无法登录投票，而对“首旅股份”此次网络投票的可靠性和公正性表示怀疑。黄翔扬言，要拿起法律武器，以维护中小股民的利益。[1]

1. 因不可归责于公司之事由而造成股东无法进行电子表决的情形

实践中，股东大会电子表决的平台多是由中介机构提供，上市公司只是花钱租赁该平台进行电子表决，业者服务器故障等不可归责于公司的原因造成无法行使表决权的，公司应当免责，并且不构成股东大会决议之瑕疵。当然，由于证券交易所会员相关技术系统原因而导致上市公司股东无法完成投票的，会员应当及时协助上市公司股东通过其他有效方式参与电子表决。[2]至于公司与中介机构之间的责任如何承担，则由公司等涉及网络投票的相关主体与提供电子表决平台的信息网络有限公司签订的服务协议来处理。但是因不可抗力、意外事故及其他证券交易所或者信息公司不能控制的异常情况而导致网络投票系统不能正常运行的，交易所和信息公司都不承担责任。[3]

2. 因公司电脑设备无法运作而造成无法受理股东之电子表决的情形

这种情形主要发生在非利用第三方网络平台进行电子表决的场合，如日本的电子表决实践中有许多是通过公司自己的网站进行的。在此情形下，股东可能无法顺利以电子方式行使其表决权，如公司电脑设备无法负荷同时涌入过多链接而导致公司服务器发生故障，或是因机房停电而导致无法受理电子表决等。对此，前述信息电子传送错误的有关规则应当可以参照适用。

3. 股东电子表决后因投票网站之投票记录遭黑客删除或病毒感染而消失的情形

这又可以分为两种情形：第一种情形是如果股东多选择电子表决而不是出席现场，那么大量投票记录消失，其结果是股东未达定足数，在此情形下，应当构成股东大会决议不成立，公司应当选择重新召开股东大会。第二种情形是如扣除消失的投票记录后仍然达到定足数，对此股东可以根据《公司

〔1〕 参见薄继东：《5家网络投票3家惹争议 投资者扬言要用法律维护》，载新浪财经：http://finance.sina.com.cn/stock/y/20041228/08501254905.shtml，最后访问日期：2006年9月14日。

〔2〕 参见《上海证券交易所上市公司股东大会网络投票实施细则》第7条。

〔3〕 参见《上海证券交易所上市公司股东大会网络投票实施细则》第34条，《深圳证券交易所上市公司股东大会网络投票实施细则》也有类似规定。

法》第22条第2款的规定提起股东大会决议撤销之诉。当然正如前述,法院并不能依此即可撤销股东大会决议,公司应当采取措施及时弥补,如果未能及时弥补使不公正的决议案通过,造成股东重大损失的,应当判决取消股东会议决议。

第二节 股东大会电子化的制度前瞻

股东大会电子化是一个开放的命题,或者说在一个国家或地区,电子化是一个渐进的过程,对于电子信息传送与电子表决这两个现代信息技术的基本运用,法律实现是一个亟待解决的问题,但是股东大会会议本身的电子化即网络股东大会日益成为一个需要面对的课题。鉴于网络股东大会在国内外的实践并不能算是很成功、其立法也算不上很成熟、我国甚至还没有这样的实验,本书将之作为一个需要研究的课题、作为股东大会电子化的立法前瞻进行讨论。

一、网络股东大会的基本形式与立法模式

(一)网络股东大会的基本形式

网络股东大会又称电子股东大会,是指利用网络召开的股东大会,或者说就是将公司的股东大会搬到网络上。其最大的特点是允许股东以电子远程交流参与股东大会。

1. 网络股东大会的两种形式

按照美国学者 Lisa M. Fairfax 的观点,网络股东会议无非体现为两种形式:一是允许部分股东通过电子或者远程交流参与股东大会,此被称为部分网络股东大会;二是公司召开股东大会仅仅通过电子或者远程交流的方式来代替在特定实体位置召开会议,这被称为完全虚拟股东大会。[1]

---

〔1〕 See Lisa M. Fairfax, "Virtual Shareholder Meetings Reconsidered", *Seton Hall Law Review*, 2010, p. 1368.

依据日本学者的解释,利用网络或者视频等通信技术来推行股东大会的相关程序,主要涉及两种类型:一是在特定的实体场所召开股东大会(召集通知上仍记载一定的会场),其他不在此实际会场的股东,用其电子通信设备如视频等方式同步参与股东大会的类型(有时间股东大会的召开);二是在没有实体的场所召开,所有的股东都通过网络等方式出席股东会(无屋顶之股东会或虚拟股东会)。[1]

我国台湾学者林克敬也持同样的观点。他认为,网络股东大会基本上因其为全部或仅部分在网络上举行而分为部分网络股东大会和纯粹的网络股东大会两种。按照林克敬的理解,纯粹的网络股东会又可称为虚拟的股东大会,因为这种股东大会并不存在传统之现场,所有与会人员的报告、质询、答复、审阅资料、投票等都是通过网络进行,因此又将之称为在网络虚拟空间之股东大会。部分的网络股东大会是指传统的现场股东大会仍然存在,但允许不愿前往现场的股东经由网络参与股东大会,可称为混合式的网络股东大会或由网络所架构之股东大会。混合式的网络股东大会是指传统现场举行之股东大会继续维持存在,对于愿意采用上网线上出席股东大会之股东亦可用视频会议的方式上网参与股东大会,因此混合式的网络股东大会亦可称为线上股东大会。[2]

2. 两种网络股东大会的本质区别

从前文的分析可以看出,两种网络股东大会的主要区别在于对网络的利用程度,或者说是全部在网上召开呢,还是仅仅部分利用网络。对于后者存在一个实体的会议现场,而前者则没有这样的现场。也正因如此,对于完全虚拟的股东大会,股东仅仅能够通过网络参与股东大会行使股东权利,而对于部分的网络股东大会,股东除了能够通过网络参与股东大会,同时还可以以出席现场会议的方式行使其权利。因为有了现场,股东的董事、监事、高级

---

〔1〕 参见杜怡静:《E化环境中关于股东权行使之比较研究——以书面及电子投票为中心关于股东行动主义之理论与实践》,载《政大法学评论》2013年6月总第13期,第277页。

〔2〕 参见林克敬:《利用网际网路召开股东大会之可行性》,载《公司法修正议题论文集》,台北,神州图书出版有限公司2002年版,第217页。

管理人员必须出席或者列席会议,当然在网络上他们也是可以出现的,但是在现场出现与在网络上出现的一个巨大差别在于现场是现实的,是不可回避的,而网络是虚拟的,是可以选择的。因为有了现场,这些董事、监事与高级管理人员必须接受股东面对面的质询,而对管理层问责价值的发挥恰是学者钟情于会议的一个主要理由。[1] 对于虚拟股东大会,股东是无法以出席现场会议的方式来行使其股东权利的,而对于部分网络股东大会,出席现场会议是股东的一项权利。这是两种网络股东大会的本质区别,也正是各国实践对于虚拟股东大会所担忧、立法所关注的问题。

(二)网络股东大会的立法模式

对于网络股东大会,各国法律的态度并不一致,或者说,多数国家法律并没有明确允许网络股东大会。但是,好在立法能够及时根据现实的需要调整其政策,正如欧洲联盟《跨境行使股东权利的欧盟指令》的态度一样,"它虽然没有提及纯粹的虚拟股东会议,然而,该指令明确授权成员国进一步发展电子手段参与公司决策程序的规则"。[2] 更有国家的立法明确为虚拟股东大会的举行扫除了法律障碍,并有召开虚拟股东大会的实践。这包括丹麦,[3]还有加拿大,如加拿大法律规定,除非章程另有规定,有权出席股东会议的任何人可按照规定,通过电话、电子或其他使所有参加者在会议期间彼此充分沟通的通信设施参加会议,如果该公司提供了这样一个通信设施。一个人通过这样的方式参加会议被认为是符合法律地出席会议。当然,最具影响力的是美国特拉华州 2000 年对《特拉华州普通公司法》的修正,而后有许多州都追随特拉华州的立法步伐。目前在美国针对虚拟股东会议作出相关规定的 32 个州中,有包括特拉华州在内的 23 个州都直接或者间接地允许部分网络股东大会和完全虚拟股东大会这两种网络会议模式的存在。也就是

---

〔1〕 See Elizabeth Boros, "Virtual Shareholder Meetings: Who Decides How Companies Make Decisions?", 28 *Melbourne University Law Review*, August 2004, p. 269.

〔2〕 Dirk Zetzsche, "Virtual Shareholder Meetings and the European Shareholder Rights Directive - Challenges and Opportunities", http://ssrn.com/abstract=996434.

〔3〕 See Anatoli van der Krans, "The Virtual Shareholders Meeting: How to Make It Work?", *Journal of International Commercial Law and Technology*, 2007, Vol. 2, Issue 1.

说,美国接近3/4的州已经启用了两种模式的网络会议。

鉴于美国联邦体制的特殊性,为了更好地了解美国国内对网络股东会议的态度和措施,根据美国各州法律针对网络股东大会立法规定的差异,大致可以分为如下几种类型。

1. 特拉华州模式

美国许多州的法律都规定了利用网络召开的虚拟股东大会制度,而特拉华州是最早也是最具有代表性的。《特拉华州普通公司法》第211条是关于虚拟股东会议相关内容的规定,具体规定如下:(1)股东大会可以在本州之内或本州之外举行,可以在公司章程中指定会议地点,或按公司章程规定的方式来确定,如果没有指定,则在本州公司注册办事处举行。如果依照本款或注册证书或公司章程的规定,董事会被授权决定股东会议的地点,那么董事会可以完全由其自己决定会议可以不在任何实际地点召开,取而代之以远程通信的方式召开。(2)如果授权董事会自行决定,并受董事可通过的准则和程序的管制,股东和不亲自出席的股东的代理书持有人,可通过远程通信a参加股东会议b在股东会议上被视为亲自出席并参加表决,无论这样的会议是在指定的地点召开或完全通过远程通信的手段,只要:①该公司采取合理的措施,以确保通过远程通信被视为出席并允许在会议上投票的每一个人是股东或股东的代理人。②公司应采取合理的措施给这些股东和股东的代理人提供参加会议的机会,使其能够阅读或听取会议过程并就提交的事项进行表决。③如果任何股东或股东代理人在会议上通过远程通信投票或采取其他行动,这些进行表决或采取其他行动的记录应由公司保存。

根据上述法律规定,特拉华州不仅为部分网上股东大会而且为完全虚拟股东大会提供法律依据。特拉华州要求公司在举行虚拟股东大会或者部分股东通过远程方式参与必须遵循以上三个特定的程序,所以特拉华州的模式可以被称作特定程序电子股东大会。[1]

---

〔1〕 See Lisa M. Fairfax, "Virtual Shareholder Meetings Reconsidered", *Seton Hall Law Review*, 2010, p. 1369.

2. 科罗拉多州模式

《科罗拉多州公司法》关于网络股东大会的立法主要在于其第 7 – 107 – 108 条。该条是这样规定的:除另有规定外,任何或所有股东有权利参加年度股东大会或者临时股东大会。股东大会可以使用所有与会者可以倾听到彼此的无论何种交流方式来举行,通过以上交流方式参与股东大会的股东视为亲自出席。《科罗拉多州公司法》的这一规定明确允许了部分股东的远程参与,也就是承认了部分网络股东大会的合法性,但有关完全虚拟股东大会的规定则是模糊不清的。这是因为《科罗拉多州公司法》第 7 – 107 – 101 条规定股东大会应该"根据章程规定设置于或者固定在一个场所",这样一条规定似乎是说需要一个现场会议地点,而这与实施完全虚拟股东大会的意旨是不相符的。而且科罗拉多州法律也不包含类似特拉华州法律规定的完全虚拟股东大会可以替代现场股东大会的肯定式语句。但事实上,《科罗拉多州公司法》第 7 – 107 – 108 条中也规定了可以通过任何通信方式来召开股东大会,这表明科罗拉多州法律是允许完全虚拟股东大会的,因为任何其他的解释都会导致前后两项规定的冲突。此外,一些从业者指南也解释说类似的法律语言中关于远程会议"指导"能力的规定本身则意味着股东可以举行完全虚拟股东大会来代替某一特定实体位置所举行的现场股东大会。[1]

有趣的是,不同于特拉华州,科罗拉多州法律不必查明一个公司在举行网络股东大会时除确保与会者可以倾听到彼此之外还必须实施的特定程序,这是与特拉华州的一个重要区别,因此该模式可以称为无特定程序电子股东大会。[2] 一般说来,这方面的法律要么类似于特拉华州法律含有明确规定网络股东会议的语句但是要求公司在举行这种会议的时候要遵循三个特定程序,要么就类似科罗拉多州法律,似乎是允许网络股东会议但是并不需要在确保股东能够倾听彼此之外再实施其他的特定程序。

---

〔1〕 See Lisa M. Fairfax, "Virtual Shareholder Meetings Reconsidered", *Seton Hall Law Review*, 2010, p. 1374.

〔2〕 Ibid., p. 1373.

3. 马萨诸塞州模式

马萨诸塞州法律对于不公开发行公司(private corporations)和公开发行公司(public corporations)的规定有区别。该州允许公开发行公司举行部分网络股东大会,而不公开发行公司既可以举行部分网络股东大会也可以举行完全虚拟股东大会。在立法形式方面,马萨诸塞州类似于《特拉华州普通公司法》第211条,不同的是关于公开发行公司的例外规定,马萨诸塞州法律是这样规定的:“除非注册章程或者法律有例外规定,如果经董事会授权决定:任何年度股东大会或者临时股东大会不必要在特定实体位置举行,而是可以仅仅以远程通信的方式取代,公开发行公司除外”。马萨诸塞州法律的其余部分跟《特拉华州普通公司法》第211(a)(2)条几乎一字不差。

4. 纽约州模式

纽约州法案规定允许部分公司举行部分网络股东大会。相关法案规定如下:

(b)……(i)股票在证券交易市场或者场外交易场所交易的公司应该:(1)为那些没有亲自到股东大会现场的股东提供一个合理的基本上可以同时见证股东大会进展情况的机会;(2)提供合理的方式确保股东通过电子通信的方式在股东大会上投票或者代理投票。

(ii)如果其他公司的董事会决定遵循以上规定的话,那么以上规定也同样适用于其他公司。

(iii)对(i)和(ii)中规定的内容没有局限、限制和取代其他形式投票和参与的任何要求。

(iv)在本段中,关于见证会议进展的“合理的措施”应该包括但是不限于音频网络直播或者其他广播形式,至于投票表决应该包括但不限于电话通讯和互联网表决。

这条法规将会要求那些股票在证券交易场所或者场外交易场所交易的公司无论何时股东要求的时候均允许召开部分网络股东会议。其他公司可以选择是否允许远程参与。美国其他州也没有类似的强制性规定。但是在I. B. 7. b部分,一些州似乎规定只要是公司章程或者注册证书所规定的公司就可以举行部分网络股东会议。

5. 马里兰州/加利福尼亚州模式

马里兰州和加利福尼亚州都使得股东在决定一个公司能否举行网络股东会议的过程中发挥作用。《马里兰州公司法》第2-503(b)(1)条和第2-503(b)(2)条规定如下：

(b)(1)根据本条(2)的规定，如果董事会被授权决定股东大会的召开地点，那么董事会则可以决定会议不在任何物理位置地点举行而代之以仅通过远程通讯的方式。如同在(c)中授权的一样。

(b)(2)在股东的要求下，董事会应该提供一个举行股东大会的地点。

尽管马里兰州法律授权董事会决定公司是否举行完全虚拟股东大会，但是其同时也规定确保公司举行这样的会议不会遭到任何股东的异议。在其他方面，马里兰州法律近似模仿了《特拉华州普通公司法》第211条的相关规定。因此，马里兰州法律既允许部分网络股东大会也允许完全虚拟股东大会，马里兰州法律同时也要求在举行网络股东大会的时候必须遵循特定的程序。

类似于马里兰州法律，加利福尼亚州法律也是以《特拉华州普通公司法》第211条为范本，不同之处在于除了要授权董事会，加利福尼亚州法律也要求公司必须征得股东对举行完全虚拟股东大会的同意，当然其主要是考虑到股东利益的维护。

尽管除这两个州以外美国其他州没有将是否举行网络股东大会取决于股东的同意或者没有异议，但是明尼苏达州法律明确规定要求股东需要获得关于公司举行完全虚拟股东大会的意图的通知。[1]

6. 伊利诺伊州模式

伊利诺伊州法律仅允许部分网络股东大会，并不允许利用完全网络股东大会来代替在某一特定实体位置场所举行现场股东大会。美国境内还有其他7个州（印第安纳州、蒙大拿州、内华达州、北卡罗来纳州、俄勒冈州、弗吉

---

[1] See Lisa M. Fairfax, "Virtual Shareholder Meetings Reconsidered", *Seton Hall Law Review*, 2010, p. 1378.

尼亚州和华盛顿州)同样只允许部分网络股东大会。[1] 这些州在举行部分网络股东大会时的具体实施程序方面是不相同的。这 7 个州中,如前所述,蒙大拿州进一步限制到仅允许股东人数不到 50 人的公司举行,纽约州提案允许特定的公司举行,但是不会给予举行完全虚拟股东大会的选择权。

二、我国实现网络股东大会的路径选择

技术条件的具备仅仅是为网络股东大会提供一种可能性,而真正实行网络股东大会,需要提高公司对于改善治理结构的积极性,更需要有关部门的积极推动。当然,这并不意味着强制性地推行,而是需要根据实际情况循序渐进地推行。

(一)适应性判断:我国公司法与网络股东大会的距离

1. 实现网络股东大会的法律体现

探讨我国公司法与网络股东大会的适应性,首先需要查明实行网络股东大会的基本立法标准,当然,目前只能从国外的立法与学说中进行提炼。有一点是明确的,部分网络股东大会与虚拟股东大会在公司立法中的要求是有不同的。

(1)部分网络股东大会的立法

部分网络股东大会是指允许部分股东通过电子或者远程交流参与股东大会。因此,对于判断其法律适应性的标准就是该国公司法是否允许股东通过远程通讯的方式参与股东大会,而不是公司是否存在实体的会场。需要引起注意的是,此处用的是"允许",其含义在于:一方面,公司必须提供远程通信参与的管道,以便于股东利用该管道参与;另一方面,是否以远程通信方式参与是股东的权利,是股东得以选择的方式之一,也就是说即使公司提供了这样的管道,也并不意味着股东必须通过它参与。

---

〔1〕 See Lisa M. Fairfax, "Virtual Shareholder Meetings Reconsidered", *Seton Hall Law Review*, 2010, p. 1379.

(2)虚拟股东大会的立法

对于虚拟股东大会,其会议的全部过程,包括所有与会人员的报告、质询、答复、审阅资料、投票等都是通过网络进行,并不存在一个实体的会议现场是其外在形式上的最突出特征。但是在立法实现的标准上,关键之处基本上有两点:一是不存在实体的现场会议,如美国立法经常规定的可以"不在任何实际地点召开";二是股东只能通过远程通信的方式参与。与部分网络股东大会不同的是,虚拟股东大会的股东是没得选择的,远程通信是他参加股东大会的唯一方式。

2. 我国《公司法》因应网络股东大会的相容性判断

我国法律是否允许实行网络股东大会呢?这是我国实现网络股东大会首先要面对的问题。如前所述,判断网络股东大会法律依据的关键要看两点:一是是否存在现场会议,二是股东能否以视频方式参与。对于前者需要重点考察的是法律关于会议地点的规定;对于后者,关键在于股东参与会议方式的规定。

从我国《公司法》关于会议地点的规定看,我国法律并没有规定公司应当在哪个地点举行,或者说必须在哪一个实体位置召开股东大会。那是不是就意味着我国法律对于股东大会的地点没有要求了呢?《公司法》第 102 条有关于"地点"的规定:召开股东大会会议,应当将会议召开的时间、地点和审议的事项于会议召开 20 日前通知各股东。"地点"是一个中性的概念,其基本含义是"所在的地方",也可以解释成"模糊的地方",从文义解释的方法看,公司也可以将会议安排在某个虚拟空间来召开。然而根据我国《上市公司股东大会规则》第 20 条的规定,"股东大会应当设置会场,以现场会议形式召开",这就说明在我国上市公司必须存在一个现场会议,而不允许在一个虚拟空间召开会议,这一规定招致了我国上市公司完全虚拟股东大会的制度障碍。当然,《上市公司股东大会规则》约束的只是上市公司,从反对解释的方法看,对于非上市公司,设置会场并不是召开股东大会必要的条件。

从我国《公司法》关于股东参与股东大会的方式看,我国有且只有两种方式:一是亲自出席,二是委托他人代理出席,当然此处股东的出席是"亲自"出席，是其身体现实地参加，并不包括"拟制"的出席。我国《公司法》并不允许股东以其他方式包括电子方式"出席"，哪怕后来引进了网络投票，姑且不论这种引进的问题的依据问题，顾名思义，"网络投票"也仅仅是解决"投票"的问题。

基于以上两点分析，可以得出一个结论，非但虚拟股东大会，哪怕部分网络股东大会，在我国公司法上都是没有法律依据的。那么在我国公司法电子化进程得以一定程度上的推进，确认了电子表决的公司法地位以后，规定了"电子方式"是不是就意味着股东可以以视频方式参与股东大会了呢？

电子方式是不是包含视频方式？在日本与我国台湾地区一直存有争议。依据旧《日本商法典》第 233 条的规定，如果公司章程就股东会举行地点并无特别规定，应于本公司所在地或其邻接地举行，自本条文义解释，股东会须于特定之物理空间举行，[1]且平成 31 年引进之电子投票制度，并未承认股东可以以电子方式出席股东会并行使表决权，仅将书面投票的媒介从纸本换为电磁记录，本质上仍与书面投票相同。虽然现行《日本公司法》中基于公司自治的理念，并未保留旧《日本商法典》第 233 条之规定，但是也未明文承认股东可以于开会当日以电子方式出席股东会并行使表决权，因此多数见解仍持保守看法，认为现行法下尚未准许虚拟股东大会的存在。但是在日本实践中承认公司在举行实体股东会之同时，同步转播实体股东会，使居住在较远地区之股东看到会场的具体情况，因而是否承认部分网络股东大会之存在，即有疑问。有学者认为，从法律上看，此时仍仅有一个股东会会场，而不包括其余转播场所，故位于转播处所的股东，并未"出席"股东会，不承认部分网络股东大会的合法性。然而也有学者倾向于肯定部分网络股东大会的合法性。[2] 在我国台湾地区，学者的观点也是不一致的。依学者陈锦旋对"电子方式"的理解，其范围或方式并非单一，举凡因特网、电话语音、视讯等均属

〔1〕 参见［日］神作裕之：《株主总会之电子化》，载《民商法杂志》（第 126 卷）2002 年 9 月第 6 期，第 795 页。

〔2〕 参见谢昀芳：《我国股东会通讯投票制度之研究》，台湾地区政治大学 2014 年硕士学位论文。

之。[1] 刘连煜则认为,如以“视频会议”进行表决,解释上似仍有争议。[2] 但是在实务上,我国台湾地区高等法院台中分院2009年度上字第226号民事判决书是这样认定的:唯就股东会得否允许以“视讯”方式为之,“公司法”第122条仅明文允许“股东亲自出席”及“委托书代理”两种方式,并未如前述董事会,有明文允许视讯参与之情形。另外,“公司法”1994年6月、1995年2月及1998年1月之历次修正,亦未就此增设规定,是从“公司法”之沿革变迁,可知仅对董事会允许“视频参与”,而不允许股东会得以视讯参与,乃立法者在制度上有意差别规定。自不得比附援引该董事会相关规定。况且主管公司业务之经济部,于1993年3月11日以经商字第09302036200号函称:股东会之开会方式,不得类推适用“公司法”第295条第2项有关董事会之开会方式,以视讯方式为之。由此可见,我国台湾地区实务上对虚拟股东大会也持否定立场。笔者认为,解决了“表决权”问题,并不等于解决了“出席”或者“参与”股东大会的问题,规定了电子表决方式,并不意味着实现了会议面对面的问责价值,表决权虽然是公司法的“第二个特征”,[3]但是表决权绝不是股东大会会议的全部。

行文至此,笔者以为可以得出一个结论了:我国《公司法》不允许实行网络股东大会。非但如此,只有规定股东以“视频”方式或者“远程通讯”方式参与股东大会,部分网络股东大会才有合法依据,至于虚拟股东大会,除此之外,还必须明确可以“不在一个物理地点”举行股东大会。当然,作这样的法律适应性判断和结论,并不是说我们马上应当进行这样的立法,相反,需要我们循序渐进,一步一步地予以推进。

(二)现实选择:视频股东大会的规范与推行

1. 我国视频股东大会的实践缺失

本书第三章曾经指出,我国的视频股东大会已经非常接近于部分网络股

---

[1] 参见陈锦旋:《公开发行公司股东通讯行使股东会议决权之法制与实务》,载《现代公司法制之新课题——赖英照大法官六秩华诞祝贺论文集》,台北,元照出版公司2005年版,第310页。

[2] 参见刘连煜:《公司法制的新开展》,中国政法大学出版社2008年版,第105页。

[3] Frank H. Easterbrook and Daniel R. Fischel, *The Economic Structure of Corporate Law*, Harvard University Press, 1991, p. 63.

东大会,或者说已经基本具备了部分网络股东大会的实质内容。需要说明的是,作出我国视频股东大会已经具备部分网络股东大会实质内容的判断,是基于我国上市公司视频股东大会的实践运行而言,尤其是那些充分整合现有网络平台资源的股东大会,但是这并不代表我国已经实现了网络股东大会。从总体上看,我国视频股东大会的实践还存在诸多的问题,甚至有些是关系其前景的致命问题,在规范基础上的推进应当成为我们的路径选择。

(1)实践的有限

迄今为止,视频股东大会在我国仅仅是有限的实践。其一,在于实行视频股东大会的公司数量极其有限,根据平台提供者深圳证券交易所信息公司的统计材料,自 2013 年推出到目前的时间,我国实行视频股东大会的只有 18 次,这与我国将近 3000 家上市公司同期总共几万次的会议相比,实在是不值得一提。其二,在于这仅有的 18 次会议分别是由 18 家公司采用的,也就是说没有一家公司在召开视频股东大会后选择继续以此方式召开。虽然有着亲历者的交口称赞,也有着组织者的积极推动,但是这有限的实践集中反映了我国推行视频股东大会动力的缺失。

(2)运行的随意

不仅实践的数量有限,我国视频股东大会的运行也是非常随意的。首先,股东大会视频直播的议程多少是由公司任意决定的,因而实践中有的公司直播了从会议开始的宣布直到会议结束的整个过程,但是更多的公司仅仅直播了从会议的开始到股东与公司高管的互动这一部分的议程。其次,视频股东大会是否与网络互动同步也是由公司任意决定的,有的视频股东大会首页同时设置“我要提问”“我要投票”两个栏目,股东在收看视频直播的同时可以便捷地通过“互动易”与网络投票系统实现质询、建议、表决的权利,但是更多的场合却未能见到。最后,通过网络提问的股东与问题的选择也是由公司任意决定的,在本书第三章展示的唯一一个有网络提问的视频股东大会里,无论是股东的选择,还是问题的选择,都是由上市公司董事长指定公司的工作人员进行选择的,当然选择什么样的问题也全在于公司工作人员的兴趣。

(3)规则的背离

实践的有限与运行的随意只是一种表象,其背后却是规则缺失的表现甚至背离现有的规则。一方面,虽然有了证券监管部门与交易所的推动,但是作为一项创新措施,在我国,视频股东大会非但没有证监会的规章,也没有证券交易所的规则,甚至也没有组织者的指南。规则的缺失既是运行无序的根源,也是动力缺失的原因。另一方面,《上市公司股东大会规则》第 38 条规定,股东大会会议现场结束时间不得早于网络方式,第 21 条规定,网络投票结束时间不得早于现场股东大会结束当日 15:00,上市公司网络投票的时间就是 15:00。但是前述 18 次视频股东大会中,有 13 次是在 14:00 或者 14:30 召开的,同时也有 5 次是在上午召开的,下午开始的股东大会自然不会有悖于此规则,但是那 5 次在上午召开的股东大会则显然不符合《上市公司股东大会规则》的规定。

从我国视频股东大会的实践看,利用网络技术的力度参差不齐,总体上来说不够充分,领域仍有待进一步拓展。这反映了实行视频股东大会的意义并没有得到充分认识、积极作用并没有得到充分发挥、激励机制并没有真正建立,离真正的网络股东大会的实现还存在一定的距离。

2. 我国视频股东大会的实践推进

视频股东大会是优化我国上市公司治理结构、提高中小股东话语权的有效通道,也是我国将来实行网络股东大会的有益实验。虽然存在诸多的问题,但我们的态度不应该是抛弃,而应该是在总结经验吸取教训基础上的进一步推进。

(1)实现系统的整合

如何实现电子信息技术应用的便捷性与股东大会功能的有效发挥的有机结合,是股东大会电子化的最终目标。但是从我国电子化的具体应用看,会议视频直播解决的是股东亲历现场跟踪会议进程的问题,网络投票解决的是不在场的表决问题,“互动易”等互动平台解决的是股东部分的信息获取问题。从股东大会的过程看,会议的决议是在股东亲身体验会议进程与掌握充分信息的基础上,进行讨论、提问、质询,最后进行表决的结果。而视频直播、网络投票与互动平台各自仅仅实现了会议的部分功能。因此只有将这三者有机结合起来,甚至说捆绑起来,才能够实现电子信息技术功效最大限度地发挥。从目前看,三者的整合是可能的,并且其各自的功能还没有完全发挥,尤其是需要进一步挖掘互动平台的建议质询功能和扮演电子股东论坛角色,以期股东大会电子化目标的最终达成。

(2)实行机制的激励

目前视频股东大会实践的首要问题在于参与数量太少,究其根本在于实施的动力不足。因此,一方面,需要继续加强对保护中小股东合法权益、发挥股东大会功能与完善公司治理结构意义的宣传;另一方面,监管机构和证券交易所应当建立相应的激励机制,如建立上市公司治理评估体系,把股东大会实施视频直播作为一个加分项目,适当减少实施视频直播的收费标准降低公司采用视频直播的成本,等等。只有建立一套激励机制,让上市公司尝到实行视频股东大会的甜头,才能促使公司的踊跃实施。同时,证券监督管理机构也要积极推进,在本书第三章介绍的实施视频股东大会的公司中,有相当数量的是江苏的上市公司,其原因就在于江苏证监局的大力推动。

(3)探索规则的建立

实践的有限一方面是规则缺失的结果,从另一角度看也是规则缺失的原因。但是我们毕竟有了20余次的实践,客观上已经累积了一定的经验,现实中已经出现了规则的基础。[1] 同时,我国视频直播行业迅速崛起,在各种领域蓬勃发展,也为其在股东大会的运用提供一定的规则准备,再加上国外网络股东大会的立法与实践可以为我们提供有益的借鉴。因此,证券交易所甚至证券监督管理机构有条件将我国股东大会视频直播的实践加以提炼,形成视频股东大会的指南或者规则,一方面为规范我国股东大会视频直播、推动视频股东大会发展提供制度保障,另一方面也可以为将来的立法确认提供制度准备。

---

〔1〕 如江苏证监局总结梳理出年度视频股东大会的准备工作和注意事项,并发至各公司,提醒上市公司把风险考虑周全、工作安排细致、责任细化到人。参见陈澄:《中小投资者踊跃参与年度视频股东大会》,载《江苏经济报》2015年7月2日,第A01版。

(三)制度前瞻:网络股东大会的未来设想

从当下来说,推动视频股东大会的实践是实现网络股东大会的主要工作,而在将来的某一个时间,随着信息技术的发展和进一步普及,相关的技术与现实障碍得以克服,相应的规则有了较好的基础,我国完全可以再次实现从规则到法律的跳跃,在《公司法》中确立网络股东大会的法律地位。

1. 立法模式的选择

如何确立网络股东大会的法律地位,涉及其具体立法模式问题,而这主要考虑以下三方面的问题。

(1)网络股东大会形式的选择

关于网络股东大会的形式选择,实质上就是要不要虚拟股东大会的问题。一个基本的看法是:对于人数众多的大型股东大会而言,纯粹的网络股东会可能还需要相当一段时间才能普及,而混合式的网络股东会似乎无上述技术上的难题,现在应可立即实施。[1] 总体来说对部分网络股东大会争议不大,最大分歧点在于是否应该适用完全虚拟股东大会。从我国来看,在总结视频股东大会实践的基础上确立部分网络股东大会的法律地位应当不是一个困难的事情。推行纯粹的虚拟股东大会虽然在技术上并不存在多大的问题,但是在实行上依然有种种障碍,哪怕在美国,目前美国大多数州法律都已经对网络股东大会作出了规定,也就意味着这些州将网络股东大会作为它们强化公司治理的未来方向。从前文美国的立法例来看,完全虚拟股东大会并不是一个普遍现象,出于对完全虚拟股东大会可能会降低股东与管理层进行交流沟通的机会,以及减少股东与股东之间的交流的不利因素的考量,很多州及所辖范围内的公司放弃了进一步实施完全网络虚拟股东大会的尝试性努力,从而使得完全网络虚拟股东大会的发展受挫。因此对于我国而言,在缺少虚拟股东大会实际的情形下,不可能一步到位实现虚拟股东大会的立法,还是需要先行确立部分网络股东大会,在此基础上,通过总结实践经验,

---

〔1〕 参见林克敬:《利用网际网路召开股东大会之可行性》,载《公司法修正议题论文集》,台北,神州图书出版有限公司2002年版,第217页。

解决实践中的弊端,加强对股东大会运行中的监督,从而最终实现纯粹的虚拟股东大会。

(2)适用网络股东大会的公司范围

美国关于适用网络股东大会公司范围的州立法相对比较复杂,如马萨诸塞州允许公开发行公司举行部分网络股东大会,而不公开发行公司既可以举行部分网络股东大会也可以举行完全虚拟股东大会。纽约州法案则规定只允许股票在证券交易市场或者场外交易场所交易的公司举行部分网络股东大会。从我国情况看,客观上对网络股东大会有需求的是上市公司,目前在进行视频股东大会实验的也是上市公司,因此,适用网络股东大会的公司范围应当以上市公司为主。但是我国还有一类公司,证监会称为"非上市公众公司",目前其数量远比上市公司大并且还以极快的速度在扩展着,上市公司存在的问题在这类公司身上也或多或少存在,只是目前业界对这些公司的股东权保护与公司治理结构委托的关注度远没有上市公司来得高,网络股东大会在这些非上市公众公司也有其适用之需要。因而,我国《公司法》对于网络股东大会的适用公司范围应当以所有的股份有限公司为妥。至于有限责任公司,虽然不是本书所需要讨论之公司范围,网络股东大会对于这类公司的价值也远没有股份有限公司那么大,但是基于有限责任公司是在公司治理上比股份有限公司灵活得多的一种公司形式,法律上自然也无须禁止其对网络股东大会的适用。

(3)规定网络股东大会的规范限制

需要说明的是,我们说对于网络股东大会适用于所有的股份有限公司,并不是要求所有的公司都实行网络股东大会,立法的确认主要在于给公司提供可能性。换句话说,这样的立法在规范性质上应该是任意性规范,而不是强制性规范。进一步说,许可适用规范应为我们所选择。许可适用规范所必须解决的首要问题是章程的"选入",适用中最关键的问题是谁有权决定是否适用,当然前者相对简单,法律只要用上"如果章程规定"等字眼即可。

谁有权决定是否适用网络股东大会?《特拉华州普通公司法》赋予董事拥有决定股东能否通过远程通信方式参与会议,以及公司是否举行虚拟股东大会的"唯一的自由裁量权"。特拉华州规定的"唯一的自由裁量权"是为了保证虚拟股东会议的决定权完全掌握在董事的手中。这样的字眼是为了保证股东积极分子不能强迫公司召开这种会议,无论是通过修改公司章程股东决议还是其他东西。此外,这样的字眼也规制了法院在特殊情形下董事决议缺失时处理这类问题时的干预。[1] 加利福尼亚州法律也是以《特拉华州普通公司法》第 211 条为范本,但是根据加利福尼亚州法律的规定,除了要授权董事会,还要求公司必须征得股东对举行完全虚拟股东大会的同意,否则会议还是应该按照章程细则的规定在某个特定物理位置举行。从我国立法的规定来看,召开股东大会会议,应当将会议召开的时间、地点和审议的事项于会议召开 20 日前通知各股东,虽然没有说谁来通知,但是《公司法》"股东大会会议由董事会召集"[2]的规定把会议的召集权基本上划分给了董事会,这当然是符合公司机关权力分配机理的。实际上意味着在我国,如果章程许可,有权决定是否适用网络股东大会的主体是董事会。唯一的授权是否会导致董事会的滥权呢?在特拉华州,赋予公司董事决定是否举行虚拟股东大会的"唯一的自由裁量权"似乎是一条默示规则。因此,如果一家公司的章程或者注册证书授予董事决定召开股东大会地点的权力,则董事自动享有了选择举行部分网上股东大会还是完全虚拟股东大会的权力,这种默示规则表明股东可以酌情决定是否举行这样的会议。而唯一可以禁止举行此种会议的方法就是在公司章程或者注册证书中明确制定一个特定的物理会议地点,从而将会议举行的决定权从董事手中转移出来。[3] 笔者认为,《马里兰州公司法》第 2-503(b)(2)条在赋予董事会唯一决定权的同时肯定股东要求提供实体位置的规定有其合理因素,可为我国所借鉴。在具体制度设置上,我们可以赋予一定比例股东异议权,允许这些股东阻止虚拟股东大会的召开,此比例可以参照股东提案权的要求,以单独或者合计持有公司 3% 以上股份为妥。

---

〔1〕 See Lisa M. Fairfax, "Virtual Shareholder Meetings Reconsidered", *Seton Hall Law Review*, 2010, p. 1372.

〔2〕 《中华人民共和国公司法》第 101 条。

〔3〕 See Lisa M. Fairfax, "Virtual Shareholder Meetings Reconsidered", *Seton Hall Law Review*, 2010, p. 1372.

2. 网络股东大会面临的挑战与解决的措施

对于类似于特拉华州的开创性的立法,各国也并非一概赞同,从已举行的纯粹网络股东大会看,并没有获得巨大成功,"看上去似乎只是非常有限的实验"。[1] 事实上,网络股东大会,尤其是虚拟股东大会,从其产生开始,一直伴随质疑的声音,也不得不面对大量的挑战。因此,除非可以提供一些至关重要的保障性措施来打消持反对意见者的顾虑,否则,完全虚拟股东大会只会继续被阴霾所笼罩。

(1)网络股东大会面临的挑战

对虚拟股东大会最多的质疑在于它减弱了股东与管理层进行交流的能力,从而成为管理层将其与股东们隔离的一种机制。现场会议的面对面交流机制有利于商议和问责,而这是很难用一种电子方式进行复制的,尤其是虚拟股东大会进行交流的最基本的方式是通过邮件提问。第一,这些公司并没给股东保证股东所提的问题将不会被删除并且得到回答,因为只有董事会来决定切换到一个虚拟的会议,股东的权益得不到保障。[2] 第二,即使管理层对某些邮件问题进行回复,但是管理层可能只对那些对自己有帮助的问题作出回应。第三,邮件的很多问题是在会议之前收到的问题,管理层提供一些照本宣科的答复也是完全可以的,但是真正在现场股东大会过程中管理层作出的回答更加有利于股东的判断。第四,虚拟股东大会也将会降低其动员选民和管理层的能力。现场会议允许股东更好地表达他们的立场,同时可以保证其他的股东和管理层听得更加用心,而虚拟股东大会在网上进行,股东不能面对面交流,在现场会议中有些股东可以凭借自己的游说能力使其他股东接受并支持其观点,可是采用虚拟股东大会方式,他们的这种能力便无法发挥了。即使在特拉华州,也有许多人担心对股东的不利影响,有人说,特拉华州的股东会议立法是对公司的引诱,让"特拉华州的公司永远不再……将其

---

〔1〕 Elizabeth Boros, "Virtual Shareholder Meetings: Who Decides How Companies Make Decisions?", 28 *Melbourne University Law Review*, August 2004, p. 269.

〔2〕 See Anatoli van der Krans, "The Virtual Shareholders Meeting: How to Make It Work?", *Journal of International Commercial Law and Technology*, 2007, Vol. 2, Issue 1.

股东放在眼中”。因为股东在每年的年会上有表达他们意见的基本权利,这些会议可能是在这一年里股东能与公司经理见面唯一的一次,股东活动家将特拉华州的立法视为对股东权益的一次冲击。[1]

除了对股东与管理层之间互动的担忧外,一些评论者指出完全虚拟股东大会也许会减少股东之间的对话。比如说,关于邮件提问,邮件直接寄送到董事会而不是送达给每个股东,这种形式似乎不利于股东们之间的交流沟通。一些公司允许股东通过电话参与虚拟股东大会,这种形式也是不恰当的,一大群人想在电话里进行有效的交流还是有困难的。[2]

而事实上这些反对已然发挥了作用,它已经导致许多人反对各州推动完全虚拟股东大会立法和公司意欲举行这种会议的努力。比如马萨诸塞州的情况,那里股东活动家的强烈抗议,最终导致该州立法将完全虚拟股东大会限制在非公开发行公司。来自股东和反对者团体的激烈看似导致西贝尔系统公司放弃了举行这种会议的努力,同样尖锐的反对使因特尔在 2010 年放弃了实施完全虚拟股东大会的计划。[3]

(2)解决的措施

完全虚拟股东大会一直以来相对低迷的事实表明大多数的公司仍然认为这种会议的弊端绝对多过它所带来的益处。因此,除非公司可以提供一些至关重要的保障性措施来打消持反对意见的股东的顾虑,否则,完全虚拟股东大会只会继续被阴霾所笼罩。立法在确立网络股东大会的同时,需要加强配套制度的建设。

首先在于中立机构的介入。虚拟股东大会,“已经促使管理者关闭麦克风,并说‘我们不想听到你的话’”。[4] 另外,公司官员“不顾电子邮件或即时

---

〔1〕 See Daniel Adam Birnhak, “Online Shareholder Meetings: Corporate Law Anomalies or the Future of Governance?” 29 *Rutgers Computer & Tech. L. J*, 2003, pp. 423, 445.

〔2〕 See Lisa M. Fairfax: “Virtual Shareholder Meetings Reconsidered”, *Seton Hall Law Review*, 2010, p. 1394.

〔3〕 Ibid., p. 1393.

〔4〕 Margaret Kane, Virtual Shareholder Meeting Flop, CNET News. com, September 7, 2001, http://news. cnet. com/news/0－1005－200－7083108. html.

消息比他们避免回答亲自与会者的问题更为容易”,[1]甚至发生“富有挑战性的发问来稿可以无声被取消,没有其他股东将可以看到具体的来稿”的情形。[2] 因此,应该加强对虚拟股东大会的监督,使其运行不至于损害股东合法权利。因此有学者提出,公司可以决定任命一名“股东权利经理”,负责虚拟会议所有的技术、法律和组织程序,从而保障股东的权利。[3] 对于此“股东权利经理”能否发挥作用的关键在于能否保持独立性,但是如果他的报酬和费用是由公司负责的,工作环境与条件也是由公司提供的,实际上还是公司的一个特殊的职员,其行为能否保持公正是有疑问的。因此,由某个在经费上并非直接来自举行虚拟股东大会的公司的中介机构进行监督是有一定意义的。从我国来说,这样的机构应该是现成的,因为提供网络股东大会平台的就是一家由证券交易所建立的信息公司。

其次是电子股东论坛的建立。如前所述,“电子股东论坛”是一个股东之间、股东与公司之间信息交流的管道,通过这个管道,股东能与其他股东进行意见交流、提供表决权行使之建议,实现权利行使时与其他股东合作的需要,股东也可以利用此空间与公司管理阶层进行对话、提出建议与进行质询。在我国,“互动易”“上证 e 互动”的出现已经有助于股东了解公司状况、提升参与股东大会的机会,已经具备了电子股东论坛的基本形态。在此基础上,增加“互动易”“上证 e 互动”股东之间对话的功能,使之真正成为股东之间交流的平台,以及股东对公司建议、质询与股东集体行为的途径。

股东们通过网络系统如网络投票行使了股东权利,已被人们接受并广泛运用,那么从传统的股东大会发展到虚拟股东大会是可以预见的,网络虚拟股东大会是股东大会的多样化。在将来的某一个时间,随着信息技术的发展和进一步普及,相关的技术与现实障碍得以克服,通过配套制度的构建,有针

---

〔1〕 Daniel Adam Birnhak,“Online Shareholder Meetings: Corporate Law Anomalies or the Future of Governance?”,29 *Rutgers Computer & Tech. L. J*, 2003, pp. 423, 445.

〔2〕 See Anatoli van der Krans,“The Virtual Shareholders Meeting: How to Make It Work?”, *Journal of International Commercial Law and Technology*, 2007, Vol. 2, Issue 1.

〔3〕 Ibid.

对性地消弭网络股东大会的可能弊端,我国完全可以在《公司法》中引入虚拟股东大会。虚拟股东大会不应该是公司治理的反常,而是应当成为股东大会的发展方向。

结　语

从各国法律的发展来看，法律对技术变革的因应很值得关注。伴随电子信息技术的发展，各发达国家公司法都对高度发展的信息化社会作出了应对之策，纷纷通过立法来应对及推进股东大会运营的电子化。电子革命及以此为主要背景所引发的大企业之间以超越国界的规模所进行的竞争的激化、各国资本市场规模的扩大，是引发这些修改的社会、经济方面的原因。[1] 正如日本著名公司法学者神田秀树所指出的，如果不应对 IT 革命进行公司法修改的话，不仅会给公司的活动带来障碍，也会给国家的经济发展带来负面的影响。[2]

一、股东大会电子化的公司立法建议

以公司法律条文的形式确立发布通知公告的电子化方式、规范股东电子投票制度、确认网络股东大会的法律效力，这样的公司法改革不仅为股东大会电子化运行注射了一剂强心针，更从另一侧面表明了对发展电子信息技术并为商业化运营服务的开放式鼓励态度。

---

〔1〕 参见[日]田泽元章：《IT 化进程中的日本股份公司法修改》，载渠涛主编：《中日民商法研究》（第 3 卷），法律出版社 2005 年版，第 271 页。

〔2〕 参见[日]神田秀树：《公司法的理念》，朱大明译，法律出版社 2013 年版，第 212 页。

（一）股东大会会议召集的电子化

第一，股东大会相关材料电子化的确认。现行《电子签名法》已认可了数据电文形式的文件，并对数据电文的形式、保存、效力等作出了详细的规定，因此公司法相关材料的电子化只要符合《电子签名法》的有关规定即可，但也需要在《公司法》中得到认可。为此，针对《公司法》第96条、第107条之规定，应当作出补充性规定，上述材料可以采用电子数据形式。当然，由于相关材料电子化不仅仅涉及股份有限公司股东大会，因此更为实际的做法是在总则部分规定公司必须制作的报表、材料都可以使用电子数据。

第二，通知、公告电子化的认可。股东大会通知公告的电子化首先要涉及《公司法》第81条第11项的规定，该条明确规定了公司的通知和公告方法由公司章程规定，因此对这部分的通知、公告的电子化也就是增加一句：公司章程规定采用电子方式的，可以采用电子方式公告和通知。另外，就股东大会会议通知而言，可以在《公司法》第102条第1款后插入一款作为第2款，经过股东同意的，前款规定的通知可以采用电子方式。

（二）股东大会会议举行的电子化

第一，《公司法》应当确立股东大会电子表决的法律地位。表决权电子化是股东大会电子化的核心内容，《公司法》当然应确立电子表决的法律地位。由于网络投票的范围过窄，无法包容其他的电子手段，因此《公司法》应当弃用这一概念，引入电子方式这一概念。当然我国《公司法》也应当认可书面方式的效力，书面方式是相对传统的通讯表决方式，也是通讯表决的基础方式，即使在信息技术如此发达的当今，各公司立法无一会弃之不用，我国《公司法》当然应当规定。

第二，《公司法》应当规定股东大会电子表决的效力。对股东大会电子表决效力的肯定是公司法的责无旁贷的职责，因而也是各国公司法所共同规定的。因此，《公司法》第103条应增加一款作为第3款，如公司章程有规定，以书面或电子方式行使表决权的股东，视为出席会议股东。由于电子表决是一种缺席表决，因此只有将其视为出席，算入出席股东人数与表决权数，其效力才可以得以确定。

第三,《公司法》应当对一定范围内的公司强制适用电子表决。考虑到我国上市公司的流通股股权结构过于分散,侵害中小股东的利益现象严重的情况,对上市公司召开股东大会一律强制要求必须允许进行电子表决。因此,不妨考虑在《公司法》第四章第五节“上市公司组织机构的特别规定”中相应增加有关条文,强制上市公司股东大会适用电子表决。当然其具体方式不应当另起炉灶,而应沿用网络投票的提法,其立法方式可以参照引入独立董事的立法,因此可以在《公司法》第120条之后增加一条,上市公司股东大会实行网络投票,具体办法由国务院规定。

(三)网络股东大会

如何确立网络股东大会,从今后的选择来看,在《公司法》第102条增加一款是一种可行的办法。《公司法》第102条第1款规定,召开股东大会会议应当将会议的地点予以通知,此后增加一款,公司章程有规定的,会议可以以远程通信方式召开,但是单独或者合计持有公司30%以上股份的股东提出反对的除外。

二、股东大会电子化的法律推进是一个渐进过程

实现公司法改革对于适应股东大会电子化是迫切的,但是公司法制信息化变革是个漫长的过程。从《日本商法典》修改的过程来看,2000年是其电子化法制建设的第一年,直到2004年6月3日最后一部有关电子公告的法律提案的通过,前后共4年多时间,公司法应对电子化的法制改革终于告一段落。显然,并不能说日本已经完全完成了公司法的信息化变革,如网络股东大会,1998年美国《特拉华州普通公司法》修法时允许实行网络股东大会,日本虽然在实践中出现过,但是时至今日依然没有在立法上加以确认。考虑到中国的现状和技术条件,我们应借鉴日本的做法,不必一步到位。我们可以先通过部分法条的修改,实现部分公司法制的信息化,如在所有公司中全面推行公司法定文件的电子化和信息披露的网络化,在上市公司和股份有限公司中,先行推行股东大会召集和股东投票权行使的电子化、网络化。随着技术条件的成熟,最后再实现整个公司法的信息化变革,包括网络股东大会。

信息时代的公司法应当是具有广泛适应性的公司法,因应信息化的公司法改革应当既要考虑法律的现实适应性,又要有适度超前性。公司法改革首先要满足现实信息化发展对立法变革的需求,从当前看,必须满足企业信息化发展对法律的需求。另外,公司法的信息化变革应当充分考虑到区域之间、城乡之间和不同社会群体之间存在的并且在今后一段时间里仍将不断扩大的数字鸿沟问题。同时,为确保其不会过时,它必须尽可能地面向未来,具有足够的灵活性以适应未来发展的需要,要为进一步发展留有适当的空间,甚至可以有适度的超前性,最大限度地避免过于频繁的修法。

三、股东大会电子化的法律实现是一个系统工程

实现股东大会电子化革命是一个系统工程,它应该以公司法的改革为核心,同时也不能单纯靠公司法一个法律来完成。我国股东大会制度的电子化应该根据具体情况,分别采取不同形式,由不同效力层次的法律文件加以规范。这也诚如《英国 2006 年公司法》修改所考虑的:当主要的原则在基本法律中确定之后,反映商业变化的技术性修改可以在次级法律中解决;有关会计标准和信息披露的操作性规范,应当由专业团体制定。[1]

(一)公司法应授权指定子法来具体规制股东大会电子化

考虑到股东大会电子化的实行需要许多的具体规则,这些规则如果都由公司法来规范会导致公司法过于烦琐,在我国的现实情况下,公司法应当授权国务院而不是证券监督管理部门来制定具体规则加以落实。在我国目前缺乏公司法授权的情况下,证券监督管理部门制定相关规则确实有许多尴尬,而即使有了公司法的依据,由于股东大会电子化适用于所有的股份有限公司,从证监会的职能看无权决定非公众公司的股东大会规则。此外,如果发生需要具体规则的修改,那么只要由国务院修改即可,而不需要通过修改法律来实现,一则便利,二则也有利于保持公司法的相对稳定性。

---

〔1〕 参见郭富青:《当今世界性公司法现代化改革:竞争 · 趋同 · 融合》,载《比较法研究》2008 年第 5 期。

(二)证券监管部门的规则是公众公司股东大会电子化的重要依据

在我国目前,证监会负有对上市公司与非上市公众公司的监管任务,证监会是公众公司股东大会电子化的主要推手,其制定的规则是股东大会电子化的重要依据,如制定"股份有限公司股东通讯行使表决权规则"对电子表决的具体实践程序作出详细的描述,制定"公众公司股东论坛规制"对电子股东论坛的运行规制作出明确的规定,制定"公众公司出席股东大会使用委托书规则"对电子委托书征集加以规范,等等。

(三)股东大会电子化的法律机制也包括证券交易所的相关规则和公司章程的规定

在我国,证券交易所对股票在其场所交易的公司享有一定监管职能,同时证券交易所也是我国实行网络投票的主要渠道,因此在法律、法规、规章的允许范围内,证券交易所可以制定一些相关的自治规则。实践中,这样的规则从来也就没有缺过,无论是上海证券交易所还是深圳证券交易所,都存在大量的本所业务规则,其中包括规范股东大会电子化运行的业务规则,如《上海证券交易所上市公司信息披露直通车业务指引》《深圳证券交易所上市公司信息披露直通车业务指引》、上海证券交易所"上证 e 互动"网络平台的规则、深圳证券交易所"互动易"网络平台的规则。尤其值得一提的是两大证券交易所关于网络投票的规则,2004 年 12 月 29 日,深圳证券交易所发布《深圳证券交易所上市公司股东大会网络投票实施细则》,之后,分别于 2006 年、2010 年、2014 年、2016 年、2017 年先后进行修订,其中 2014 年与 2016 年都进行了两次的修订。同样,《上海证券交易所上市公司股东大会网络投票实施细则》于 2004 年 12 月 29 日发布之后,也经过了 2006 年、2011 年、2012 年、2015 年的多次修订。鉴于自律监管可以动员自己独特的行业专业优势资源,能够及时形成对各类创新业务的行业规范,并为行政监管的后续跟进赢得时间、积累经验,今后证券交易所的自律监管规则理应能够成为股东大会电子化法律机制的一个不可或缺的重要组成部分。

另外,基于公司自治的原理,公司章程是公司自治及公司治理的有效工具,公司自治即章程自治。作为公司组织与行为的基本准则,公司章程对公司的成立及运营具有十分重要的意义，它既是公司成立的基础，也是公司赖以生存的灵魂。我国现行《公司法》就有对公司章程授权的传统，实际上有许多涉及电子化承认的事项可以在《公司法》中作出由公司章程确定的规定，再由公司章程对各种事项的形式作出确认。在股东大会电子化的实现上，不能靠强制性的全面推行，由于在我国不同公司情况差别巨大，特别是类似于网络股东大会这样的公司电子化的深入的领域，应当要考虑公司自身特点与需要，由公司根据实际情况以章程的形式进行探索并作出最终的选择。

参考文献

一、中文参考文献

（一）著作

1. 牧人等编译:《股份有限公司》,西南财经大学出版社 1994 年版。

2. 梅慎实:《现代公司机关权利构造论——公司治理结构的法律学分析》,中国政法大学出版社 1996 年版。

3. 刘俊海:《股份有限公司股东权的保护》,法律出版社 2004 年版。

4. 朱羿锟:《公司控制权配置论——制度与效率分析》,经济管理出版社 2001 年版。

5. 李维安、武立东编著:《公司治理教程》,上海人民出版社 2002 年版。

6. 孙永祥:《公司治理结构:理论与实证研究》,上海三联书店、上海人民出版社 2002 年版。

7. 张凝:《日本股东大会制度的立法、理论与实践》,法律出版社 2009 年版。

8. 孔祥俊:《公司法要论》,人民法院出版社 1997 年版。

9. 江平主编:《新编公司法教程》(第 2 版),法律出版社 2003 年版。

10. 武忆舟:《公司法论》,台北,三民书局 1993 年版。

11. 赵苹:《步入 21 世纪的农业信息化》,经济科学出版社 2000 年版。

12. 倪建林:《公司治理结构:法律与实践》,法律出版社 2001 年版。

13. 何自力:《法人资本所有制与公司治理》,南开大学出版社 1997 年版。

14. 柯芳枝:《公司法论》(上),台北,三民书局 2012 年版。

15. 赖英照:《股市游戏规则——最新证券交易法解析》,台北,元照出版公司 2009 年版。

16. 付子堂:《法律功能论》,中国政法大学出版社 1999 年版。

17. 钱玉林:《股东大会决议瑕疵研究》,法律出版社 2005 年版。

18. 石纪虎:《股东大会制度法理研究》,知识产权出版社 2011 年版。

19. 冯震宇:《公司证券重要争议问题研究》,台北,元照出版公司 2005 年版。

20. 刘连煜:《公司法制的新开展》,中国政法大学出版社 2008 年版。

21. 江平主编:《公司法教程》,法律出版社 1987 年版。

22. 梁上上:《论股东表决权》,法律出版社 2005 年版。

23. 黄川口:《公司法论》,台北,三民书局 1982 年版。

24. 赵志钢:《公司治理法律问题研究》,中国检察出版社 2005 年版。

25. 廖大颖:《证券市场与股份制度论》,中国政法大学出版社 2002 年版。

26. 伏军:《公司投票代理权法律制度研究》,北京大学出版社 2005 年版。

27. 周宏仁主编:《中国信息化形势分析与预测》(2010),社会科学文献出版社 2010 年版。

28. 周宏仁主编:《中国信息化形势分析与预测》(2011),社会科学文献出版社 2011 年版。

29. 王保树、崔勤之:《中国公司法原理》,社会科学文献出版社 2006 年版。

30. 刘连煜:《公司治理与公司社会责任》,中国政法大学出版社 2001 年版。

31. 梁宇贤:《公司法精义》,台北,瑞兴图书出版有限公司 2005 年版。

32. 张民安:《公司法上的利益平衡》,北京大学出版社 2003 年版。

33. 郭明瑞:《21 世纪民商法发展趋势研究》,科学出版社 2009 年版。

34. 高鸿钧等:《法治:理念与制度》,中国政法大学出版社 2002 年版。

35. 刘俊海:《新公司法的制度创新:立法争点与解释难点》,法律出版社2006年版。

36. 林国全、刘连煜:《股东会书面投票制度与证券集中保管》,台北,元照出版公司1999年版。

37. [英]亚当·斯密:《国民财富的性质和原因的研究》,郭大力、王亚南译,商务印书馆1974年版。

38. [日]奥村宏:《股份制向何处去——法人资本主义的命运》,张承耀译,中国计划出版社1996年版。

39. [日]神田秀树:《公司法的理念》,朱大明译,法律出版社2013年版。

40. [日]末永敏和:《现代日本公司法》,金洪玉译,人民法院出版社2000年版。

41. [韩]李哲松:《韩国公司法》,吴日焕译,中国政法大学出版社2000年版。

42. [美]罗伯特·C. 克拉克:《公司法则》,胡平等译,工商出版社1999年版。

43. [日]前田庸:《公司法入门》(第12版),王作全译,北京大学出版社2012年版。

44. [美]H. W. 埃尔曼:《比较法律文化》,贺卫方、高鸿钧译,三联书店1990年版。

45. [加]布莱恩·R. 柴芬斯:《公司法:理论、结构和运作》,林华伟、魏旻译,法律出版社2001年版。

(二)期刊、论文

46. 王保树:《股东大会的地位及其运营的法理》,载《中国社会科学院研究生院学报》1995年第1期。

47. 冯震宇:《企业E化的新挑战——企业权益与员工隐私权保护的两难与调和》,载台北,《月旦法学杂志》2002年6月总第85期。

48. 房绍坤、姜一春:《公司IT化的若干法律问题》,载《中国法学》2002年第2期。

49. 林国全:《2005 年公司法修正条文解析》(上),载台北,《月旦法学杂志》2005 年 9 月总第 124 期。

50. 林国全:《2005 年公司法修正条文解析》(下),载台北,《月旦法学杂志》2005 年 10 月总第 125 期。

51. 洪秀芬:《公司表决权制度之变革——公司法修正草案关于电子投票及董监事制度之评析》,载台北,《月旦法学杂志》2010 年 6 月总第 181 期。

52. 林国全:《以电子方式行使表决权后亲自出席股东会股东之表决权》,载台北,《台湾法学》2012 年 5 月总第 200 期。

53. 洪秀芬:《电子投票制度对股东会运作之影响——比较法下的视野》,载台北,《华冈法粹》2013 年 6 月总第 56 期。

54. 王彦明、张彤:《论股东大会制度的改革:以现代信息技术为视角》,载《社会科学战线》2011 年第 6 期。

55. 叶林、刘辅华:《构建上市公司股东大会网络通讯表决制度的法律思考》,载《当代法学》2005 年第 5 期。

56. 黄韬:《股东网络投票:制度安排与现实效果》,载《清华法学》2008 年第 6 期。

57. 赵金龙、武戎:《股东网络投票制度的重构》,载《科技与法律》2012 年第 4 期。

58. 姚媛:《数字化、电子化、网络化和虚拟化名词的本质概念及应用》,载《大学图书馆学报》2009 年第 5 期。

59. 林毅夫:《信息化——经济增长新源泉》,载《科技与企业》2003 年第 8 期。

60. 钱刚:《从数字化、网络化看图书馆虚拟化过程》,载《图书情报工作》1998 年第 7 期。

61. 杜怡静:《E 化环境中关于股东权行使之比较研究》,载《政大法学评论》2013 年 6 月总第 133 期。

62. 王志诚:《股东之一般提案权、特别提案权及临时动议权》,载台北,《月旦法学杂志》2010 年 10 月总第 185 期。

63. 谢易宏:《股东“知情权”与投资人保护》,载台北,《月旦裁判时报》2012 年 4 月总第 14 期。

64. 陈彦良:《公司组织种类与股东会议程资讯之揭露》,载台北,《月旦裁判时报》2010 年 6 月第 3 期。

65. 朱德芳:《论股东会资讯揭露之重大性原则》,载台北,《月旦法学杂志》2009 年 9 月总第 172 期。

66. 于莹:《信息披露制度法律价值探析》,载《法制与社会发展》1999 年第 5 期。

67. 方元沂:《从美国股东会电子投票制度论我国股东会电子投票制度之发展》,载台北,《政大法学评论》2015 年 12 月第 143 期。

68. 洪秀芬:《股东交流平台建立之探讨——以德国股东论坛为例》,载台北,《兴大法学》2007 年 5 月第 1 期。

69. 万勇:《股东大会网络投票制度研究》,载《福建行政学院福建经济管理干部学院学报》2001 年第 3 期。

70. 张玉涛:《股东表决权征集制度探讨》,载《山东工商学院学报》2005 年第 3 期。

71. 王保树:《股份公司组织机构的法的实态考察与立法课题》,载《法学研究》1998 年第 2 期。

72. 王彦明、贾翱:《论股东的临时股东大会召集请求权——兼论中国相关公司立法的完善》,载《社会科学战线》2010 年第 5 期。

73. 石劲磊:《论股东权的法律保护》,载《法律科学》1997 年第 1 期。

74. 吴建斌:《现代公司治理结构的新趋势》,载《法学杂志》1996 年第 4 期。

75. 赵德枢:《美国证券交易法中股东权制度之研究》,载台北,《政大法学评论》1990 年 12 月第 42 期。

76. 肖和保:《股东提案权制度:美国法的经验与中国法的完善》,载《比较法研究》2009 年第 3 期。

77. 伍坚:《论股东的质询权》,载《证券市场导报》2002 年第 1 期。

78. 蒋学跃:《股东质询权刍议》,载《河北法学》2009 年第 2 期。

79. 张凝:《股东大会会议体制下的股东质询权——日本董事等说明义务制度的理论借鉴》,载《北方法学》2011 年第 5 期。

80. 冯震宇:《从美国股东会通讯投票制度与实务论我国采行通讯投票之可行性》,载《证券暨期货月刊》(第 21 卷)2003 年第 9 期。

81. 王宗正:《论类别股东大会》,载《求索》2002 年第 6 期。

82. 黎文靖、孔东民、刘莎莎、邢精平:《中小股东仅能"搭便车"么?——来自深交所社会公众股东网络投票的经验证据》,载《金融研究》2012 年第 3 期。

83. 王宗正:《股东大会的"互联网 +":技术创新与制度回应》,载《社会科学研究》2017 年第 1 期。

84. 王宗正:《股东会通讯表决制度研究——兼评〈上市公司股东大会规范意见〉的相关规定》,载《政治与法律》2004 年第 3 期。

85. 夏小雄:《从"立法中心主义"到"法律多元主义"——论中国商事法的法源建构逻辑》,载《北方法学》2014 年第 6 期。

86. 房绍坤、于海防:《论数据电文制度的涵义及表意基础》,载《甘肃政法学院学报》2008 年第 3 期。

87. 叶林:《股东会会议决议形成制度》,载《法学杂志》2011 年第 10 期。

88. 刘连煜:《股东书面及电子方式投票》,载台北,《台湾本土法学杂志》2005 年 7 月总第 72 期。

89. 林国全:《2011 年公司法修正条文简析》,载台北,《台湾法学》2011 年 10 月总第 185 期。

90. 郭富青:《当今世界性公司法现代化改革:竞争 · 趋同 · 融合》,载《比较法研究》2008 年第 5 期。

91. 冯果、武俊桥:《建构与信息时代相适应的我国证券信息电子披露系统》,载张育军、徐明主编:《证券法苑》(第 2 卷),法律出版社 2010 年版。

92. 胡汝银等:《网上证券活动及其监管研究》,载郭峰、王坚主编:《公司法修改纵横谈》,法律出版社 2000 年版。

93. [日]田泽元章:《IT 化进程中的日本股份公司法修改》,载渠涛主编:《中日民商法研究》(第 3 卷),法律出版社 2005 年版。

94. 赵金龙:《商法思维与网络技术环境下公司法律制度的创新——以电子股东论坛为例》,载王保树主编:《中国商法年刊》(2013),法律出版社 2013 年版。

95. 陈锦旋:《公开发行公司股东通讯行使股东会议决权之法制与实务》,载《现代公司法制之新课题》,台北,元照出版公司 2005 年版。

96. 吴志攀:《从公司本位角度看公司立法》,载郭峰、王坚主编:《公司法修改纵横谈》,法律出版社 2000 年版。

97. 姜战军:《股份有限公司股东大会制度研究》,载梁慧星主编:《民商法论丛》(第 13 卷),法律出版社 2000 年版。

98. 林克敬:《利用网际网路召开股东大会之可行性》,载《公司法修正议题论文集》,台北,神州图书出版有限公司 2002 年版。

99. 石慧荣:《从英国公司法的改革看中国公司法的修订》,载《广东社会科学》2006 年第 1 期。

100. 吴松林:《股份有限公司股东表决权之研究》,中兴大学 1981 年硕士学位论文。

101. 唐金龙:《上市公司股东大会研究》,中国人民大学 2001 年博士学位论文。

102. 张宏:《股东通讯表决制度研究》,湖南大学 2007 年硕士学位论文。

103. 邓振荣:《从比较法观点论我国股东提案权之运作现况与争议》,东海大学 2011 年硕士学位论文。

104. 谢昀芳:《我国股东会通讯投票制度之研究》,政治大学 2014 年硕士学位论文。

105. 苏梅:《上市公司股东大会网络投票研究》,天津大学 2005 年硕士学位论文。

(三)研究报告

106. 台湾证券集中保管结算所股份有限公司:《股东会通讯行使决议权

制度之研究》,载台湾集中保管结算所股份有限公司:http://www.tdcc.com.tw/tc_03pub.htm。

107.《走进信息社会:中国信息社会发展报告2010》课题组:《中国信息社会发展报告2010》,载《电子政务》2010年第8期。

108.《国家信息化发展评价报告(2016)》,载中国互联网络信息中心:http://www.cnnic.net.cn/hlwfzyj/hlwxzbg/hlwtjbg/201611/P020161118599094936045.pdf。

109.《中国互联网络发展状况统计报告》(2016年7月),载http://www.cnnic.net.cn/hlwfzyj/hlwxzbg/。

110.《2014年下半年中国企业互联网应用状况调查报告》(2015年2月),载中国互联网络信息中心:http://www.cnnic.net.cn/hlwfzyj/hlwxzbg/。

111. CECA国家信息化测评中心:《2008年度中国企业信息化500强调查报告》,载《中国经济周刊》2009年第12期。

112. 林英哲、洪幸元、刘瑞兴:《日本股东会委托书通讯投票制度之研究》,2004年11月。

113. 冯震宇、曾恒:《网际网络行使股东会表决权之制度与技术架构研究》,台湾证券集中保管股份有限公司研究报告,2007年7月。

114.《2013年下半年中国企业互联网应用状况调查报告》,载中国互联网络信息中心:http://www.cnnic.net.cn/hlwfzyj/hlwxzbg/hlwqybg/201403/P020140310340922635594.pdf。

115.《2013中国上市公司网站调查报告》,载证券时报网:http://news.stcn.com/2013/1230/11042944.shtml。

116. 冯震宇:《股东会通讯投票实务作业问题探讨》,台湾集中保管结算所股份有限公司,2009年10月。

二、外文文献

1. Richard Smerdon, *A Practical Guide to Corporate Governance*, Sweet & Maxwell, 1998.

2. Frank H. Easterbrook and Dan... Economic Structure of Corporate Law, Harvard University Press, 19...

3. Elizabeth Boros, "Virtual Shareholder M... decides How Companies Make Decisions?", 28 *Melbourne University Law* ... ugust 2004.

4. Adam D. Amsrerdam, "Electronic Options For Street ...res", *Securities*, August 27, 1999.

5. Lawrence T. Kane and Loren D. Danzis, "The Net May Be A New Venu... For Annual Meetings", *The National Law Journal*, June 28, 1999.

6. Anatoli van der Krans, "The Virtual Shareholders Meeting: How to Make It Work?", *Journal of International Commercial Law and Technology*, 2007, Vol. 2, Issue 1.

7. James L. Holzman and Thomas A. Mullen, "A New Technology Frontier for Delaware Corporations", 4 *Delaware Law Review*, 2001.

8. Kwang-Rok Kim, "The Electronic Disclosure System in The Korean Securities Market: What Do You File On The Dart System in Korean?", *Oklahoma City University Law Review*, summer, 2004.

9. Dirk Zetzsche, "Virtual Shareholder Meetings and the European Shareholder Rights Directive - Challenges and Opportunities", http://ssrn.com/abstract=996434.

10. Lisa M. Fairfax, "Virtual Shareholder Meetings Reconsidered", *Seton Hall Law Review*, 2010.

11. Daniel Adam Birnhak, "Online Shareholder Meetings: Corporate Law Anomalies or the Future of Governance?" 29 *Rutgers Computer & Tech. L. J*, 2003.

12. Margaret Kane, "Virtual Shareholder Meeting Flop", CNET News. com, September 7, 2001, http://news. cnet. com/news/0 - 1005 - 200 - 7083108. html.

13. George Ponds Kobler, "Shareholder Voting Over the Internet: A Proposal for Increasing Shareholder Participation in Corporate Governance", 49 *Ala. L. Rev*, 1998.

后　记

这是继《股东大会通讯表决制度研究》(中国社会科学出版社 2010 年)、《信息化背景下的中国公司法变革》(中国社会科学出版社 2014 年)之后,我从事公司法研究的第三部著作。

我对公司法的研究,始于对公司治理结构的关注。2000 年,我写了一篇关于股份有限公司内部监督制约机制的文章,有幸被《浙江学刊》录用并于 2001 年第 1 期发表。也因此,2001 年春天我前往清华大学法学院做访问学者,很荣幸跟从中国法学会商法学研究会常务副会长朱慈蕴教授从事"公司治理结构与股东权的法律保护"课题的研习。由于我国股份有限公司特别是上市公司股东大会日益的形骸化与中小股东表决权严重的弱化,如何构建医治这一病症的制度成为我研习的一个主要方向,也就在这一时刻,通讯表决这一新的股东大会表决方式开始进入我的视野,并引起了我浓厚的兴趣。我研究股东大会通讯表决制度的第一篇成果《股东会通讯表决制度研究——兼评〈上市公司股东大会规范意见〉的相关规定》就是在清华访学期间完成的,在进一步完善后得以在《政治与法律》2004 年第 3 期发表,并被中国人民大学复印报刊资料《经济法学、劳动法学》2004 年第 10 期"立法研究"栏目全文转载。2004 年我进入西南政法大学攻读民商法学硕士学位,在论文选题时我提出以"股东大会通讯表决制度研究"作为硕士论文题目,这一想法得到我的导师石慧荣教授的首肯,在恩师细致、精心的指导下,我完成了接近 5 万字的学位论文。之后我在股东大会通讯表决制度这一主题范围内发表了《我国股东大会通讯表决制度的重构》《股东大会通讯表决的运行规则》《股东通讯行使表决权的范围》《论股东大会通讯表决的方式》等多篇学术论文，并获得司法部法治建设与法学理论研究部级科研项目立项，著作《股东大会通讯表决制度研究》正是我司法部课题研究的最终成果。我国上市公司最初引入的“通讯表决”实际上只是书面表决，因此我最早也是在这个意义上研究通讯表决制度的。但是信息技术的飞速发展与广泛运用，对于公司运行与公司制度带来的影响不可谓不大，通讯表决的方式应当随之扩大，公司机构运营也越发信息化，公司登记电子化也成为现实。正如日本著名公司法学家神田秀树所指出的，应对 IT 革命的公司法是今后公司法修改的一个主要目标，信息化对于公司制度的影响是全方位的，基于此，我申请了教育部人文社科规划基金项目《我国公司法因应信息化的现状与策略》，于是也有了《信息化背景下的中国公司法变革》一书。

在从事信息化对公司法变革影响的研究中，我发现各国公司法因应信息化的改革围绕的一个核心问题是股份有限公司的股东大会制度，因此本书《股东大会电子化的理论探索与制度构建》也是前面两部著作的一个延续。与许多的著作一样，这本书是在我的博士论文的基础上修改完成的。六年前的 2013 年，40 多岁的我再次迈入了西南政法大学的校门。虽然这个年纪读博士在今天的中国并不算稀奇，但是做回学生多多少少存在些许的不习惯，毕竟与人同住一间校园的宿舍已经是遥远的过去了。好在那些我认识或不认识的同学们，一帮热情洋溢的青年才俊，总是会帮我处理好那些想到或想不到的事情，有同居的志峰、隔壁的邓恒，还有同乡的元华与朱亮，所以竟然并不觉得宿舍有那样的简朴。做学生的难处主要倒不是学习本身，而在于本职工作的繁忙，做学位论文更是如此。因为前期研究的基础，我把我的博士论文主题定为股东大会电子化，然而由于单位繁忙而又琐碎的事务，我很难有一段能够安静下来的时间用于进行论文的写作，因此一直以来断断续续，一拖再拖。一直到忙完 2016 年的暑假，论文的初稿总算完成，经历开学后的边上班边修改，二稿、三稿……尤其是 2017 年春天，我的单位让我脱产两个月时间前往国家教育行政学院接受培训，这使我能够抽取时间完成学位论文的最终修改，让我长长吁了一口气。在学位论文与本书的写作过程中，我针对股东大会电子化问题先后发表了两篇文章，分别是《股东大会的“互联网+”：技术创新与制度回应》（《社会科学研究》2017 年第 1 期）和《网络股东大会：中国实践与制度构建》（《江海学刊》2017 年第 5 期），后者还被《中国社会科学文摘》与《高等学校文科学术文摘》转载。论文的答辩是本书写作的基础，此后的一年多时间里，我又陆陆续续对文章从体系与内容上做了较大幅度的修正，从而形成现在的书稿。

从当初的硕士到如今的博士，从当初的歌乐山下到如今的渝北新区，也许我没有旁人那样对她熟知，但是西政早就在我心底刻下深深的烙印，尤其是我攻读博士期间遇到的可敬可爱的西政人，那些给我很多帮助的人。感谢我的导师石慧荣教授，一位淡泊淡然的长者，充分的信任是您给我的不竭动力，无私的帮助是您给我的无限能量。感谢赵万一教授，您的深厚的功底让我领略了大家的风范；感谢汪世虎教授，您虽然身体有恙却依然诲人不倦；感谢曹兴权教授，您对问题剖析的深刻使得我总是受益匪浅；感谢李燕教授，您对学术论文写作技巧的指导使我终身受用；感谢侯东德教授，您让我体会到学术严谨与为人宽容的兼得。谢谢你们！还要感谢穆静老师、张雪老师，还有许许多多我不认识却给我很多帮助的老师。感谢我们民商法学院 2013 级所有的博士同窗，尤其是商法专业的其他八位同学，虽然相处的时间不算太久，但是结下的同学情谊总是难忘，祝愿你们工作顺利，生活和美！我要感谢我的妻子，你的包容和支持是我一路前进的原因！感谢我的儿子，你的努力和自觉使我能够放心地出行！感谢法律出版社与编辑似玉老师，本书的顺利出版离不开你们的大力支持！

王宗正

2019 年 2 月于温州

附录1　上市公司股东大会规则(2016年修订)

(2016年9月30日中国证监会公告〔2016〕
22号公布,自公布之日起施行)

第一章　总　　则

第一条　为规范上市公司行为,保证股东大会依法行使职权,根据《中华人民共和国公司法》(以下简称《公司法》)、《中华人民共和国证券法》(以下简称《证券法》)的规定,制定本规则。

第二条　上市公司应当严格按照法律、行政法规、本规则及公司章程的相关规定召开股东大会,保证股东能够依法行使权利。

公司董事会应当切实履行职责,认真、按时组织股东大会。公司全体董事应当勤勉尽责,确保股东大会正常召开和依法行使职权。

第三条　股东大会应当在《公司法》和公司章程规定的范围内行使职权。

第四条　股东大会分为年度股东大会和临时股东大会。年度股东大会每年召开一次,应当于上一会计年度结束后的6个月内举行。临时股东大会不定期召开,出现《公司法》第一百零一条规定的应当召开临时股东大会的情形时,临时股东大会应当在2个月内召开。

公司在上述期限内不能召开股东大会的,应当报告公司所在地中国证监会派出机构和公司股票挂牌交易的证券交易所(以下简称"证券交易所"),

说明原因并公告。

第五条 公司召开股东大会,应当聘请律师对以下问题出具法律意见并公告:

(一)会议的召集、召开程序是否符合法律、行政法规、本规则和公司章程的规定;

(二)出席会议人员的资格、召集人资格是否合法有效;

(三)会议的表决程序、表决结果是否合法有效;

(四)应公司要求对其他有关问题出具的法律意见。

第二章 股东大会的召集

第六条 董事会应当在本规则第四条规定的期限内按时召集股东大会。

第七条 独立董事有权向董事会提议召开临时股东大会。对独立董事要求召开临时股东大会的提议,董事会应当根据法律、行政法规和公司章程的规定,在收到提议后 10 日内提出同意或不同意召开临时股东大会的书面反馈意见。

董事会同意召开临时股东大会的,应当在作出董事会决议后的 5 日内发出召开股东大会的通知;董事会不同意召开临时股东大会的,应当说明理由并公告。

第八条 监事会有权向董事会提议召开临时股东大会,并应当以书面形式向董事会提出。董事会应当根据法律、行政法规和公司章程的规定,在收到提议后 10 日内提出同意或不同意召开临时股东大会的书面反馈意见。

董事会同意召开临时股东大会的,应当在作出董事会决议后的 5 日内发出召开股东大会的通知,通知中对原提议的变更,应当征得监事会的同意。

董事会不同意召开临时股东大会,或者在收到提议后 10 日内未作出书面反馈的,视为董事会不能履行或者不履行召集股东大会会议职责,监事会可以自行召集和主持。

第九条 单独或者合计持有公司 10% 以上股份的普通股股东(含表决权恢复的优先股股东)有权向董事会请求召开临时股东大会,并应当以书面形式向董事会提出。董事会应当根据法律、行政法规和公司章程的规定,在收到请求后 10 日内提出同意或不同意召开临时股东大会的书面反馈意见。

董事会同意召开临时股东大会的,应当在作出董事会决议后的 5 日内发出召开股东大会的通知,通知中对原请求的变更,应当征得相关股东的同意。

董事会不同意召开临时股东大会,或者在收到请求后 10 日内未作出反馈的,单独或者合计持有公司 10% 以上股份的普通股股东(含表决权恢复的优先股股东)有权向监事会提议召开临时股东大会,并应当以书面形式向监事会提出请求。

监事会同意召开临时股东大会的,应在收到请求 5 日内发出召开股东大会的通知,通知中对原请求的变更,应当征得相关股东的同意。

监事会未在规定期限内发出股东大会通知的,视为监事会不召集和主持股东大会,连续 90 日以上单独或者合计持有公司 10% 以上股份的普通股股东(含表决权恢复的优先股股东)可以自行召集和主持。

第十条 监事会或股东决定自行召集股东大会的,应当书面通知董事会,同时向公司所在地中国证监会派出机构和证券交易所备案。

在股东大会决议公告前,召集普通股股东(含表决权恢复的优先股股东)持股比例不得低于 10% 。

监事会和召集股东应在发出股东大会通知及发布股东大会决议公告时,向公司所在地中国证监会派出机构和证券交易所提交有关证明材料。

第十一条 对于监事会或股东自行召集的股东大会,董事会和董事会秘书应予配合。董事会应当提供股权登记日的股东名册。董事会未提供股东名册的,召集人可以持召集股东大会通知的相关公告,向证券登记结算机构申请获取。召集人所获取的股东名册不得用于除召开股东大会以外的其他用途。

第十二条 监事会或股东自行召集的股东大会,会议所必需的费用由公司承担。

第三章 股东大会的提案与通知

第十三条 提案的内容应当属于股东大会职权范围,有明确议题和具体决议事项，并且符合法律、行政法规和公司章程的有关规定。

第十四条　单独或者合计持有公司3%以上股份的普通股股东（含表决权恢复的优先股股东），可以在股东大会召开10日前提出临时提案并书面提交召集人。召集人应当在收到提案后2日内发出股东大会补充通知，公告临时提案的内容。

除前款规定外，召集人在发出股东大会通知后，不得修改股东大会通知中已列明的提案或增加新的提案。

股东大会通知中未列明或不符合本规则第十三条规定的提案，股东大会不得进行表决并作出决议。

第十五条　召集人应当在年度股东大会召开20日前以公告方式通知各普通股股东（含表决权恢复的优先股股东），临时股东大会应当于会议召开15日前以公告方式通知各普通股股东（含表决权恢复的优先股股东）。

第十六条　股东大会通知和补充通知中应当充分、完整披露所有提案的具体内容，以及为使股东对拟讨论的事项作出合理判断所需的全部资料或解释。拟讨论的事项需要独立董事发表意见的，发出股东大会通知或补充通知时应当同时披露独立董事的意见及理由。

第十七条　股东大会拟讨论董事、监事选举事项的，股东大会通知中应当充分披露董事、监事候选人的详细资料，至少包括以下内容：

（一）教育背景、工作经历、兼职等个人情况；

（二）与公司或其控股股东及实际控制人是否存在关联关系；

（三）披露持有上市公司股份数量；

（四）是否受过中国证监会及其他有关部门的处罚和证券交易所惩戒。

除采取累积投票制选举董事、监事外，每位董事、监事候选人应当以单项提案提出。

第十八条　股东大会通知中应当列明会议时间、地点，并确定股权登记日。股权登记日与会议日期之间的间隔应当不多于7个工作日。股权登记日一旦确认，不得变更。

第十九条　发出股东大会通知后，无正当理由，股东大会不得延期或取消,股东大会通知中列明的提案不得取消。一旦出现延期或取消的情形,召集人应当在原定召开日前至少2个工作日公告并说明原因。

第四章　股东大会的召开

第二十条　公司应当在公司住所地或公司章程规定的地点召开股东大会。

股东大会应当设置会场,以现场会议形式召开,并应当按照法律、行政法规、中国证监会或公司章程的规定,采用安全、经济、便捷的网络和其他方式为股东参加股东大会提供便利。股东通过上述方式参加股东大会的,视为出席。

股东可以亲自出席股东大会并行使表决权,也可以委托他人代为出席和在授权范围内行使表决权。

第二十一条　公司股东大会采用网络或其他方式的,应当在股东大会通知中明确载明网络或其他方式的表决时间以及表决程序。

股东大会网络或其他方式投票的开始时间,不得早于现场股东大会召开前一日下午3:00,并不得迟于现场股东大会召开当日上午9:30,其结束时间不得早于现场股东大会结束当日下午3:00。

第二十二条　董事会和其他召集人应当采取必要措施,保证股东大会的正常秩序。对于干扰股东大会、寻衅滋事和侵犯股东合法权益的行为,应当采取措施加以制止并及时报告有关部门查处。

第二十三条　股权登记日登记在册的所有普通股股东(含表决权恢复的优先股股东)或其代理人,均有权出席股东大会,公司和召集人不得以任何理由拒绝。

优先股股东不出席股东大会会议,所持股份没有表决权,但出现以下情况之一的,公司召开股东大会会议应当通知优先股股东,并遵循《公司法》及公司章程通知普通股股东的规定程序。优先股股东出席股东大会会议时,有权与普通股股东分类表决,其所持每一优先股有一表决权,但公司持有的本公司优先股没有表决权:

(一)修改公司章程中与优先股相关的内容;

(二)一次或累计减少公司注册资本超过百分之十;

(三)公司合并、分立、解散或变更公司形式;

(四)发行优先股;

(五)公司章程规定的其他情形。

上述事项的决议,除须经出席会议的普通股股东(含表决权恢复的优先股股东)所持表决权的三分之二以上通过之外,还须经出席会议的优先股股东(不含表决权恢复的优先股股东)所持表决权的三分之二以上通过。

第二十四条 股东应当持股票账户卡、身份证或其他能够表明其身份的有效证件或证明出席股东大会。代理人还应当提交股东授权委托书和个人有效身份证件。

第二十五条 召集人和律师应当依据证券登记结算机构提供的股东名册共同对股东资格的合法性进行验证,并登记股东姓名或名称及其所持有表决权的股份数。在会议主持人宣布现场出席会议的股东和代理人人数及所持有表决权的股份总数之前,会议登记应当终止。

第二十六条 公司召开股东大会,全体董事、监事和董事会秘书应当出席会议,经理和其他高级管理人员应当列席会议。

第二十七条 股东大会由董事长主持。董事长不能履行职务或不履行职务时,由副董事长主持;副董事长不能履行职务或者不履行职务时,由半数以上董事共同推举的一名董事主持。

监事会自行召集的股东大会,由监事会主席主持。监事会主席不能履行职务或不履行职务时,由监事会副主席主持;监事会副主席不能履行职务或者不履行职务时,由半数以上监事共同推举的一名监事主持。

股东自行召集的股东大会,由召集人推举代表主持。

公司应当制定股东大会议事规则。召开股东大会时,会议主持人违反议事规则使股东大会无法继续进行的,经现场出席股东大会有表决权过半数的股东同意,股东大会可推举一人担任会议主持人,继续开会。

第二十八条 在年度股东大会上,董事会、监事会应当就其过去一年的工作向股东大会作出报告,每名独立董事也应作出述职报告。

第二十九条　董事、监事、高级管理人员在股东大会上应就股东的质询作出解释和说明。

第三十条　会议主持人应当在表决前宣布现场出席会议的股东和代理人人数及所持有表决权的股份总数,现场出席会议的股东和代理人人数及所持有表决权的股份总数以会议登记为准。

第三十一条　股东与股东大会拟审议事项有关联关系时,应当回避表决,其所持有表决权的股份不计入出席股东大会有表决权的股份总数。

股东大会审议影响中小投资者利益的重大事项时,对中小投资者的表决应当单独计票。单独计票结果应当及时公开披露。

公司持有自己的股份没有表决权,且该部分股份不计入出席股东大会有表决权的股份总数。

公司董事会、独立董事和符合相关规定条件的股东可以公开征集股东投票权。征集股东投票权应当向被征集人充分披露具体投票意向等信息。禁止以有偿或者变相有偿的方式征集股东投票权。公司不得对征集投票权提出最低持股比例限制。

第三十二条　股东大会就选举董事、监事进行表决时,根据公司章程的规定或者股东大会的决议,可以实行累积投票制。

前款所称累积投票制是指股东大会选举董事或者监事时,每一普通股(含表决权恢复的优先股)股份拥有与应选董事或者监事人数相同的表决权,股东拥有的表决权可以集中使用。

第三十三条　除累积投票制外,股东大会对所有提案应当逐项表决。对同一事项有不同提案的,应当按提案提出的时间顺序进行表决。除因不可抗力等特殊原因导致股东大会中止或不能作出决议外,股东大会不得对提案进行搁置或不予表决。

股东大会就发行优先股进行审议,应当就下列事项逐项进行表决:

(一)本次发行优先股的种类和数量;

(二)发行方式、发行对象及向原股东配售的安排;

(三)票面金额、发行价格或定价区间及其确定原则;

(四)优先股股东参与分配利润的方式,包括:股息率及其确定原则、股息发放的条件、股息支付方式、股息是否累积、是否可以参与剩余利润分配等;

(五)回购条款,包括回购的条件、期间、价格及其确定原则、回购选择权的行使主体等(如有);

(六)募集资金用途;

(七)公司与相应发行对象签订的附条件生效的股份认购合同;

(八)决议的有效期;

(九)公司章程关于优先股股东和普通股股东利润分配政策相关条款的修订方案;

(十)对董事会办理本次发行具体事宜的授权;

(十一)其他事项。

第三十四条 股东大会审议提案时,不得对提案进行修改,否则,有关变更应当被视为一个新的提案,不得在本次股东大会上进行表决。

第三十五条 同一表决权只能选择现场、网络或其他表决方式中的一种。同一表决权出现重复表决的以第一次投票结果为准。

第三十六条 出席股东大会的股东,应当对提交表决的提案发表以下意见之一:同意、反对或弃权。证券登记结算机构作为内地与香港股票市场交易互联互通机制股票的名义持有人,按照实际持有人意思表示进行申报的除外。

未填、错填、字迹无法辨认的表决票或未投的表决票均视为投票人放弃表决权利,其所持股份数的表决结果应计为“弃权”。

第三十七条 股东大会对提案进行表决前,应当推举两名股东代表参加计票和监票。审议事项与股东有关联关系的,相关股东及代理人不得参加计票、监票。

股东大会对提案进行表决时,应当由律师、股东代表与监事代表共同负责计票、监票。

通过网络或其他方式投票的公司股东或其代理人,有权通过相应的投票系统查验自己的投票结果。

第三十八条　股东大会会议现场结束时间不得早于网络或其他方式,会议主持人应当在会议现场宣布每一提案的表决情况和结果,并根据表决结果宣布提案是否通过。

在正式公布表决结果前,股东大会现场、网络及其他表决方式中所涉及的公司、计票人、监票人、主要股东、网络服务方等相关各方对表决情况均负有保密义务。

第三十九条　股东大会决议应当及时公告,公告中应列明出席会议的股东和代理人人数、所持有表决权的股份总数及占公司有表决权股份总数的比例、表决方式、每项提案的表决结果和通过的各项决议的详细内容。

发行优先股的公司就本规则第二十三条第二款所列情形进行表决的,应当对普通股股东(含表决权恢复的优先股股东)和优先股股东(不含表决权恢复的优先股股东)出席会议及表决的情况分别统计并公告。

发行境内上市外资股的公司,应当对内资股股东和外资股股东出席会议及表决情况分别统计并公告。

第四十条　提案未获通过,或者本次股东大会变更前次股东大会决议的,应当在股东大会决议公告中作特别提示。

第四十一条　股东大会会议记录由董事会秘书负责,会议记录应记载以下内容:

(一)会议时间、地点、议程和召集人姓名或名称;

(二)会议主持人以及出席或列席会议的董事、监事、董事会秘书、经理和其他高级管理人员姓名;

(三)出席会议的股东和代理人人数、所持有表决权的股份总数及占公司股份总数的比例;

(四)对每一提案的审议经过、发言要点和表决结果;

(五)股东的质询意见或建议以及相应的答复或说明;

(六)律师及计票人、监票人姓名;

(七)公司章程规定应当载入会议记录的其他内容。

出席会议的董事、董事会秘书、召集人或其代表、会议主持人应当在会议记录上签名，并保证会议记录内容真实、准确和完整。会议记录应当与现场出席股东的签名册及代理出席的委托书、网络及其他方式表决情况的有效资料一并保存，保存期限不少于10年。

第四十二条 召集人应当保证股东大会连续举行，直至形成最终决议。因不可抗力等特殊原因导致股东大会中止或不能作出决议的，应采取必要措施尽快恢复召开股东大会或直接终止本次股东大会，并及时公告。同时，召集人应向公司所在地中国证监会派出机构及证券交易所报告。

第四十三条 股东大会通过有关董事、监事选举提案的，新任董事、监事按公司章程的规定就任。

第四十四条 股东大会通过有关派现、送股或资本公积转增股本提案的，公司应当在股东大会结束后2个月内实施具体方案。

第四十五条 公司以减少注册资本为目的回购普通股公开发行优先股，以及以非公开发行优先股为支付手段向公司特定股东回购普通股的，股东大会就回购普通股作出决议，应当经出席会议的普通股股东（含表决权恢复的优先股股东）所持表决权的三分之二以上通过。

公司应当在股东大会作出回购普通股决议后的次日公告该决议。

第四十六条 公司股东大会决议内容违反法律、行政法规的无效。

公司控股股东、实际控制人不得限制或者阻挠中小投资者依法行使投票权，不得损害公司和中小投资者的合法权益。

股东大会的会议召集程序、表决方式违反法律、行政法规或者公司章程，或者决议内容违反公司章程的，股东可以自决议作出之日起60日内，请求人民法院撤销。

第五章　监管措施

第四十七条 在本规则规定期限内，上市公司无正当理由不召开股东大会的，证券交易所有权对该公司挂牌交易的股票及衍生品种予以停牌，并要求董事会作出解释并公告。

第四十八条 股东大会的召集、召开和相关信息披露不符合法律、行政法规、本规则和公司章程要求的,中国证监会及其派出机构有权责令公司或相关责任人限期改正,并由证券交易所予以公开谴责。

第四十九条 董事、监事或董事会秘书违反法律、行政法规、本规则和公司章程的规定,不切实履行职责的,中国证监会及其派出机构有权责令其改正,并由证券交易所予以公开谴责;对于情节严重或不予改正的,中国证监会可对相关人员实施证券市场禁入。

第六章 附 则

第五十条 对发行外资股的公司的股东大会,相关法律、行政法规或文件另有规定的,从其规定。

第五十一条 本规则所称公告或通知,是指在中国证监会指定报刊上刊登有关信息披露内容。公告或通知篇幅较长的,公司可以选择在中国证监会指定报刊上对有关内容作摘要性披露,但全文应当同时在中国证监会指定的网站上公布。

本规则所称的股东大会补充通知应当在刊登会议通知的同一指定报刊上公告。

第五十二条 本规则所称"以上"、"内",含本数;"过"、"低于"、"多于",不含本数。

第五十三条 本规则由中国证监会负责解释。

第五十四条 本规则自公布之日起施行。《上市公司股东大会规则(2014年修订)》(证监会公告〔2014〕46号)同时废止。

附录2　上市公司股东大会网络投票工作指引（试行）

（2004年11月29日证监公司字〔2004〕96号发布，自发布之日起施行）

第一条　为进一步完善上市公司股东大会的表决机制，保护投资者的合法权益，制定本指引。

第二条　上市公司召开股东大会，应当遵守《中华人民共和国公司法》、《上市公司股东大会规范意见》等相关法律、行政法规和规章的规定，并遵守本指引。

第三条　上市公司召开股东大会，除现场会议投票外，鼓励其通过网络服务方向股东提供安全、经济、便捷的股东大会网络投票系统，方便股东行使表决权。

股东大会议案按照有关规定需要同时征得社会公众股股东单独表决通过的，除现场会议投票外，上市公司应当向股东提供符合前款要求的股东大会网络投票系统。

第四条　股东大会股权登记日登记在册的所有股东，均有权通过股东大会网络投票系统行使表决权，但同一股份只能选择现场投票、网络投票或符合规定的其他投票方式中的一种表决方式。

第五条　上市公司召开股东大会并为股东提供股东大会网络投票系统

的,应当在股东大会通知中明确载明网络投票的时间、投票程序以及审议的事项。

股东大会网络投票的开始时间,不得早于现场股东大会召开前一日下午3:00并不得迟于现场股东大会召开当日上午9:30,其结束时间不得早于现场股东大会结束当日下午3:00。

第六条　上市公司年度股东大会采用网络投票方式的,提案人提出的临时提案应当至少提前十天由董事会公告。提案人在会议现场提出的临时提案或其他未经公告的临时提案,均不得列入股东大会表决事项。

第七条　上市公司股东或其委托代理人通过股东大会网络投票系统行使表决权的,应当在股东大会通知规定的有效时间内参与网络投票。

上市公司股东或其委托代理人有权通过股东大会网络投票系统查验自己的投票结果。

第八条　上市公司股东或其委托代理人通过股东大会网络投票系统行使表决权的表决票数,应当与现场投票的表决票数以及符合规定的其他投票方式的表决票数一起,计入本次股东大会的表决权总数。

股东大会议案按照有关规定需要同时征得社会公众股股东单独表决通过的,还应单独统计社会公众股股东的表决权总数和表决结果。

第九条　股东大会投票表决结束后,上市公司应当对每项议案合并统计现场投票、网络投票以及符合规定的其他投票方式的投票表决结果,方可予以公布。

在正式公布表决结果前,股东大会网络投票的网络服务方、上市公司及其主要股东对投票表决情况均负有保密义务。

第十条　上市公司董事会、独立董事和符合一定条件的股东可以通过股东大会网络投票系统向上市公司股东征集其在股东大会上的表决权。

第十一条　上市公司聘请的股东大会见证律师,应当比照《上市公司股东大会规范意见》的规定,对上市公司股东大会网络投票有关情况出具法律意见。

第十二条　本指引由中国证券监督管理委员会负责解释。我会此前发布的规章或其他规范性文件中有关股东大会投票表决的规定与本指引规定不符的,适用本指引的规定。

第十三条 本指引所称股东大会网络投票系统是指利用网络与通信技术,为上市公司股东非现场行使股东大会表决权服务的信息技术系统。

附录3　上海证券交易所上市公司股东大会网络投票实施细则(2015年修订)

(2015年1月15日上证发〔2015〕12号发布,
自2015年1月26日起施行)

第一章　一般规定

第一条　为了规范上市公司股东大会网络投票行为,保护投资者合法权益,根据《公司法》、《上市公司股东大会规则》以及《上海证券交易所股票上市规则》等规定,制定本细则。

第二条　上市公司利用上海证券交易所(以下简称“本所”)上市公司股东大会网络投票系统(以下简称“网络投票系统”)为其股东行使表决权提供网络投票方式的,适用本细则。

第三条　本所网络投票系统包括下列投票平台:

(一)交易系统投票平台;

(二)互联网投票平台(网址:vote. sseinfo. com)。

第四条　上市公司召开股东大会,应当按照相关规定向股东提供网络投票方式,履行股东大会相关的通知和公告义务,做好股东大会网络投票的相关组织和准备工作。

第五条　上市公司为股东提供网络投票方式的,应当按照本所相关临时公告格式指引的要求,使用本所公告编制软件编制股东大会相关公告,并按规定披露。

第六条 股东大会股权登记日登记在册且有权出席会议行使表决权的股东，均可以按照本细则规定，通过本所网络投票系统行使表决权。

第七条 本所会员应当开发和维护相关技术系统，确保其证券交易终端支持上市公司股东大会网络投票。由于会员相关技术系统原因，导致上市公司股东无法完成投票的，会员应当及时协助上市公司股东通过其他有效方式参与网络投票。

本所会员应当按照相关规定妥善保管上市公司股东的投票记录，不得盗用或者假借股东名义进行投票，不得擅自篡改股东投票记录，不得非法影响股东的表决意见。

第八条 上市公司、证券公司、中国证券金融股份有限公司（以下简称“证金公司”）等涉及网络投票的相关主体，可以分别与本所指定的上证所信息网络有限公司（以下简称“信息公司”）签订服务协议，委托信息公司提供上市公司股东大会网络投票相关服务，并明确服务内容及相应的权利义务。

第二章 网络投票的通知与准备

第九条 上市公司为股东提供网络投票方式的，应当按本细则第五条的规定编制召开股东大会通知公告，载明下列网络投票相关信息：

（一）股东大会的类型和届次；

（二）现场与网络投票的时间；

（三）参会股东类型；

（四）股权登记日或最后交易日；

（五）拟审议的议案；

（六）网络投票流程；

（七）其他需要载明的网络投票信息。

前款规定的参会股东类型，按照A股、B股、恢复表决权的优先股、优先股进行分类。上市公司发行多只优先股的，还应区分不同的优先股品种。

第十条 出现下列情形之一的，股东大会召集人应当按本细则第五条的

规定及时编制相应的公告,补充披露相关信息:

(一)股东大会延期或取消;

(二)增加临时提案;

(三)取消股东大会通知中列明的提案;

(四)补充或更正网络投票信息。

第十一条 上市公司采用累积投票制选举董事、监事的,应当在股东大会召开通知公告中按下列议案组分别列示候选人,并提交表决:

(一)非独立董事候选人;

(二)独立董事候选人;

(三)监事候选人。

第十二条 上市公司通过本所信息披露电子化系统提交披露本细则第九条和第十条规定的公告时,应核对、确认并保证所提交的网络投票信息的准确和完整。

第十三条 上市公司应当在股东大会召开两个交易日前,向信息公司提供股权登记日登记在册的全部股东数据,包括股东姓名或名称、股东账号、持股数量等内容。

股东大会股权登记日和网络投票开始日之间应当至少间隔两个交易日。

第十四条 上市公司应当在股东大会投票起始日的前一交易日,登录本所上市公司信息服务平台(网址:list. sseinfo. com),再次核对、确认网络投票信息的准确和完整。

第十五条 根据相关规则的规定,下列股票名义持有人行使表决权需要事先征求实际持有人的投票意见的,可以委托信息公司通过股东大会投票意见代征集系统(网址:www. sseinfo. com),征集实际持有人对股东大会拟审议事项的投票意见:

(一)持有融资融券客户信用交易担保证券账户的证券公司;

(二)持有转融通担保证券账户的证金公司;

(三)合格境外机构投资者(QFII);

(四)持有沪股通股票的香港中央结算有限公司(以下简称“香港结算

公司”)；

（五）中国证监会和本所认定的其他股票名义持有人。

征集时间为股东大会投票起始日前一交易日（征集日）的9:15～15:00。

第三章　网络投票的方法与程序

第十六条　上市公司利用本所网络投票系统为股东提供网络投票方式的，现场股东大会应当在本所交易日召开。

第十七条　上市公司股东通过本所交易系统投票平台投票的，可以通过股东账户登录其指定交易的证券公司交易终端，参加网络投票。

通过本所交易系统投票平台进行网络投票的时间为股东大会召开当日的本所交易时间段。

第十八条　上市公司股东通过本所互联网投票平台投票的，可以登录本所互联网投票平台，并在办理股东身份认证后，参加网络投票。

通过本所互联网投票平台进行网络投票的时间为股东大会召开当日的9:15～15:00。

第十九条　A股股东、B股股东、优先股股东、恢复表决权的优先股股东应当按照其股东类型及优先股品种分别进入对应的投票界面投票。

持有多个股东账户的股东，可行使的表决权数量是其名下全部股东账户所持相同类别普通股和相同品种优先股的数量总和。

第二十条　上市公司根据证券登记结算机构提供的下列登记信息，确认多个股东账户是否为同一股东持有：

（一）一码通证券账户信息；

（二）股东姓名或名称；

（三）有效证件号码。

前款规定的登记信息，以在股权登记日所载信息为准。

第二十一条　除采用累积投票制以外，股东大会对所有提案应当逐项表决。对同一事项有不同提案的，应当按提案提出的时间顺序进行表决。

出席股东大会的股东，应当对提交表决的提案明确发表同意、反对或弃权意见。但本细则第十五条规定的股票名义持有人,根据有关规则规定,应当按照所征集的实际持有人对同一议案的不同投票意见行使表决权的除外。

第二十二条　持有多个股东账户的股东,可以通过其任一股东账户参加网络投票。投票后,视为其全部股东账户下的相同类别普通股和相同品种优先股均已分别投出同一意见的表决票。

持有多个股东账户的股东,通过多个股东账户重复进行表决的,其全部股东账户下的相同类别普通股和相同品种优先股的表决意见,分别以各类别和品种股票的第一次投票结果为准。

第二十三条　出席股东大会的股东,对于采用累积投票制的议案,每持有一股即拥有与每个议案组下应选董事或者监事人数相同的选举票数。股东拥有的选举票数,可以集中投给一名候选人,也可以投给数名候选人。

股东应以每个议案组的选举票数为限进行投票。股东所投选举票数超过其拥有的选举票数的,或者在差额选举中投票超过应选人数的,其对该项议案所投的选举票视为无效投票。

持有多个股东账户的股东,可以通过其任一股东账户参加网络投票,其所拥有的选举票数,按照其全部股东账户下的相同类别股份总数为基准计算。

第二十四条　本细则第十五条规定的证券公司、证金公司,作为股票名义持有人通过本所网络投票系统行使表决权的,需通过信息公司融资融券和转融通投票平台(网址:www.sseinfo.com)行使表决权。投票时间为股东大会召开当日的9:15～15:00。

第二十五条　本细则第十五条规定的合格境外机构投资者、香港结算公司,作为股票名义持有人通过本所网络投票系统行使表决权的,其具体投票操作事项,由本所另行规定。

第二十六条　同一表决权通过现场、本所网络投票平台或其他方式重复进行表决的,以第一次投票结果为准。

第四章　网络投票结果的统计与查询

第二十七条　股东仅对股东大会部分议案进行网络投票的,视为出席本次股东大会,其所持表决权数纳入出席本次股东大会股东所持表决权数计算。该股东未表决或不符合本细则要求投票的议案,其所持表决权数按照弃权计算。

第二十八条 股东大会网络投票结束后,根据上市公司的委托,信息公司通过本所网络投票系统取得网络投票数据后,向上市公司发送网络投票统计结果及其相关明细。

上市公司委托信息公司进行现场投票与网络投票结果合并统计服务的,应及时向信息公司发送现场投票数据。信息公司完成合并统计后向上市公司发送网络投票统计数据、现场投票统计数据、合并计票统计数据及其相关明细。

第二十九条 出现下列情形之一的,信息公司向上市公司提供相关议案的全部投票记录,上市公司应根据有关规定、公司章程及股东大会相关公告披露的计票规则统计股东大会表决结果:

(一)需回避表决或者承诺放弃表决权的股东参加网络投票;

(二)股东大会对同一事项有不同提案;

(三)优先股股东参加网络投票。

第三十条 上市公司需要对普通股股东和优先股股东、内资股股东和外资股股东、中小投资者等出席会议及表决情况分别统计并披露的,可以委托信息公司提供相应的分类统计服务。

第三十一条 上市公司及其律师应当对投票数据进行合规性确认,并最终形成股东大会表决结果;对投票数据有异议的,应当及时向本所和信息公司提出。

第三十二条 股东大会结束后,召集人应当按照本细则第五条的规定编制股东大会决议公告,并及时披露。

股东大会审议影响中小投资者利益的重大事项时,除下列股东以外的其他股东的投票情况应当单独统计,并在股东大会决议公告中披露:

(一)上市公司的董事、监事、高级管理人员;

(二)单独或者合计持有上市公司5%以上股份的股东。

第三十三条 股东大会现场投票结束后第二天,股东可通过信息公司网站(网址:www. sseinfo. com)并按该网站规定的方法查询自己的有效投票结果。

第五章 附 则

第三十四条 因不可抗力、意外事故以及其他本所或者信息公司不能控制的异常情况导致网络投票系统不能正常运行的,本所和信息公司不承担责任。

第三十五条 本细则由本所负责解释。

第三十六条 本细则自2015年1月26日起施行。2007年11月12日本所发布的《关于上市公司董监事选举采用累积投票制注意事项的通知》、2010年8月17日本所发布的《关于融资融券业务试点涉及上市公司股东大会网络投票有关事项的通知》及2012年11月27日本所发布的《上海证券交易所上市公司股东大会网络投票实施细则》同时废止。

附录4　深圳证券交易所上市公司股东大会网络投票实施细则(2017年修订)

(2017年11月1日深证上〔2017〕692号发布,
自2017年11月13日起施行)

第一章　总　　则

第一条　为规范上市公司股东大会网络投票业务,保护投资者的合法权益,根据有关法律、行政法规、部门规章、规范性文件和深圳证券交易所(以下简称"本所")业务规则,制定本细则。

第二条　本细则适用于上市公司利用本所股东大会网络投票系统向其股东提供股东大会网络投票服务。

第三条　本细则所称上市公司股东大会网络投票系统(以下简称"网络投票系统")是指本所利用网络与通信技术,为上市公司股东行使股东大会表决权提供服务的信息技术系统。

网络投票系统包括本所交易系统、互联网投票系统(网址:http://wltp.cninfo.com.cn)。

上市公司可以选择使用现场投票辅助系统收集汇总现场投票数据,并委托深圳证券信息有限公司(以下简称"信息公司")合并统计网络投票和现场投票数据。

第四条　上市公司召开股东大会,除现场会议投票外,应当向股东提供股东大会网络投票服务。

上市公司股东大会现场会议应当在本所交易日召开。

第五条　股东大会股权登记日登记在册的所有股东,均有权通过网络投票系统行使表决权。

第六条　本所授权信息公司接受上市公司委托,提供股东大会网络投票服务。上市公司通过本所网络投票系统为股东提供网络投票服务的,应当与信息公司签订服务协议。

第二章　网络投票的准备工作

第七条　上市公司在股东大会通知中,应当对网络投票的投票代码、投票简称、投票时间、投票提案、提案类型等有关事项作出明确说明。

第八条　上市公司应当在股东大会通知发布日次一交易日在本所网络投票系统申请开通网络投票服务,并将股东大会基础资料、投票提案、提案类型等投票信息录入系统。

上市公司应当在股权登记日次一交易日完成对投票信息的复核,确认投票信息的真实、准确和完整,并承担由此带来的一切可能的风险与损失。

第九条　上市公司应当在网络投票开始日的二个交易日前提供股权登记日登记在册的全部股东资料的电子数据,包括股东名称、股东账号、股份数量等内容。

上市公司股东大会股权登记日和网络投票开始日之间应当至少间隔二个交易日。

第三章　通过交易系统投票

第十条　本所交易系统网络投票时间为股东大会召开日的本所交易时间。

第十一条　本所交易系统对股东大会网络投票设置专门的投票代码及投票简称:

(一)主板、中小企业板的投票代码为“36 + 股票代码的后四位”;

（二）创业板的投票代码从“365000”起，按股票代码后四位顺序号编制，如股票代码为“300001”，则投票代码为“365001”；股票代码为“301001”，则投票代码为“366001”；

（三）投票简称为“××投票”，投票简称由上市公司根据其证券简称设置；

（四）优先股网络投票代码区间为369601～369899，其中，主板优先股投票代码区间为369601～369699，中小企业板优先股投票代码区间为369701～369799，创业板优先股投票代码区间为369801～369899，网络投票的简称为“××优投”。

第十二条　上市公司股东通过本所交易系统投票的，可以登录证券公司交易客户端，参加网络投票。

第四章　通过互联网投票系统投票

第十三条　互联网投票系统开始投票的时间为股东大会召开前一日下午3:00，结束时间为现场股东大会结束当日下午3:00。

第十四条　股东通过互联网投票系统进行网络投票，应当按照《深圳证券交易所投资者网络服务身份认证业务指引（2016年修订）》的规定办理身份认证，取得“深圳证券交易所数字证书”或者“深圳证券交易所投资者服务密码”。

第十五条　股东登录互联网投票系统，经过身份认证后，方可通过互联网投票系统投票。

第十六条　根据相关规则的规定，需要在行使表决权前征求委托人或者实际持有人投票意见的下列集合类账户持有人或者名义持有人，应当在征求意见后通过互联网投票系统投票，不得通过交易系统投票：

（一）持有融资融券客户信用交易担保证券账户的证券公司；

（二）持有约定购回式交易专用证券账户的证券公司；

（三）持有转融通担保证券账户的中国证券金融股份有限公司；

（四）合格境外机构投资者（QFII）；

(五)B股境外代理人；

(六)持有深股通股票的香港中央结算有限公司(以下简称“香港结算公司”)；

(七)中国证券监督管理委员会或者本所认定的其他集合类账户持有人或者名义持有人。

香港结算公司参加深股通上市公司股东大会网络投票的相关事项,由本所另行规定。

第五章　股东大会表决及计票规则

第十七条　股东应当通过其股东账户参加网络投票,A股股东应当通过A股股东账户投票;B股股东应当通过B股股东账户投票;优先股股东应当通过A股股东账户单独投票。股东行使的表决权数量是其名下股东账户所持相同类别(股份按A股、B股、优先股分类)股份数量总和。

股东通过多个股东账户持有上市公司相同类别股份的,可以使用持有该上市公司相同类别股份的任一股东账户参加网络投票,且投票后视为该股东拥有的所有股东账户下的相同类别股份均已投出与上述投票相同意见的表决票。股东通过多个股东账户分别投票的,以第一次有效投票结果为准。

确认多个股东账户为同一股东持有的原则为,注册资料的“账户持有人名称”、“有效身份证明文件号码”均相同,股东账户注册资料以股权登记日为准。

第十八条　股东通过网络投票系统对股东大会任一提案进行一次以上有效投票的,视为该股东出席股东大会,按该股东所持相同类别股份数量计入出席股东大会股东所持表决权总数。对于该股东未表决或者不符合本细则要求投票的提案,该股东所持表决权数按照弃权计算。

合格境外机构投资者(QFII)、证券公司融资融券客户信用交易担保证券账户、中国证券金融股份有限公司转融通担保证券账户、约定购回式交易专用证券账户、B股境外代理人、香港结算公司等集合类账户持有人或者名义持有人,通过互联网投票系统填报的受托股份数量计入出席股东大会股东所持表决权总数；通过交易系统的投票，不视为有效投票，不计入出席股东大会股东所持表决权总数。

第十九条 对于非累积投票提案，股东应当明确发表同意、反对或者弃权意见。

本细则第十六条第一款规定的集合类账户持有人或者名义持有人，应当根据所征求到的投票意见汇总填报受托股份数量，同时对每一提案汇总填报委托人或者实际持有人对各类表决意见对应的股份数量。

第二十条 对于累积投票提案，股东每持有一股即拥有与每个提案组下应选董事或者监事人数相同的选举票数。股东拥有的选举票数，可以集中投给一名候选人，也可以投给数名候选人。股东应当以每个提案组的选举票数为限进行投票，股东所投选举票数超过其拥有选举票数的，或者在差额选举中投票超过应选人数的，其对该提案组所投的选举票不视为有效投票。

股东通过多个股东账户持有上市公司相同类别股份的，其所拥有的选举票数，按照该股东拥有的所有股东账户下的相同类别股份数量合并计算。股东使用持有该上市公司相同类别股份的任一股东账户投票时，应当以其拥有的所有股东账户下全部相同类别股份对应的选举票数为限进行投票。股东通过多个股东账户分别投票的，以第一次有效投票结果记录的选举票数为准。

第二十一条 对于上市公司为方便股东投票设置总提案的，股东对总提案进行投票，视为对除累积投票提案外的其他所有提案表达相同意见。

在股东对同一提案出现总提案与分提案重复投票时，以第一次有效投票为准。如股东先对分提案投票表决，再对总提案投票表决，则以已投票表决的分提案的表决意见为准，其他未表决的提案以总提案的表决意见为准；如先对总提案投票表决，再对分提案投票表决，则以总提案的表决意见为准。

第二十二条 上市公司通过本所交易系统和互联网投票系统为股东提供网络投票服务的，网络投票系统对本所交易系统和互联网投票系统的网络投票数据予以合并计算；上市公司选择采用现场投票辅助系统的，信息公司对现场投票和网络投票数据予以合并计算。

同一股东通过本所交易系统、互联网投票系统和现场投票辅助系统中任意两种以上方式重复投票的,以第一次有效投票结果为准。

第二十三条 需回避表决或者承诺放弃表决权的股东通过网络投票系统参加投票的,网络投票系统向上市公司提供全部投票记录,由上市公司在计算表决结果时剔除上述股东的投票。

上市公司选择使用现场投票辅助系统的,应当在现场投票辅助系统中针对提案进行回避设置,真实、准确、完整地录入回避股东信息。信息公司在合并计算现场投票数据与网络投票数据时,依据上市公司提供的回避股东信息剔除相应股东的投票。

第二十四条 对同一事项有不同提案的,网络投票系统向上市公司提供全部投票记录,由上市公司根据有关规定及公司章程统计股东大会表决结果。

第二十五条 对于优先股股东的投票情况,网络投票系统仅对原始投票数据进行计票。对于恢复表决权的优先股股东,其表决结果由上市公司在原始计票数据的基础上进行比例折算。

第二十六条 上市公司股东大会审议影响中小投资者利益的重大事项时,对中小投资者的投票结果应当单独统计并披露。

前款所称中小投资者,是指除公司董事、监事、高级管理人员以及单独或者合计持有公司5%以上股份的股东以外的其他股东。

第二十七条 上市公司在现场股东大会投票结束后,通过互联网系统取得网络投票数据。

上市公司选择使用现场投票辅助系统并委托信息公司进行现场投票与网络投票合并计算的,信息公司在现场股东大会投票结束后向上市公司发送网络投票数据、现场投票数据、合并计票数据及其明细。

第二十八条 上市公司及其律师应当对投票数据进行合规性确认,并最终形成股东大会表决结果,对投票数据有异议的,应当及时向本所及信息公司提出。上市公司应当按照有关规定披露律师出具的法律意见书以及股东大会表决结果。

第二十九条 股东大会结束后次一交易日,通过交易系统投票的股东可以通过证券公司交易客户端查询其投票结果。

股东可以通过互联网投票系统网站查询最近一年内的网络投票结果。

对总提案的表决意见,网络投票查询结果回报显示为对各项提案的表决结果。

第六章 附 则

第三十条 本所会员应当维护相关技术系统,确保网络投票渠道畅通。

第三十一条 本所会员应当参照有关法律、行政法规、部门规章、规范性文件和《深圳证券交易所交易规则》等相关规定妥善保管投资者投票记录,不得盗用或者假借投资者名义进行投票,不得擅自篡改投资者投票记录,不得非法影响投资者的表决意见。会员应当按照投资者的投票意愿,真实、准确、完整地向本所报送投票数据。

第三十二条 本所会员通过本所交易系统报送的网络投票数据量不计入计收交易单元管理年费申报量的范围,本所会员应当按要求为投资者提供相关交易系统网络投票结果的查询服务。

第三十三条 基金、债券等其他产品持有人的网络投票,参照本细则执行。

基金持有人网络投票代码区间为 369001 ~ 369399,简称为"××基投";债券等固定收益产品持有人的网络投票代码区间为 369501 ~ 369599,简称为"××债投"。

第三十四条 因不可抗力、意外事故、技术故障以及其他本所或者信息公司不能控制的异常情况导致网络投票不能正常进行的,本所或者信息公司可以采取调整网络投票时间等相应措施。

对于前款所述因异常情况导致网络投票不能正常进行,以及本所或者信息公司采取相应措施造成投资者不能正常投票的,本所及信息公司不承担责任。

第三十五条 本细则所称"以上"含本数。

第三十六条 本细则由本所负责解释。

第三十七条　本细则自2017年11月13日起施行。本所2016年9月30日发布的《深圳证券交易所上市公司股东大会网络投票实施细则(2016年9月修订)》(深证上〔2016〕682号)同时废止。

附录5　中国证券登记结算有限责任公司上市公司股东大会网络投票业务实施细则

（2004年12月8日中国结算发字〔2004〕271号发布，自发布之日起实施）

第一章　总　　则

第一条　为规范上市公司股东大会网络投票业务，保护投资者权益，根据《中华人民共和国公司法》、《中华人民共和国证券法》、《中华人民共和国电子签名法》、《上市公司股东大会规范意见》、《上市公司股东大会网络投票工作指引（试行）》等法律法规、行政规章以及中国证券登记结算有限责任公司（以下简称“本公司”）业务规定，制定本细则。

第二条　本细则所称上市公司股东大会网络投票系统（以下简称“网络投票系统”），是指本公司利用网络与通信技术，为上市公司、公开征集人（以下简称“征集人”）及上市公司股东提供股东大会及其投票表决信息的发布、传达和收集功能的信息技术系统。

第三条　本细则所称上市公司股东，特指在上市公司股东大会股权登记日持有该上市公司股份的投资者。

第四条　本公司对上市公司及征集人办理股东大会网络投票业务提供的文件资料进行形式审核，上市公司及征集人应对其所提供的文件资料的真实性、准确性、完整性及合法性负责。

第二章　上市公司

第五条　上市公司申请使用网络投票系统办理股东大会网络投票业务,需向本公司提交下列申请材料:

(一)使用网络投票系统申请书;

(二)企业法人营业执照副本原件及复印件或加盖法人公章的复印件;

(三)经办人有效身份证明文件及其复印件,以及法定代表人证明书、法定代表人授权委托书;

(四)本公司要求提供的其他材料。

本公司对上述材料审核通过的,上市公司应以法人名义与本公司签订《股东大会网络投票服务协议》,领取网上用户名、密码及电子身份证书后,方可办理股东大会网络投票业务。

第六条　上市公司需妥善保管网上用户名、密码及电子身份证书。网上用户名、密码及电子身份证书作为上市公司登录网络投票系统的身份证明,表明使用该网上用户名、密码及电子身份证书登录网络投票系统的操作行为均代表上市公司行为,上市公司需为其承担一切法律后果。

第七条　上市公司办理股东大会网络投票业务需在股东大会网络投票正式开始前至少五个工作日向本公司提交以下材料:

(一)董事会关于召开股东大会的公告(注明股权登记日);

(二)拟审议的议案及其介绍材料(注明是否采用累积投票方式、网络投票起止时间);

(三)上市公司需在网上发布的其他文字材料;

(四)本公司要求提供的其他材料。

第八条　现场股东大会召开前,上市公司可通过网络投票系统统计股东网上办理现场参会登记的人数,作为安排现场股东大会会务的参考。

第九条　现场股东大会召开前,上市公司可通过网络投票系统,录入亲自或委托代理人参加现场股东大会股东的网上用户名或证券账户号,为其打印选票。

第十条 现场股东大会召开期间,上市公司可通过网络投票系统将现场股东大会情况向股东播报。

第十一条 网络投票结束后,上市公司可通过网络投票系统统计、查询及打印股东网络投票的结果。上市公司需要网络投票书面统计结果的,可向本公司提出书面申请。

第三章 征 集 人

第十二条 征集人通过网络投票系统公开征集上市公司股东投票权(以下简称“公开征集投票权”),需在公开征集投票权前至少五个工作日向本公司提交以下申请材料:

(一)网上公开征集投票权申请(注明股权登记日、公开征集投票权的起止时间);

(二)公开征集投票权报告书;

(三)律师事务所及律师就征集人资格及公开征集投票权报告书的内容出具的法律意见书;

(四)征集人有效身份证明文件及其复印件;

(五)经办人有效身份证明文件及其复印件,以及征集人对经办人的授权委托书;

(六)征集人为独立董事的,还需提供加盖上市公司董事会公章的独立董事证明书;征集人为合资格股东的,还需提供证券账户卡原件及其复印件;

(七)公开征集投票权议案及其相关介绍材料(注明是否采用累积投票方式);

(八)本公司要求提供的其他材料。

第十三条 股东公开征集投票权的,应就其持有的上市公司股份,向本公司申请临时保管,临时保管期限自征集投票权报告书提交证券交易所之日起至股东大会结束日止。股东在前述期间增持股份的,其增持的部分也需申请临时保管。股东申请股份临时保管,按照本公司有关业务规定办理。

第十四条 本公司对第十二条规定材料审核通过的,向征集人发放临时网上用户名及密码。

第十五条　征集人需妥善保管临时网上用户名、密码。临时网上用户名、密码作为征集人登录网络投票系统公开征集投票权的身份证明，表明使用该临时网上用户名、密码登录网络投票系统的操作行为均代表征集人行为，征集人需为其承担一切法律后果。

第十六条　在公开征集投票权结束后的规定时间内，征集人可通过网络投票系统统计、查询及打印公开征集投票权的结果。征集人需要书面统计结果的，可向本公司提出书面申请。

第四章　股　　东

第十七条　股东通过网络投票系统进行网络投票，需按照《中国证券登记结算有限责任公司网络服务投资者身份验证业务实施细则》的规定办理身份验证，取得网上用户名、密码及电子身份证书。

第十八条　股东需妥善保管网上用户名、密码及电子身份证书。网上用户名、密码及电子身份证书作为股东登录网络投票系统的身份证明，表明使用该网上用户名、密码及电子身份证书登录网络投票系统的操作行为均代表股东行为，股东需为其承担一切法律后果。

第十九条　股东拟亲自出席现场股东大会的，可在现场股东大会召开前，通过网络投票系统办理亲自出席现场股东大会登记。

第二十条　股东通过网络投票系统办理亲自出席现场股东大会登记的，不能再通过网络投票系统对同一股东大会议案直接投票或委托征集人投票。

第二十一条　在规定的网络投票时间内，股东通过网络投票系统对议案直接投票表决的，可对议案表达其赞成、反对或弃权意见，但股东对该议案赞成、反对及弃权股数/表决权数之和不得超过其拥有的总股数/表决权数。

第二十二条　网上公开征集投票权期间，股东通过网络投票系统委托征集人对征集议案投票表决的，需对征集议案做出赞成、反对或弃权的明确指示，但股东对该征集议案赞成、反对及弃权股数/表决权数之和不得超过其拥有的总股数/表决权数。

第二十三条 网上公开征集投票期间,同一股东大会有多个征集人通过网络投票系统公开征集投票权的,股东可分别委托不同的征集人对各征集议案投票,但不能将同一议案的投票表决权委托给两个或两个以上的征集人行使。对于尚未委托征集人投票的议案,股东还可以在规定的网络投票时间通过网络投票系统直接投票表决。但对于股东已委托征集人投票的议案,股东不能通过网络投票系统直接投票表决。

第二十四条 股东通过网络投票系统直接投票或委托征集人投票后,不能通过网络投票系统更改投票结果。

第二十五条 股东通过网络投票系统直接投票或委托征集人投票的,不能再参加现场股东大会,也不能通过网络投票系统办理亲自出席现场股东大会登记,上市公司不能通过网络投票系统为其打印选票。

第二十六条 股东亲自或委托代理人参加现场股东大会的,上市公司可通过网络投票系统为股东打印选票。选票一经打印,股东不能再通过网络投票系统对同一股东大会直接投票或委托征集人投票。

第二十七条 股东通过网络投票系统已办理亲自参加股东大会登记,未打印选票的,可在网络投票结束时间之前办理撤销手续;已打印选票的,不能通过网络投票系统办理撤销手续。

第二十八条 现场股东大会召开期间,股东可通过网络投票系统了解现场股东大会进程。

第二十九条 网络投票期间及结束后,股东可通过网络投票系统查询、打印其网络投票结果。

第五章 附 则

第三十条 因地震、台风、水灾、火灾、战争及其他不可抗力因素或不可预测或无法控制的系统故障、设备故障、通信故障、停电等突发事故给有关当事人造成损失的,本公司不承担责任。

第三十一条 本细则由本公司负责解释。

第三十二条 本细则自发布之日起实施。

附录 6　香港中央结算有限公司参与沪股通上市公司网络投票实施指引（2015 年修订）

（2015 年 1 月 15 日上证发〔2015〕13 号发布，
自 2015 年 1 月 26 日起施行）

第一条　为了规范沪股通中香港中央结算有限公司（以下简称“香港结算”）作为股票名义持有人参与沪股通上市公司股东大会网络投票的行为，保护投资者合法权益，根据《上市公司股东大会规则》、《上海证券交易所股票上市规则》、《上海证券交易所沪港通试点办法》、《上海证券交易所上市公司股东大会网络投票实施细则》等相关规定，制定本指引。

第二条　香港结算作为股票名义持有人参加沪股通上市公司股东大会网络投票的，应当遵守《上海证券交易所上市公司股东大会网络投票实施细则》、本指引及上海证券交易所（以下简称“本所”）其他相关业务规则的规定。

第三条　香港结算按照本指引参加沪股通上市公司股东大会网络投票的，应当征集沪股通投资者的意见，并按照所征集的沪股通投资者对每一议案的不同意见逐一进行投票。

第四条　根据《上市公司股东大会规则》、《上海证券交易所上市公司现金分红指引》等有关规定，相关议案需要单独披露中小投资者表决情况的，香港结算应当同时提供沪股通中小投资者的投票数据。

前款所称沪股通中小投资者,是指实际持有股份比例低于上市公司总股本5%的沪股通投资者。

第五条 香港结算按照本指引规定,对股东大会部分议案进行网络投票的,其参与投票的表决权数纳入出席本次股东大会所持表决权数计算。未进行投票表决或者投票申报不符合《上市公司股东大会规则》、《上海证券交易所上市公司股东大会网络投票实施细则》或者本指引要求的,按照弃权处理。

第六条 香港结算可以按照本指引规定,通过本所交易系统投票平台或者本所互联网投票平台,参加沪股通上市公司股东大会网络投票。

第七条 香港结算作为股票名义持有人参加沪股通上市公司网络投票的操作,应当符合本指引附件《香港结算参与沪股通网络投票操作流程》的规定和要求。

第八条 本指引由本所负责解释。

第九条 本指引自2015年1月26日起施行。

附件:

香港结算参与沪股通网络投票操作流程

一、网络投票的投票代码和投票简称

上市公司股东大会网络投票的投票代码和投票简称,与上市公司在上海证券交易所(以下简称"本所")上市交易的证券代码和证券简称相同。

二、网络投票的操作流程

香港结算作为名义持有人行使股东权利,参与沪股通上市公司股东大会投票,通过本所交易系统投票平台或本所互联网投票平台进行网络投票,具体操作流程如下:

(一)通过交易系统投票平台的投票说明

1. 香港结算作为沪股通股票名义持有人参加本所上市公司股东大会网络投票的,应当按照所征集的沪股通投资者对每一议案的不同意见逐一进行投票。

2. 在“总股份数量”中填入投票股东所代表的股份数。

3. “投票产品代码(证券代码)”在通过结构化议案文件投票时无需输入,通过应急手工录入界面投票时为必填项。

4. 若有议案组,用含两位小数的编号代表该议案组下的各个议案。如,2.01代表议案组2的第1个议案,2.02代表议案组2的第2个议案;小数点后可以到2位,即可输入2.01和2.02代表议案组2的第1个议案和议案组2的第2个议案。所有需表决的议题需逐一报送投票意见。

“议案编号”在通过结构化议案文件投票时无需输入,通过应急手工录入界面投票时为必填项。

5. “投票意向”代表表决意见,香港结算需要对同意、反对及弃权意见分别通过“代表股份数量”中填入投票股东所代表的股份数进行申报。

“投票意向”(非累积投票)可在界面进行选择。通过结构化议案文件投票时,“代表股份数量”应在紧跟投票意向的输入框中填写。

6. 股东大会有多个待表决的议案的,必须逐笔申报,但申报不能撤单,若未按本指引申报的,视为香港结算作为名义持有人放弃表决权利,其所代表股份数的表决结果应计为“弃权”。

7. 完成所有单项议案表决后,应当通过议案88提交参与股东大会股份数(记为“T”)。若该股份数大于单个议案已表决的同意、反对和弃权股份数之和,则剩余股份数计为“弃权”;若该股份数小于已表决的同意、反对和弃权股份数之和,该议案按“弃权、反对、同意”的顺序依次扣除直至股份数T止,计为投票意见。通过议案88提交股东大会股份数时需通过应急手工录入界面进行操作。

8. “股东大会编码”在通过结构化议案文件投票时无需输入,通过应急手工录入界面投票时为必填项。

9. “证券账户”“交易单元”“营业部代码”需在投票界面按相应规定填写。

10. 对采用累积投票制的议案,按照相关规定进行操作。累积投票的“投票票数”应填写港结算方面对该议案(子议案)进行投票的合计票数。

11. 对于《香港中央结算有限公司参与沪股通上市公司网络投票实施指引》第 4 条中所提的分段统计情形，香港结算应在投票界面的“分段统计段号”中输入该议案的各持股区段(A – E)或中小投资者单独计票统计持股区段(Z)，以及对应所代表的股份数。其中，持股区段对应代码为：A < 1%、1% = < B < 5%、C > = 5%，以及 D < 1% 且持股市值 < 50 万人民币、E < 1% 且持股市值 > = 50 万人民币，Z < 5%。

香港结算应当保证其所申报的区段持股值满足：A + B + C = T，D + E = A，A + B = Z 勾稽关系。如不满足前述关系，则由上市公司确定分段统计处理方式。

12. 涉及投票意见结果统计时，香港结算作为沪股通股票名义持有人参加本所上市公司股东大会网络投票的，香港结算作为出席人计出席人数为 1。

(二)通过本所互联网投票平台投票的操作说明

1. 香港结算需事先向本所指定的 CnSCA 中心申请投票专用 EKey，并开通互联网投票平台报送权限。

2. 香港结算应当按照本所要求的数据文件报送格式，使用投票专用 EKey 通过本所指定的互联网投票平台进行投票。

3. 香港结算通过互联网投票平台报送时，须合并当日所有上市公司的投票数据后一次提交，不能分次报送。

4. 香港结算上传的投票数据文件中至少须包括：公司代码、股东大会议案编号、对议案投票意见(同意/反对/弃权)及所代表股份数、征集到的参与该上市公司股东大会股份数(记为 T)、分段持股区间对应的投票意见汇总及所代表股份数等数据信息。其中，持股区段对应标识：A < 1%、1% = < B < 5%、C > 5%，以及 D < 1% 且持股市值 < 50 万人民币、E < 1% 且持股市值 > = 50万人民币，Z < 5%。

5. 香港结算上传的投票数据文件须通过互联网投票平台的前端校验，前端校验通过后才允许上传。主要包括：

(1)议案编号应当与上市公司网络投票公告相一致。

(2)同一家上市公司所有普通议案同意、反对、弃权意见股份数总和必须等于香港结算征集到的参与该上市公司股东大会的股份数T。

(3)对采用累积投票制的议案,符合相关规定要求。累计议案的总票数不大于普通议案的T×应选人数。

(4)应当保证其所申报的区段持股值满足A+B+C=T,D+E=A,A+B=Z勾稽关系。

(三)关于香港结算选择本所交易系统投票平台与本所互联网投票平台报送作为投票通道的说明:

1. 香港结算可以选择本所交易系统投票平台或本所互联网投票平台作为投票报送通道,但对每次股东大会只能选择一个通道。

2. 香港结算以本所交易系统投票平台为默认网络投票通道,若要使用互联网投票平台通道则须在投票前事先联系确认。

附录7 香港中央结算有限公司参与深股通上市公司网络投票实施指引

（2016年9月30日深证上〔2016〕683号发布，自发布之日起施行）

第一条 为了规范深股通中香港中央结算有限公司（以下简称“香港结算”）作为名义持有人参与深股通上市公司股东大会网络投票的行为，保护投资者合法权益，根据中国证监会《上市公司股东大会规则》、《深圳证券交易所深港通业务实施办法》、《深圳证券交易所上市公司股东大会网络投票实施细则》（以下简称“《网络投票实施细则》”）等相关规定，制定本指引。

第二条 香港结算作为名义持有人参与深股通上市公司股东大会网络投票的，适用本指引。

本指引未作规定的，适用《网络投票实施细则》及深圳证券交易所（以下简称“本所”）其他相关业务规则的规定。

第三条 香港结算按照本指引参与深股通上市公司股东大会网络投票的，应当征求深股通投资者的意见，并按照所征求的深股通投资者对每一议案的不同意见逐一进行投票。

第四条 根据《上市公司股东大会规则》、本所主板、中小板、创业板《上市公司规范运作指引》等有关规定，相关议案需要单独披露中小投资者表决情况的，香港结算应当同时提供深股通中小投资者的投票数据。

前款所称深股通中小投资者，是指除公司董事、监事、高级管理人员以及单独或合计持有公司5%以上股份的股东以外的其他深股通投资者。

第五条　香港结算通过互联网投票系统，对股东大会议案中一项或多项议案进行网络投票的，其参与投票的表决权数纳入出席本次股东大会所持表决权数计算，其中未进行投票表决或者投票申报不符合中国证监会《上市公司股东大会规则》、《网络投票实施细则》或者本指引要求的，按照弃权处理。香港结算通过交易系统投票的，不视为有效投票，不计入出席本次股东大会所持表决权总数。

第六条　香港结算按照本指引规定参与深股通上市公司股东大会网络投票，应当通过本所互联网投票系统下的互联网投票通道，或者本所内网文件传输通道进行。

第七条　香港结算作为名义持有人，参与深股通上市公司网络投票的操作，应当符合《香港结算参与深股通网络投票操作指南》（见附件）以及《深股通网络投票数据接口》的规定和要求。

第八条　本指引由本所负责解释。

第九条　本指引自2016年9月30日起施行。

附件：

香港结算参与深股通网络投票操作指南

一、网络投票的投票代码和投票简称

本所对股东大会网络投票设置专门的投票代码及投票简称：

（一）主板、中小企业板的投票代码为“36＋股票代码的后四位”；

（二）创业板的投票代码从“365000”起，按股票代码后四位顺序号编制，如股票代码为“300001”，则投票代码为“365001”；股票代码为“301001”，则投票代码为“366001”；

（三）投票简称为“××投票”，投票简称由深股通上市公司根据其证券简称设置。

二、网络投票的操作指南

香港结算作为名义持有人行使股东权利,参与深股通上市公司股东大会投票,通过本所互联网投票通道(下称“互联网通道”)或本所内网文件传输通道(下称“内网通道”)报送投票数据,进行网络投票,具体操作要求说明如下:

(一)投票数据报送整体说明

1. 香港结算应当按照本所《深股通网络投票数据接口》要求的数据文件格式报送网络投票数据。

2. 香港结算报送网络投票数据时,应当合并当日所有深股通上市公司的投票数据后一次性报送,不能分次报送。投票数据报送成功后不得修改或重新报送。多次报送的,本所以当日第一次成功报送为准。

因特殊业务需要,股东大会投票时间超过一日的,香港结算应先征求投资者意见,并在最后一个投票日报送该股东大会的投票数据。

3. 香港结算应当于本所交易日 9:15 ~ 15:00 报送当日的网络投票数据。

4. 如果当日没有网络投票数据,无需报送。

5. 香港结算报送的投票数据文件中,至少应包括以下内容:股东大会编码、基础证券代码、投票代码、股东大会议案编号、对议案投票意见(同意/反对/弃权)及所相应代表股份数、征求到的参与该深股通上市公司股东大会股东所持表决权总数(下称为“T”)。

6. 本所按照以下投票数据校验规则对接收到的投票数据进行校验:

(1)议案编号应当与深股通上市公司网络投票公告相一致。

(2)同一股东大会的同一议案不得重复表决。

(3)同一股东大会每一个普通议案同意、反对、弃权意见股份数总和须等于香港结算征求到的参与该深股通上市公司股东大会股东所持表决权总数 T。

(4)对采用累积投票制的议案,应符合相关规定要求。累积议案的总票数不大于参与股东大会股东所持表决权总数 T × 应选人数。

(5)参与股东大会股东所持表决权总数(T)应当等于或者少于香港结算在股权登记日所持的股份数量。

(二)通过互联网通道报送投票数据的说明

1. 香港结算最迟应于深港通业务开通前一周向本所证券数字认证中心申请投票专用EKey,并开通网站投票系统报送权限。

2. 香港结算使用投票专用EKey登陆本所指定的互联网通道进行投票数据报送。

3. 香港结算提交的投票数据文件需通过互联网通道的前端校验后才允许上传。

前段校验的内容包括:接口文件名中的文件名前缀、扩展名需与命名规则一致;文件名中的日期须于股东大会召开当日日期一致。

4. 本所接收到香港结算上传的投票数据文件后,立即按照投票数据校验规则对数据进行校验。校验通过后,当日投票数据报送成功;校验不通过,本所立即通过互联网通道反馈报送失败信息。

5. 香港结算可以实时查看报送结果,包括报送成功或者报送失败及其原因。

(三)通过内网通道报送投票数据的说明

1. 香港结算最迟应于深港通业务开通前一周向深圳证券通信有限公司申请文件证书或者EKey,并开通香港结算与本所之间的通信权限。

2. 香港结算负责将投票数据传送到内网通道香港结算文件网关。

3. 本所接收到香港结算传送的投票数据文件后,按照投票数据校验规则对数据进行校验。

4. 香港结算可以通过内网通道查看报送结果,包括报送成功或报送失败及其原因。

(四)关于选择投票数据报送通道的说明

1. 互联网通道为报送网络投票数据的主通道,内网通道为备份通道。

2. 香港结算应以互联网通道为默认的网络投票数据报送通道,非该通道出现问题且经事先联系确认,不得使用内网通道。

3. 当日的网络投票数据通过任一通道报送成功后,不得通过另一通道再次报送。

(五)关于本所发送股东大会信息的说明

1. 本所于每个交易日 18:00 之前通过互联网通道及内网通道同时向香港结算发送下一个交易日的股东大会信息文件及校验文件。正常情况下,该文件每个交易日只发送一次,如果出现异常情况,本所或香港结算应当及时通知对方,并妥善处理。

因特殊业务需要,股东大会投票时间超过一日的,本所将于每个投票日 18:00 之前发送下一交易日该上市公司的股东大会信息文件及校验文件。

2. 本所向香港结算发送的股东大会信息包括但不限于:股东大会编码、基础证券代码、投票代码、投票简称、投票时间、议案编号、议案类型、议案标题等。

图书在版编目(CIP)数据

股东大会电子化的理论探索与制度构建 / 王宗正著. -- 北京 : 法律出版社, 2019

ISBN 978-7-5197-3847-1

Ⅰ. ①股… Ⅱ. ①王… Ⅲ. ①股份有限公司—股东—会议—制度—研究—中国 Ⅳ. ①D922.291.914

中国版本图书馆 CIP 数据核字(2019)第 203884 号

股东大会电子化的理论探索与制度构建
GUDONG DAHUI DIANZIHUA DE LILUN TANSUO YU ZHIDU GOUJIAN

王宗正 著

策划编辑 似 玉
责任编辑 似 玉
装帧设计 李 瞻

出版 法律出版社
总发行 中国法律图书有限公司
经销 新华书店
印刷 北京虎彩文化传播有限公司
责任校对 马 丽
责任印制 张建伟

编辑统筹 法研工作室
开本 710 毫米×1000 毫米 1/16
印张 21.5
字数 302 千
版本 2019 年 10 月第 1 版
印次 2019 年 10 月第 1 次印刷

法律出版社/北京市丰台区莲花池西里 7 号(100073)
网址/www.lawpress.com.cn
投稿邮箱/liuwenke0467@sina.com
举报维权邮箱/jbwq@lawpress.com.cn
销售热线/400-660-8393
咨询电话/010-63939796

中国法律图书有限公司/北京市丰台区莲花池西里 7 号(100073)
全国各地中法图分、子公司销售电话：
统一销售客服/400-660-8393/6393
第一法律书店/010-83938432/8433　西安分公司/029-85330678　重庆分公司/023-67453036
上海分公司/021-62071639/1636　深圳分公司/0755-83072995

书号:ISBN 978-7-5197-3847-1　**定价**:78.00 元
(如有缺页或倒装,中国法律图书有限公司负责退换)